FORSCHUNGSBERICHTE DES LANDES NORDRHEIN-WESTFALEN

Nr. 3168 / Fachgruppe Geisteswissenschaften

Herausgegeben vom Minister für Wissenschaft und Forschung

Prof. Dr. phil. Josef Kreiner
Dr. phil. Regine Mathias-Pauer
Priv.-Doz. Dr. phil. Erich Pauer

Japanologisches Seminar
der Universität Bonn

Japans Wandel von der Agrar- zur Industriegesellschaft

- Fallstudien regionaler Entwicklungen -

Westdeutscher Verlag 1983

CIP-Kurztitelaufnahme der Deutschen Bibliothek

Kreiner, Josef:
Japans Wandel von der Agrar- zur Industriegesellschaft : Fallstudien regionaler Entwicklungen / Josef Kreiner ; Regine Mathias-Pauer ; Erich Pauer. - Opladen : Westdeutscher Verlag, 1983.

(Forschungsberichte des Landes Nordrhein-Westfalen ; Nr. 3168 : Fachgruppe Geisteswiss.)

NE: Mathias-Pauer, Regine:; Pauer, Erich:; Nordrhein-Westfalen: Forschungsberichte des Landes ...

Herstellung: Westdeutscher Verlag
Lengericher Handelsdruckerei, 4540 Lengerich

ISBN 978-3-531-03168-2 ISBN 978-3-322-87753-6 (eBook)
DOI 10.1007/978-3-322-87753-6

Inhalt

VORWORT

Die vorliegende Studie beruht auf Forschungen der drei Mitarbeiter des Projektes "Japans Wandel von der Agrar- zur Industriegesellschaft - Analyse des sozio-ökonomischen und sozio-religiösen Hintergrundes in einem abgegrenzten Gebiet Japans während der Formativperiode des modernen japanischen Industriestaates", das vom Ministerium für Wissenschaft und Forschung des Landes Nordrhein-Westfalen in den Jahren 1979, 1980 und 1981 gefördert wurde. Unter der Leitung von Josef Kreiner arbeiteten Priv. Doz. Dr. Erich Pauer vom Japanologischen Seminar der Rheinischen Friedrich-Wilhelms-Universität Bonn, sowie Dr. Regine Mathias-Pauer vom Seminar für Orientalische Sprachen, Japanische Abteilung, derselben Universität an diesem Vorhaben, das in seiner ursprünglichen Fassung drei Problemkreise umfassen sollte: 1. "Grundherrschafts- und Pachtsystem im Zusammenhang mit der traditionellen Eisenindustrie und deren Einfluß auf die Industrialisierung und Modernisierung der ländlichen Industrie", bearbeitet von E. Pauer (vergl. Kap. 3.2. und 3.3.; dazu als Zwischenbericht: "Die traditionelle Eise industrie Japans in der Meiji-Zeit", in: *Bonner Zeitschrift für Japanologie* 1:309-326, Bonn 1979); 2."Grundlagen der sozio-ökonomischen und sozio-religiösen Struktur im Nordwest-Teil von Shikoku unter Einbeziehung von Kult-Organisation und Glaubensinhalt von regionalen Shintō-Schreinen", bearbeitet von J. Kreiner; 3. "Agrarverfassung und Mobilität von ländlichen Arbeitskräften in Hiroshima in der Zwischenkriegszeit - Analyse der Krisenfaktoren in der Landwirtschaft während der Industrialisierungsperiode Japans", bearbeitet von R. Mathias-Pauer (vergl. Kap. 4.2. und 4.3.).

Die für die Themenstellung bzw. für die Wahl des Untersuchungsraumes ausschlaggebenden Überlegungen werden vor dem Hintergrund der Japanologie-Diskussion im Abschnitt "Einleitung I" (Kap. 1.) ausführlich dargestellt. Hier sei nur kurz bemerkt, daß wir ein Abrücken von der allzu stark generalisierenden Betrachtung auf gesamt-japanischer Ebene für unbedingt notwendig erachten, sowohl für Studien über das Wesen japanischer Kultur an sich, als auch für Überlegungen wirtschafts- und sozialgeschichtlicher Art zum Problemkreis der Modernisierung Japans. Für beide Ansatzpunkte bieten sich Arbeiten zur Geschichte und Kultur auf regionaler Ebene an - das Bonner Japanologische Seminar hat sich besonders dem Raum von Chūgoku und Shikoku in Westjapan zugewandt. Es ist dies ein teilweise für die gesamte japanische Entwicklung bedeutender Raum. Die für diese konkrete Studie ausgewählten Regionen innerhalb von Chūgoku sind allerdings eher solche, die in dem Problem-Zeitraum (1850-1930) ausgesprochen zurücktreten. Gerade dadurch vermögen sie aber das allgemeine Bild zu relativieren.

Im Verlauf der Feldforschungen (jeweils Juli bis September 1980 und 1981) ergaben sich gewisse Verlagerungen des Schwerpunktes, sowohl in den genannten drei Problemkreisen als auch in der gesamten Ausrichtung des Projektes, das sich nun eher dem Ansatz der Sozial- und Wirtschaftsgeschichte zuwandte. Dazu trugen sowohl die jeweiligen Feld-Erfahrungen der Mitarbeiter bei wie auch das knappe Budget. Dieses führte auch dazu, daß im folgenden nur Berichte zu den Problemkreisen 1 und 3 ausführlicher gebracht werden können, wie wohl auch hier keineswegs schon abschließende Folgerungen erwartet werden dürfen. Es ist im Gegenteil so, daß dieses Projekt in der Arbeit des Japanologischen Seminars der Universität Bonn weiterverfolgt wird. Der vorliegende Band stellt also nur den ersten Teil der langfristig geplanten Ausarbeitung dar.

Dem Wunsche des Ministeriums folgend, haben wir den speziellen Teilen (Fallstudien) allgemeine, auch dem Nicht-Japanologen verständliche Einführungen vorangestellt, in denen wir den Zeitraum der Modernisierung Japans überblicksweise behandeln (Kap. 2. und 3.1.), aber auch erstmals den Versuch eines allgemeinen Überblickes der Problematik von Technologietransfer und industrieller Revolution in Japan aus unserer Sicht machen (Kap. 3.2.). Wir hoffen, daß diese Kapitel dem Leser das Verständnis der nachfolgenden Fallstudien erleichtern.

Abschließend möchten wir es nicht versäumen, dem Ministerium für Wissenschaft und Forschung des Landes Nordrhein-Westfalen für die Förderung dieses Projektes sowie der Drucklegung des Berichtes nochmals zu danken. Unser Dank gilt ebenso der Japan-Foundation, Tōkyō, die unsere Feldforschung im Jahre 1980 erheblich unterstützte, sowie allen Verwaltungsstellen auf Präfektur-, Stadt- und Gemeindeebene, die unsere Forschungen z. T. durch beträchtliche Spenden von Büchern und anderen Publikationen förderten.

Bonn, im Juli 1983 — Josef Kreiner

Anmerkung:

Die Umschrift des Japanischen im Text erfolgt nach dem Hepburn-System. Vokale werden wie im Deutschen, Konsonanten wie im Englischen ausgesprochen. Personennamen werden in der in Japan üblichen Weise angeführt, d. h. der erste Name ist der Familien-, der zweite der Vorname.

1. EINLEITUNG I - DIE BEDEUTUNG DES THEMAS IM RAHMEN DER JAPANOLOGIE-DISKUSSION

Josef Kreiner

Theodor Adorno hat in einer seiner Schriften den Vorwurf erhoben, die empirische Sozialforschung begnüge sich damit, die sozialen Gegebenheiten abzuschildern - mit anderen Worten, sie verdopple nur die Wirklichkeit -, und zeige keinen Ehrgeiz, eine Erklärung der sozialen Gegebenheiten zu erarbeiten (Adorno 1957). Demgegenüber betont Justin Stagl, dieser Vorwurf beruhe auf einer gewaltigen Überschätzung der Leistungskraft und des Leistungsvermögens; die mittels der modernen empirischen Sozialforschung erstellten Beschreibungen von Gruppen höherer Ordnung würden keine einprägsamen Bilder der sozialen Wirklichkeit mehr geben (Stagl 1973).

Diese beiden Aussagen scheinen in ihrer Widersprüchlichkeit das Dilemma der Japanologie als Wissenschaft von der Kultur Japans im weitesten Sinne wiederzuspiegeln: Einerseits hat die Japanologie seit ihren frühesten Anfängen, ja selbst schon bevor diese Bezeichnung für die wissenschaftliche Beschäftigung mit Japan gebräuchlich wurde, immer wieder den Versuch unternommen bzw. wurde von außen an sie die Forderung gerichtet, allgemeine Aussagen über das "Wesen" japanischer Kultur und Gesellschaft zu machen - sei es nun der an Siebold ergangene Auftrag, die ganzheitliche, Geographie, Natur, Volk, Wirtschaft, Institutionen und Politik umschließende Erforschung Japans, oder sei es die moderne Frage, worauf der wirtschaftliche Erfolg Japans in der Gegenwart beruhe. Die Japanologie - bzw. die infolge der offensichtlichen oder nur angenommenen Unsicherheit dieser Wissenschaft neuerdings oft an ihre Stelle gesetzten, methodisch mehr an die Social Sciences angelehnten "Japanese Studies" - haben denn auch verschiedene Erklärungen vorgelegt. Es war und ist nicht zu umgehen, daß alle diese umfassenden und meist nur auf einem einzigen Erklärungsprinzip fußenden Versuche zwar bestimmte Eigenschaften Japans trafen, die komplexe Gesamtheit Japan jedoch in keinem Fall einprägsam und vor allem treffend beschreiben konnten - hierin stimmt Stagl's Äußerung, daß alles, was in der modernen empirischen Sozialforschung über die Beschreibung von Kleingruppen hinausgeht, in den meisten Fällen angreifbar bleibt.

Auf der anderen Seite sind von den innerhalb des Faches Japanologie angewandten Betrachtungsweisen - sei es nun klassische Philologie, Sprachwissenschaft oder auch Soziologie -, eine große Anzahl von ausgezeichneten Spezialstudien vorgelegt worden. Wenn wir hier nur im Rahmen der Gesellschaftswissenschaften bleiben, so kann man mehrere Studien hier nennen, angefangen von der wissenschaftsgeschichtlich bedeutenden Dorfuntersuchung John Embree's "Suye Mura" (1939) bis zu vergleichenden industriesoziologischen Veröffentlichungen von Ronald P. Dore, etwa "British Factory - Japanese Factory" (1973). Aber alle diese Beiträge bleiben eben auf dem Niveau von akribisch genauen, auch höchst informativen Detailstudien, und in diesem Sinne trifft sie der Vorwurf Adorno's, sie würden sich mit einer Verdopplung der Wirklichkeit begnügen.

Das von unserer Gruppe geplante und durchgeführte Projekt sollte methodisch einen Ausweg aus dieser schwierigen Lage versuchen. An seinem Beginn standen einige Überlegungen zur Geschichte und zum Wesen der Japanologie, die im folgenden kurz zusammengefaßt und dargelegt werden sollen.

Die Anfänge einer Japanwissenschaft in Europa reichen in das 18. und 19. Jahrhundert zurück, als europäische Gelehrte in holländischen Diensten wie Carl Peter Thunberg, Engelbert Kämpfer und Philipp Franz von Siebold sich mit Japan und seiner Kultur beschäftigten. Vor allem der an Siebold ergangene und hier bereits einmal zitierte Auftrag, nämlich"die gesamtheitliche, Geographie, Natur, Volk, Wirtschaft, Institutionen und Politik umschließende Forschung Japans" (Ouwehand 1969), erscheint mir des Hervorhebens wert, wiewohl eine solche Aufzählung von im einzelnen sehr verschiedenartigen Objekten in sich bereits unschwer den Kern künftiger Aufspaltung und Spezialisierung erkennen läßt.

In Europa selbst beginnt ebenso früh auch schon das Studium japanischer Sprache und Literatur aufgrund schriftlicher Quellen, sehr früh z.B. in Wien mit August Pfizmaier und seinen bahnbrechenden Werken und Übersetzungen ab 1848.

Das erste Mal erscheint die Bezeichnung "Japanologie" bzw. englisch "Japanology" dann 1881 in Nordenskiöld's "The Voyage of the Vega around Asia and Europe" im Zusammenhang mit dem britischen Gelehrten, Japanforscher und Diplomaten Ernest Satow (Bownas 1967:4-5). In der Meiji-Periode von 1868 bis 1912 sind es vor allem die in Japan tätigen Engländer, die "language as a tool for the penetration of historical, constitutional, or social problems" einsetzen (Bownas 1967:3). Aber auch praktische Orientierung und politische Zielsetzungen finden sich. Die Forschungen eines Satow, Alcock, Aston, Gubbins, Brinckley, Mitford oder Chamberlain wirken sich nicht zuletzt in dem großen Verständnis britischer Politik gegenüber japanischen Fragen aus, von der Unterstützung der Koalition Satsuma-Chōshū gegenüber dem Shōgunat 1867/68 angefangen bis zum britisch-japanischen Bündnis von 1902 und zum Eintritt Japans in den Ersten Weltkrieg an der Seite Englands im Jahre 1914. (Zur Begründung eines engen Neben-einander- und Miteinanderbestehens von utilitaristischer und idealistischer Forschung in den Ostasienwissenschaften s. Latourette 1955:9-10).

Mit der Rückkehr dieser und anderer Gelehrter wie z.B. des Deutschen Karl Florenz nach Europa und der Schaffung der ersten japanologischen Lehrstühle hier (in Mitteleuropa zuerst 1914 in Hamburg) ändert sich jedoch das Wesen dieser Forschungen entscheidend. Waren sie vordem letztlich doch auf die großen Fragen der Erkenntnis japanischer Kultur und Geschichte abgestellt und waren europäische Gelehrte in vorderster Front gemeinsam mit japanischen Wissenschaftlern an der Klärung von Einzelfragen tätig, so fehlte es in den folgenden Jahrzehnten der europäischen Japanologie an Forschungsmaterial, am Willen und wohl auch an der Möglichkeit zur Zusammenarbeit mit Japan (vgl. dazu Wenck 1955). Das Interesse verlagerte sich auf die Klärung von Einzelfragen, die der japanischen Wissenschaft mehr oder weniger unwesentlich erschienen oder die sie gar bereits geklärt hatte. Mit Recht sahen die Japaner die europäische Tradition der Japanforschung als Hobby einiger weniger Japanbegeisterter, in das sich nicht selten noch europa-zentrierte überhebliche Weltanschauung mischte.

Auf diese konkrete Situation der europäischen Japanwissenschaft aber müssen rezente scharfe Kritiken an der Japanologie bezogen werden, wie etwa jene von Bownas (1967:5), der Japanologie als "inward-looking", "self-contained" und "in its worst manifestation ... a little amateurish" nennt. (Vgl. Skinner 1964:517 zur Lage der Sinologie: "a discipline up to itself" ... "skills defined the field and became an end in themselves"; weiter Levenson 1964:507: "A straw man .., product of a dated Western-centered view ..."). Den Vertreter dieser Pseudowissenschaft tut Bownas als "the one-man-band playing every known Japanese melody on all the instruments ..., the Jack of all trades" ab (Bownas 1967:7). Der Scarbrough-Report über die Situation der Fernost-Wissenschaft an englischen Universitäten 1947 stellt nur kurz fest: "... many Sinologues and Japanologues who never lift their noses from their texts and consequently do not know what is going on in the Oriental world around them" (Bownas 1967:8).

Konsequenterweise muß hier jedoch festgestellt werden, daß die zu dieser Zeit von den auf Japan bezogenen Einzelwissenschaften in Japan selbst erarbeitete Fülle von Materialien und Ergebnissen tatsächlich für den einzelnen bereits unüberschaubar geworden war (Wenck 1954:I:3; Hammitzsch 1966:145; Bownas 1967:6). Solange man von den Japanologen im Sinne des an Siebold ergangenen, zitierten Auftrages die "Kenntnisse von Universalgelehrten" fordert (Hammitzsch 1966:1945) und Japanologie in etwa umschreibt wie Lewin (1968:172): "... gehören zur Japanologie die historischen Bereiche wie politische, Kultur-, Geistes- und Religionsgeschichte. Im weiteren Sinne müssen auch die archäologischen, ethnologischen und soziologischen, die rechts- und wirtschaftswissenschaftlichen Aspekte der Japanologie zugeordnet werden, kurzum die Gesamtheit der geisteswissenschaftlichen Disziplinen, soweit sie sich mit Japan befassen" (vgl. dazu die Suche nach einem "thoroughly equipped Professor ... teaching Japanese history and the history of Japanese civilization and Japanese religion and all that" für London im Jahre 1908, Bownas 1967:7); solange also Japanologie so verstanden wird, ergeben sich angesichts der anscheinend unüberwindbaren Schwierigkeiten der Materialbewältigung nur drei Auswege, die denn auch alle drei beschritten worden sind.

Nahe liegt zunächst, vor allem in Hinblick auf die in Europa tatsächlich vorangetriebenen Studien und das hier gesammelte Unterlagenmaterial, eine Einschränkung auf "Japanologie im engsten Sinn", die die "Wissenschaftsgebiete Sprache und Literatur umfaßt", die dann jedoch folgerichtig auch als "japanische Philologie" bezeichnet werden muß und wird (Lewin 1968). Freilich darf man dann aber nicht im gleichen Atemzuge Japanologie als "Wissenschaft von der japanischen Kultur und deren Entwicklung in ihren geistigen und materiellen Erscheinungsformen" definieren (Lewin 1968). Hier muß absolute Ehrlichkeit jedes Wissenschaftlers gefordert werden, während umgekehrt diese Einschränkung noch nichts über den Wert der betreffenden Wissenschaft an sich und die Existenzberechtigung ihrer Studien aussagt.

Eine andere Lösungsmöglichkeit wurde in der Auffassung von der Aufgabe der Japanologie als einer vornehmlichen Vermittlerrolle gesehen (Wenck 1954:I:3,4). Dies reicht jedoch meiner Auffassung nach keinesfalls aus für die Umschreibung einer Wissenschaft per se und kann im weiteren ebenso beiseite gelassen werden wie die Formulierung, eine der vordringlichsten und vornehmsten Aufgaben der Japanologie sei die nutzbringende Arbeit für andere Wissenschaftsdisziplinen (Hammitzsch 1966:145). Hat doch jede Disziplin jeweils nur ihr eigene, spezielle Aufgaben, deren Erforschung ihr erstes Ziel sein muß, und keine Wissenschaft kann von Anfang an nur als Hilfswissenschaft für andere konzipiert werden. Mit eben diesem Argument wird jedoch von Hammitzsch die "unabdingbare Forderung" nach einer Aufspaltung der Japanologie in Teilgebiete begründet. Dieser Weg ist in Japan begangen worden, ohne daß - wie ich noch zeigen werde - die Notwendigkeit einer zusammenfassenden, abschließenden Kulturwissenschaft zu bestehen aufgehört hätte. Die auch von mir durchaus anerkannte Notwendigkeit der Vermittlung von Japan-Kenntnissen an Spezialisten anderer Disziplinen enthebt die Japanologie nicht des besonderen, nur ihr eigenen Forschungsobjektes. Die Forderung von Bownas (1967:10) "to produce, rather, the Japanese historian, the Japanese economist, master of the discipline in general and of its Japanese aspect in detail"; das gleiche bei Hammitzsch 1966:1945: "Wir brauchen heute nicht so sehr Universal-Japanologen, sondern wir brauchen japanologisch voll ausgebildete Historiker, Sprach- und Religionswissenschaftler, Soziologen, Wirtschaftswissenschaftler, Geographen u.a. ..."; diese Forderung schafft erst recht nicht die erhoffte Neuorientierung einer Japan-bezogenen Wissenschaft. Welcher Gefahr sich etwa die Japanese Studies mit ihrem Vorsatz "(we) must court the social studies and hope to be courted by them" (Bownas 1967:13) aussetzen, läßt die kühle Ablehnung solcher Vorschläge durch einen Vertreter der Gesellschaftswissenschaften ahnen (Fredman 1964: 529; über das Verhältnis zur Sinologie: "There is a case to be made against a Sinological training that will distract a man in his formative years from pursuing his studies of societies and Society. It may be a capital idea to turn young sociologists into Sinologues, but they may then cease to be of use as anthropologists"). Wenn Fredman im Zusammenhang mit dem gleichen Problem in der Sinologie klar feststellt: "Social science is about society; Sinology is about China";oder Twitchett (1964: 110) im gleichen Zusammenhang: "both (Sinology and Sociology) are essentially a body of techniques and approaches designed for specific purposes ... there is no question of a value judgment between them"; so gilt das entsprechend für die Japanologie und alle in Betracht kommenden Einzeldisziplinen, aber auch für die in den angelsächsischen Ländern neu formulierte Wissenschaft der Japanese Studies.

Auch bei diesen Japanese Studies steht das Unbehagen mit der traditionellen Japanologie im Hintergrund. Bownas setzt seiner im Vorhergehenden ausführlich besprochenen Kritik an der Japanologie das helle Bild der Japanese Studies entgegen als "a comparative, multi-disciplinary treatment of Japan as part of the broad picture of man and man in society", im Gegensatz zur Amateur-Japanologie "professional" und "specialist" (Bownas 1967:9). Hier wie bei den entsprechend von der herkömmlichen Sinologie abgehobenen Chinese Studies definiert plötzlich die "area of culture" den Umfang der Wissenschaft (Levenson 1964: 507). Doch erscheint mir selbst ein solcher Namenswechsel keineswegs notwendig: Dieselbe Zielsetzung, wie sie hier für eine Wissenschaft mit neuem Namen postuliert wird, hat auch schon für die frühere Japanologie gegolten - zumindest in dem nie aufgegebenen Anspruch der Nominaldefinition. In diesem Zusammenhang ist aber auch die berechtigte Warnung von Wenck (1955: 14) vor einem Abgleiten einer "regionalen Auslandskunde" in Unwissenschaftlichkeit zu beachten.

Um zusammenzufassen: Die westliche - europäisch-amerikanische - Japanologie, die durch lange Jahre der Abkapselung den Kontakt mit Nachbardisziplinen (Opitz 1967:6; Bownas 1967:9; Ouwehand 1969: "der einsame Japanologe"), vor allem aber den Kontakt mit dem Material ihrer Studien und der Entwicklung der Wissenschaft in Japan selbst verloren und sich auf einen sehr engen Ausschnitt ihres, zumindest in der Nominaldefinition niemals aufgegebenen weiten Aufgabenfeldes zurückgezogen hatte, glaubt sich einer Krisensituation gegenüberzusehen: Da ist zunächst die unüberschaubar gewordene Materialfülle, die eine Beschränkung im Objekt, wenn nicht überhaupt einen Rückzug auf eine Vermittlerrolle zu erfordern scheint, wobei jedoch vergessen wird, daß sich der japanische Wissenschaftler denselben Schwierigkeiten gegenübersieht. Andererseits erscheint die so sehr auf Effizienz einer Wissenschaft sehende Gegenwart mehr praktisch verwertbare Ergebnisse, vor allem in der Ausbildung von Spezialisten, zu erfordern, so daß eine Auflösung der Wissenschaft und ein Aufgeben der ihr eigenen Fragestellungen, Aufgaben und Methoden in Betracht gezogen wird. Beide Schwierigkeiten ergeben sich meiner Meinung nach aus einer Unsicherheit bezüglich des eigentlichen Objektes unserer Wissenschaft und weiter aus der Unsicherheit über die Bedeutung dieses Objektes und der darauf abzielenden Wissenschaft.

Es erscheint hier am Platze, sich einmal über die Entwicklung unserer Wissenschaft in Japan selbst Gedanken zu machen. Nach frühen Anfängen hat sich im 18. Jhdt. eine eigenständige Japan-Wissenschaft etabliert. Wesen und Aufgabe der mit verschiedenen Namen bezeichneten Wissenschaft (bes. *kokugaku*, d. i."auf Japan bezogene Wissenschaft") erhellen sich aus der in wissenschaftstheoretischer Hinsicht grundlegenden Schrift von Motoori Norinaga, dem Uiyamabumi aus dem Jahre 1798. Als Hauptziel wird hier eindeutig die Frage formuliert: "wie der 'Weg' des Menschen geartet sei". In unserem Zusammenhang kann *michi* -"Weg"- wohl als Leitmotiv einer gesamtheitlichen Konfiguration der alten japanischen Kultur verstanden und etwa dem "Paideuma" der kulturmorphologischen Schule Frobenius',dem "pattern of culture" der cultural anthropology oder dem "dominant drive" Ruth Benedict's verglichen werden. Die immer wieder und mit Recht stark hervorgehobene philologische Studienrichtung ordnet sich bei Motoori eindeutig dem Ziel der Erkenntnis des *michi* unter, als unbedingt erforderliche, jedoch für sich allein angewandt nicht ausreichende methodische Vorstufe (Tahara 1968:30, 32). Motoori's Wissenschaft und im weiteren die als *kokugaku* zusammengefaßten wissenschaftlichen Traditionen sind also ihrer Endzielsetzung nach Kulturwissenschaft und wurden auch von ihren modernen japanischen Epigonen als solche aufgefaßt. Daß dabei immer wieder von Philologie gesprochen wurde (so etwa bei Haga Yaichi und Ueda Mannen: *bunkengaku* "Philologie"), erklärt sich aus dem in Japan von dem Deutschen August Boeckh übernommenen Verständnis der Philologie als einer Geschichte der Kultur im weitesten Sinne (vgl. Uchino 1961:8-10). In der Tat sind die Übereinstimmungen zwischen den Gedanken der *kokugaku* bei Motoori und den Formulierungen Boeckh's sehr groß. So fordert Boeckh, Philologie als "das Erkennen des Erkannten" habe "gegebenes Wissen wiederzuerkennen", was aber wiederum "es verstehen heißt" (Boeckh 1886:10, 53), und formuliert als Zielsetzung eine "Erkenntnis von Ideen" (Boeckh 1886:20), und zwar von "Ideen, in denen das Seiende liegt", und "des Zusammenhanges dieser Ideen" (Boeckh 1886:26). Bei Motoori steht hierfür die immer wieder geforderte Erkenntnis des *michi*. Auch in der Beschränkung der Wissenschaft (Philologie) auf dieses Erkennen und in der Ablehnung eines weiteren Aufbauens auf dem Erkannten treffen sich die beiden (Boeckh 1886:18; bei Motoori: "*michi wo okonau koto wa ... mono manabu mono no waza ni wa arazu* ... den 'Weg' in die Wirklichkeit umzusetzen, ist nicht Aufgabe des Forschers", Tamakatsuma 74, 1968:I:70; ähnlich auch im Uiyamabumi).

Doch weder die aus der eigenen Tradition der *kokugaku* überlieferte, noch die von der deutschen Philologie übernommene weite Schau einer Philologie als Kulturwissenschaft konnten sich in Japan ungestört entwickeln. Die schon von Boeckh am Beispiel Kant's (Logik, Einleitung IV: "Philologie als kritische Kenntnis der Bücher und Sprachen") aufgezeigte Gefahr, Philologie könnte sich nur zu leicht als Literaturwissenschaft verstehen, da das "Wissen einer Nation vorzüglich in ihrer Literatur ausgeprägt sei", und könnte sich daher auch leicht in Richtung auf eine Kritik einengen (Boeckh 1886:8, 10, 13), diese Gefahr wird nach dem Scheitern verschiedener Versuche, Forschungsstätten der *kokugaku*-Tradition zu errichten, Anfang der Meiji-Periode (1868-1912) in Japan Wirklichkeit. Das nun sehr stark nach Westen hin orientierte Japan übernahm als Selbstverständlichkeit auch das europäische System der Wissenschaftsorganisation und der Einteilung der Fachdisziplinen (Bownas 1967:5: "To the Japanese, the modern scientific study of the contemporary language was a discipline entirely novel, no different from Ayrton's physics and telegraphy"). Zumindest für das Japan der Zeit um 1900 gilt das Wort Lewin's, daß Japanologie - er vergleicht sie "allenfalls" der *kokugaku* - "seit der Entwicklung der modernen Wissenschaft durch die Summe der landesbezogenen Einzeldisziplinen repräsentiert wird" (Lewin 1968:172; zur Auflösung der *kokugaku* in Einzeldisziplinen vgl. Uchino 1965:2).

Dennoch scheint die von Lewin zitierte "Summe der Einzelwissenschaften" keine befriedigende Lösung dargestellt zu haben, sind doch ihre einzelnen Objekte voneinander verschieden und auf alle Fälle verschieden von dem großen Ziel der alten *kokugaku*, dem auch ihre Summe nicht nahekommt. Die nun etablierte Einzeldisziplin der Philologie beschränkte sich auf das Ausarbeiten und Anwenden der Methode, der kritischen Einordnung der Quellen (vgl. dazu die Kritik durch Hisamatsu 1966; weiter Levenson 1964:507 über die Situation der Sinologie: "marching and countermarching through the literature 'because it is there'"; dazu noch Skinner 1964:517: "Sinology ... was given shape by its tools, so that ... skills definded the field and became an end in themselves"). Vereinzelte Versuche, diesem Zustand in Japan Abhilfe zu schaffen, gipfelten schließlich im Werk von Yanagita Kunio. Das von Yanagita geschaffene wissenschaftliche System, das er selbst erst nach langem Zögern als *minzokugaku* bezeichnete, übersetze ich hier nur mit größtem Vorbehalt als "Volkskunde". Die Zielsetzungen Yanagita's gehen weit über die geläufigen Definitionen traditioneller europäischer Volkskunde hinaus und sind eher als allgemeine japanische Kulturwissenschaft zu begreifen. Der Titel einer seiner Serien ab 1947, *Shin-kokugaku-dan* "Gespräche über eine neue *kokugaku*", scheint nicht ohne Absicht gewählt. An anderer Stelle (1934:290) stellt Yanagita fest: "wir scheuen uns auch nicht, unsere Wissenschaft neue *kokugaku* zu nennen". Einige Jahre später (Yanagita 1946:95) wird diese Gleichsetzung noch ausdrücklicher vertreten und von Origuchi (1947) aufgegriffen. (Zur Stellung der Schule Yanagita's im Rahmen der *kokugaku*-Tradition vgl. Uchino 1961). Gegen die alte *kokugaku* und ihre Philologen-Epigonen erhebt Yanagita den schweren Vorwurf, sich einseitig auf die schriftliche Tradition der Literatenschicht beschränkt zu haben, ja überhaupt dem "Buchstaben übertriebenes Vertrauen entgegengebracht" zu haben (Yanagita 1944:5; Yasunaga 1965:65). Im Gegensatz dazu entwickelte er eine neue, einzigartige Schau der japanischen Kultur als um den Reisbau als Leitmotiv (*michi* - Weg) zentrierend, eine Schau, die in der Zwischenzeit wohl von allen Kulturwissenschaften als richtig anerkannt und übernommen wurde. Folgerichtig sieht Yanagita sein System als Teil, ja als Hauptteil der Geschichtswissenschaft und stellt sich selbst die Aufgabe, das Leben jenes Großteils des japanischen Volkes zu erhellen, das außerhalb der elitären Intellektuellenschicht steht und ohne Literatur ist (Formulierung bei Ishida 1962).

Während ein Großteil von Yanagita's Schülern in vollkommener Verkennung seiner Intentionen nun eine japanische Volkskunde als Wissenschaft von den in den aliterarischen Volksschichten überlieferten Relikten alter Kultur aufbaut, ist der Problemansatz Yanagita's von der nach dem Krieg neu orientierten japanischen Geschichtswissenschaft anerkannt und aufgegriffen worden. Daß wir heute ein auf ganz anderen Grundlagen beruhendes System der Epochengliederung japanischer Geschichte haben als das traditionell nach herrschenden Geschlechtern oder nach Hauptstädten benannte, scheint mir nicht zuletzt auch ein Ergebnis eben dieser Neuorientierung zu sein. Aber auch die japanische Philologie und Literaturwissenschaft beginnen, auf Yanagita und seine Wissenschaft zurückzugreifen. Einer ihrer Hauptvertreter, Hisamatsu Senichi, versucht, die Philologie oder Literaturwissenschaft *bungaku* auf das Neue als Kulturwissenschaft und zusammenfassenden Abschluß der sich auseinanderentwickelnden Spezialwissenschaften zu formulieren (Hisamatsu 1966:7). Er entwickelt dabei ein System in drei Ebenen: Ziel der Literaturwissenschaft im engsten Sinne ist die Erkenntnis des Wesens jener "Werke des menschlichen Geistes, die aus der Sprache gestaltet sind" (Formulierung nach Kraus 1965:302), und zwar aus ihrem Inhalt, ihrem geistigen Gehalt, aus Form und Stil, eventuell auch in historischer Sicht als Literaturgeschichte. Die Entstehungsbasis eines Werkes muß weiter in historischer und ökologischer, in soziologischer und volkskundlicher Sicht untersucht werden. Das

Quellenstudium als solches schließlich zerfällt in Philologie im überkommenen Sinne und in die Wissenschaft von den mündlichen Quellen (s. Yanagita), mit jeweils eigenen Methoden der Kritik.

Unabhängig von Yanagita und im Gegensatz sowohl zu dessen Auffassung wie auch jener der *kokugaku* von der japanischen Kultur als einem geschlossenen Ganzen hat Oka Masao eine auf völkerkundlich-kulturhistorischer Sicht beruhende Theorie entwickelt, die japanische Kultur sei als Produkt verschiedener Überlagerungs- und Schichtungsprozesse zu verstehen, und Strukturstudien könnten Rückschlüsse auf Entstehung und Geschichte dieser Kultur liefern (Oka 1934). Das von Oka 1948 auf der Grundlage dieser Theorie organisierte Symposium "Ursprünge des japanischen Volkes und seiner Kultur und Entstehung des japanischen Staates" (Oka et al. 1948), an dem Vertreter verschiedener Kulturwissenschaften teilnahmen, hat in jeder Hinsicht epochemachend gewirkt. Heute hat sein Problemansatz jenen Yanagita's abgelöst. Der enorme Einfluß auf die gesamte japanische Kulturwissenschaft und Historik läßt sich im einzelnen noch kaum absehen.

Die Unzulänglichkeit der "Summe der landesbezogenen Einzeldisziplinen" hat also in Japan zu verschiedenen Versuchen einer Zusammenfassung auf höherer Ebene geführt, sei es in der *minzokugaku*-Volkskunde Yanagita's, der Kulturwissenschaft und social anthropology Oka's oder in der Literaturwissenschaft und Philologie von Hisamatsu, wobei jeweils verschiedene Schwerpunkte gesetzt worden sind. Gemeinsam ist allen diesen Richtungen das Ziel einer Erkenntnis der japanischen Kultur. Noch klarer tritt dieses Ziel hervor in der sich gegenwärtig neu formierenden "Wissenschaft von der japanischen Kultur" *Nihon-bunka-kenkyū*, einer legitimen Nachfolgerin der *kokugaku*. Bisher bestehen erst wenige Forschungsstätten dieser Richtung, vor allem das Institut an der Kokugakuin-Universität in Tōkyō (Ishikawa 1957:142) und das von Ishida Eiichirō aufgebaute an der Tōhoku-Universität in Sendai sind zu nennen. Ishida (1967:4-5) formulierte als Objekt dieser Wissenschaft die "japanische Kultur als organisch integrale Struktur", wobei vor allem auf die Erkenntnis ihrer Leitmotive, ihres über-historischen Ethos', Wert gelegt wird. Hauptfragen sind jene nach dem Wesen und der Entstehung des besonderen japanischen Kultur-patterns, wobei Rasse, Staat, Ökologie, Ökonomie, Weltanschauung, Sprache, Sozialstruktur und Geschichte als entscheidende Elemente hervorgehoben werden.

Schließlich muß als neuester Ansatz auf japanischer Seite das Bemühen des aus der Kyōto-Schule hervorgegangenen Strukturalisten Umesao Tadao, Direktor des National Museum of Ethnology in Ōsaka, genannt werden, eine "Zivilisations-Theorie" *bunmei-ron* als zusammenfassende Aussage über die das konkrete Kulturierte (hier: die japanische Kultur in ihren einzelnen Erscheinungen) bestimmenden Grundmuster neu zu formulieren. Eine internationale Tagung, auf der japanische wie ausländische Definitionen einer "Japanwissenschaft" (Japanologie) diskutiert werden, sollte im März 1983 auch Möglichkeiten und Aussichten dieser "Zivilisations-Theorie" erörtern.

Aus diesem Überblick ergibt sich, daß in Japan selbst jederzeit und auch heute wieder besonders deutlich die Notwendigkeit einer umfassenden Aussage über das Wesen japanischer Kultur gefühlt wurde. Weiter zeigt sich, daß diese Japanologie als eine Geisteswissenschaft abzielt auf die Erforschung japanischer Kultur, also jener Erscheinungen Japans, die auf das Wirken menschlich-geschichtlichen Geistes zurückgehen; daß sich die Forschungen der Japanologie in erster Linie ausrichten auf die über-historischen patterns oder Leitmotive einer als organisch-integralen Struktur aufgefaßten japanischen Kultur.

Ich darf hier auf den Versuch einer Definition der Sinologie durch Mote (1964:533) hinweisen: "Sinology means the study of Chinese civilization as a coherent whole. It has as the objects (ich würde hier eher 'sources' sagen) of its study all of the records produced in the life of that civilization. Most but not all of these are written records; hence the central role of language and literature. They were produced chiefly by the articulate members of that civilization, each conscious in some measure of the cumulative achievement of it; hence the equally important role of History" (vgl. dazu auch noch Boeckh 1886:56). Japanologie ist also eine Kulturwissenschaft, kann aber auch als Philologie bezeichnet werden im Sinne von Boeckh.

Die große Vielfalt der Quellen bedingt aber auch die notwendige Beschränkung und Spezialisierung in der praktischen Ausführung, in den Studien des einzelnen Fachvertreters, ohne daß darüber die "Unbeschränktheit des Begriffs" (Boeckh 1886:21) vergessen werden darf. Eine grundsätzliche Einschränkung des Objektes der

Japanologie ist nicht möglich, weder in zeitlicher Hinsicht noch in Hinsicht auf eine bestimmte Tradition innerhalb der japanischen Kultur. Die überragende Bedeutung des Wertsystems der "großen Tradition" und der diese tragenden elitären Gesellschaftsschicht in Geschichte wie Gegenwart Japans ist nicht zu bezweifeln. Dennoch muß immer wieder darauf hingewiesen werden, daß der in Japan seit der Yayoi-Periode (5./3. Jhdt. v. Chr. - 3. Jhdt. n. Chr.) bekannte Reisbau als eine Konstitutive japanischer Kultur überhaupt angesehen werden muß und diese vom Reisbau geprägte Epoche geradezu als "formative period" einer eigenständigen japanischen Hochkultur gelten kann. Daß weiter noch 1868 an die 80 % der Gesamtbevölkerung Japans, d. s. 24 Millionen Menschen, in 63.000 Dörfern vornehmlich bäuerlichen Charakters lebten; daß die seit 1868 erfolgte Industrialisierung Japans vorwiegend auf Heranziehung von Arbeitskräften bäuerlicher Herkunft beruht und daher das diesen in ihrer Erziehung aufgeprägte und in seinen Wurzeln bis in ur- und frühgeschichtliche Zeit zurückreichende Wertsystem einer "kleinen Tradition" auch heute noch in den Großstädten des modernen Japan fortlebt.

Daraus folgt, daß selbst die bisher im Mittelpunkt der Forschung gestandene "große Tradition" japanischer Kultur mit ihren starken Wurzeln im Buddhismus und in der chinesischen Kultur doch nur eine Überhöhung einer der in früher Zeit noch zahlreicher vorhandenen, lokalen "kleinen Traditionen" darstellt und in ihrer Bedeutung nicht vollständig erfaßt werden kann ohne Berücksichtigung dieser Volkstraditionen. Yanagita und die moderne japanische Geschichtswissenschaft sind uns auf diesem Wege bereits vorangegangen, die japanische Literaturwissenschaft unter Hisamatsu ist gefolgt. Für die Sinologie formuliert Skinner (1964:517) das gleiche Ziel: "Chinese studies today attempts to encompass the entire society and cultural product of China (auch Gesellschaft, soweit sie uns hier interessiert, ist als Produkt der Kultur zu werten!), to study its regional 'little traditions' along with the 'great', and to emphasize for heuristic purposes with nonèlite social groups as well as with the literati".

In zeitlicher Hinsicht ist auch nicht mehr das Altertum allein als Forschungsgegenstand der Japanologie zuzuweisen, ebensowenig wie das aus gegenwartspolitischen Gründen plötzlich so überbewertete "moderne Jahrhundert" Japans ab 1868 allein den Forschungsbereich der Japanese Studies ausmachen kann. Immer stärker stellt sich nämlich die Frage, welche Bedeutung diesem Jahr 1868 als einem Einschnitt in der kulturellen, sozialen, aber auch politischen Geschichte Japans eigentlich zukommt, bzw. ob dieses Jahr als Ausgangspunkt der Industrialisierung gleichzeitig auch den Anbruch einer "Modernisierung" und Beginn der spezifisch modernen, bürgerlichen Gesellschaft anzeigt. Haben alte Werke die Darstellung der Meiji-Restauration 1867/68 mit der Schilderung der Landung Commodore Perry's in Uraga 1853 begonnen, so greifen heute Wirtschaftswissenschaftler vor allem auf die Auswirkungen der Reformen in der Tempō-Ära (1830-1844) zurück, und die Gesamtdarstellung dieser "bürgerlichen Revolution" (Meiji-Restauration) durch die sowjetische Akademie der Wissenschaften greift sogar zurück bis auf die Systematisierung des zentralistischen Feudalismus und die Abschließung Japans unter den Tokugawa zu Beginn des 17. Jhdts. Diese letzteren Vorgänge erscheinen jedoch wieder nicht verständlich ohne die Kenntnis noch früherer Geschichtsabläufe, die uns bis zur Entstehung des altjapanischen Staates zurückführen. Nicht ohne Grund hat etwa die Erforschung des japanischen Mittelalters (Kamakura-, Muromachi-Periode) in Amerika in den letzten zehn Jahren einen großen Aufschwung genommen.

Eine Teilung in eine "klassische" und eine "moderne" Japanologie erweist sich so als unmöglich. Vergleiche zwischen der Übernahme chinesischer Kultur im 6. Jhdt. und dem Kontakt mit Europa seit Mitte des 19. Jhdts. bzw. mit Amerika in der Gegenwart ermöglichen erst ein tieferes Verständnis moderner Vorgänge, und Oka's Theorie verschiedener Kulturschichten bzw. Yanagita's Betonung der Reisbauern-Komponente geben sowohl Hinweise auf das Wesen der japanischen Kultur an sich, wie sie auch moderne Akkulturationsprobleme in neuem Licht erscheinen lassen.

Erwächst so auf der einen Seite ein Komplex diachronisch zu behandelnder historischer Einzelfragen auf dem Wege zum Endziel der Erkenntnis japanischer Kultur, so werden andererseits synchronische Untersuchungen unter Einsatz aller möglichen Gesichtspunkte und Methoden nicht vernachlässigt werden dürfen und bilden ein weiteres Feld der Zusammenarbeit zwischen einzelnen Fachvertretern wie auch mit den Nachbardisziplinen. Auch auf diesem Felde ist uns die japanische Wissenschaft vorausgegangen. Der in Japan 1948 in unmittelbarer Nachkriegszeit entstandenen *Kyūgakukai-rengō* "Vereinigung der neun Wissenschaften" gehören verschiedene Wissenschaften an, die den Menschen und seine Umwelt zum Forschungsobjekt haben (s. Tabelle 1). In der Gründungszeit dieser Gesellschaft waren Feldforschungen in Übersee unmöglich und eine Finanzierung größerer Projekte sehr schwierig. In der Zwischenzeit haben sich die Forschungsbedingungen in Japan grundlegend geändert. Viele materielle Gründe zum Zusammenschluß sind weggefallen und das Interesse an der *Kyūgakukai* läßt nach. So sich nicht in der Forschungseinstellung einiges entscheidend ändert, könnte sich die Gefahr eines Auseinanderfallens ergeben, besonders im Hinblick auf die Tendenz der japanischen Forschung "to build tightly-knit coummunities, in which personal vertical loyalties even exclude members of other disciplines". Damit habe ich ein auch in Japan selbst stark gefühltes Unbehagen mit der Art und den Ergebnissen dieser Gemeinschaftsforschungen formuliert. Nun aber näher zur Arbeit der *Kyūgakukai* an sich: Sie stellt sich jedes Jahr zwei Aufgaben, die Erörterung eines theoretischen Themas und die Durchführung einer gemeinsamen Feldforschung - leider sind beide fast niemals koordiniert worden, meiner Meinung nach der Hauptfehler. Dazu kommt die Kürze des für die Arbeiten zur Verfügung stehenden Zeitraumes: die theoretischen Themen werden jeweils auf einer jährlichen Tagung in Form von Referaten behandelt: eine gegenseitige Information vorher gibt es nicht, weshalb es auch nicht zu Diskussion und gemeinsamen Ergebnissen kommen kann. Die Referate werden ohne Kommentar in der Zeitschrift *Jinbun-kagaku* ("Anthropologie") veröffentlicht. Die gemeinsamen Feldforschungen werden hingegen in einer Ausschußsitzung besprochen und dabei auch das Untersuchungsgebiet festgelegt. Nach einjährigen Vorstudien (einschließlich field-survey) durch eine von Vertretern aller neun Wissenschaften beschickten Kommission werden dann zwei- (heute dreijährige) Feldforschungen durchgeführt,

Tabelle 1:

Gemeinschaftsforschungen der japanischen *Kyūgakukai-rengō*

a) Gemeinschaftsthemen und Feldforschungen:

1948	Reis	-
1949	Feuer	-
1950	Tōkyō; die Familie	Insel Tsushima
1951	Fischer	Insel Tsushima
1952	Verkehr; Fluß; Arbeit	Halbinsel Noto
1953	Geschlecht	Halbinsel Noto
1954	Migration	-
1955	Anpassung; Reiswein	Amami-Ōshima-Archipel
1956	Lebensalter: Kindheit	Amami-Ōshima-Archipel
1957	Lebensalter: Jugend	Amami-Ōshima-Archipel
1958	Lebensalter: Alter	-
1959	Berg; Tod; Zusammenarbeit	Insel Sado
1960	Symbol; Insel	Insel Sado
1961	Kontakt und Wandel	Insel Sado
1962	Zonengliederung der japanischen Kultur	-
1963	Zonengliederung; der japanische Schönheitsbegriff; Zusammenarbeit	Halbinsel Shimokita
1964	-	Halbinsel Shimokita
1965	Wandel	Halbinsel Shimokita
1966	Klassen	
1967	-	Flußgebiet des Tone
1968	-	Flußgebiet des Tone
1969	-	Flußgebiet des Tone
1970	Urbanisierung	Okinawa
1971	-	Okinawa
1972	-	Okinawa
1973	-	Okinawa: dörfliche Sozialstruktur und menschliches Verhalten
1974	-	
1978-1981	-	Amami-Ōshima-Archipel

b) Mitgliedsgesellschaften

seit 1948:	Linguistische Gesellschaft
	Soziologische Gesellschaft
	Anthropologische Gesellschaft
	Gesellschaft für Volkskunde
	Ethnologische Gesellschaft
seit 1950:	Psychologische Gesellschaft
	Geographische Gesellschaft
seit 1963:	Gesellschaft für ostasiatische Musikwissenschaft
1948-1969:	Archäologische Gesellschaft

Karte 1: Gemeinschaftsforschungen in Japan

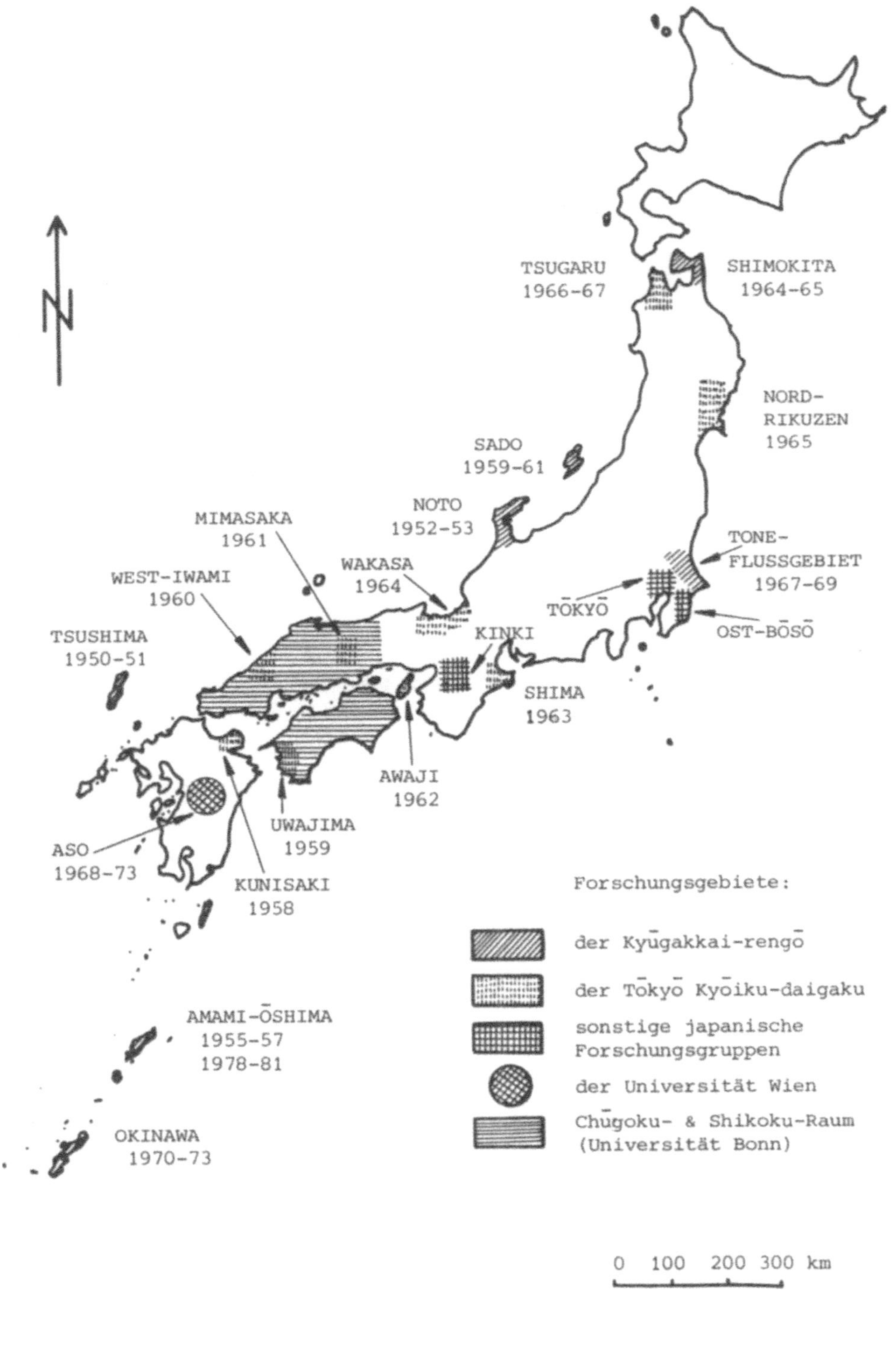

die ebenfalls auf der jährlichen Tagung zur Diskussion stehen und in Form von Monographien publiziert werden. Wohl ist hier der Ansatz zur Zirkulierung von Material und Zwischenergebnissen gegeben, reicht aber nach allgemeinem Konsens nicht aus: "Gemeinschaftsforschungen bedeuten nicht eine einfache Zusammenstellung der Ergebnisse, die jede Fachwissenschaft bei der Erforschung eines gemeinsamen Objektes von ihrem eigenen Standpunkt aus erzielt hat, sondern es kommt dabei vielmehr zu organischen Beziehungen zwischen den einzelnen Disziplinen, die als eine Einheit Ergebnisse zeitigen, die bei einer Trennung der Fachwissenschaften nicht gewonnen werden können". Diese konnte bei der Tsushima-Forschung, dem ersten Projekt, nicht erreicht werden, und ist auch bei den späteren Unternehmungen nicht verwirklicht worden (Imamura 1954). Ein Grund für dieses "Nebeneinander" in einer reinen Raumgemeinschaft ist in der ungenügenden Betonung eines Zentralthemas zu erblicken. Bei einigen der Projekte gab es zwar ein solches: im Falle von Tsushima und Amami waren es die Verbindungen zum Kontinent bzw. nach dem Süden bei der japanischen Ethnogenese, im Falle von Noto die Frage nach den Verbreitungsmustern verschieden alter Kulturwellen. Diese Probleme wurden aber bei der abschließenden Monographie nicht oder kaum behandelt. Bei anderen Projekten fehlte ein solcher Problemansatz überhaupt. Eine andere Schwäche dieser wie aller Themen der *Kyūgakukai* ist die allzu starke Dominierung durch die Völkerkunde: ein Blick auf die Tabelle der theoretischen Themata zeigt, daß der Schwerpunkt lange Zeit auf Interessengebieten der Völkerkunde lag und erst im Jahre 1970 mit dem Thema "Urbanisation" ein Interessengebiet der an der *Kyūgakukai* bereits stark desinteressierten Soziologie aufgegriffen wurde. Ebenso sind die Gebiete für die Gemeinschaftsforschungen anscheinend immer auf Vorschlag der Völkerkunde ausgewählt worden, und es wird lebhaft beklagt, daß niemals der Idealfall eines für alle teilnehmenden Wissenschaften gleichermaßen interessanten Gebietes auch nur annähernd erreicht worden ist. Bei diesen Gebieten handelt es sich, wie aus der Karte ersichtlich wird, immer um Randgebiete, niemals ist ein für die Entwicklung der japanischen Kultur entscheidendes kulturelles Zentrum behandelt worden. Es scheint mir auch - und dies ist eine Kritik jetzt von außen, die den japanischen Forschern noch nicht bewußt geworden zu sein scheint - eine gewisse politische Relevanz bei der Auswahl der Feldforschungsgebiete nicht ableugbar zu sein. Vielleicht steht sie nicht im Vordergrund der Erwägungen, war jedoch sicherlich bei der Beschaffung der erforderlichen finanziellen Mittel von staatlicher Seite nicht unwichtig: Tsushima wurde während des Korea-Konfliktes durchgeführt, Amami-Ōshima knapp nach der Rückgabe der Inselgruppe an Japan 1953, und schließlich wurde seit 1970 Okinawa, das bekanntlich am 15. Mai 1972 an Japan zurückgegeben wurde, geradezu "überschwemmt" von mehreren hundert Mitarbeitern.

Zusammenfassend kann man über die Forschungen der *Kyūgakukai* sagen: Das Ziel der gemeinschaftlichen Erarbeitung von Erkenntnissen über die Kultur eines Raumes ist nicht erreicht, vielfach sogar ganz aus den Augen verloren worden. Die *Kyūgakukai* ist zu einem etablierten Apparat geworden, der enorme finanzielle Mittel für seine Projekte flüssig machen und an seine Mitgliedsgesellschaften verteilen kann und daher für diese noch einige Anziehungskraft besitzt. Mit der steigenden Möglichkeit, davon unabhängig Gemeinschaftsforschungen verwirklichen zu können, wird jedoch die Unzufriedenheit größer: 1969 ist bereits die Archäologische Gesellschaft aus der *Kyūgakukai* ausgetreten, da sie angesichts des bei allen Projekten zu kurz gekommenen historischen Aspekts eine nutzbringende Zusammenarbeit nicht mehr gegeben sah. Aber auch die Volkskunde hat sich stark absentiert und eigene Projekte durchgeführt. Im Rahmen der *Kyūgakukai* war von der Volkskunde ja oft scherzhaft als dem "Quartiermacher" gesprochen worden, da deren Forschungsgebiete auch von anderen Gesellschaften mitbetreut wurden und sie vor allem beim field-survey eingespannt wurde.

Die japanische Volkskunde hat seit dem Jahre 1958 unter der Leitung von Prof. Wakamori Tarō von der ehemaligen Tōkyō kyōiku-daigaku eine Reihe von Feldforschungen durchgeführt, bei der jeweils mehrere Volkskundler Studiengruppen für verschiedene Problemkreise bildeten. Mit Unterstützung des japanischen Kultusministeriums wurden zwei Jahre hindurch jeweils eine Vorstudie und eine Haupt-Forschung in einem Gebiet durchgeführt und in Monographien-Form publiziert. Die Untersuchungsgebiete wurden von Westjapan ausgehend nach Osten fortschreitend bestimmt, es sind jeweils wiederum Randgebiete, diesmal sogar ausdrücklich als solche ausgewählt, da man sich von diesen einen größeren Reichtum an alter Volksüberlieferung versprach. Ziel ist die "Erfassung der Kultur eines bestimmten Gebietes" - es fehlt aber ebenso wie bei der *Kyūgakukai* von vornherein der größere Rahmen, das Inbezugsetzen zur japanischen Kultur. Die Geschichte des Untersuchungsraumes scheint zwar etwas stärker als bei der *Kyūgakukai* berücksichtigt zu werden, allerdings fehlt gerade der Teil, der zur Moderne hinführen könnte, ebenso ein Überblick über die Gesellschaftsstruktur des Gebietes im Großen. Die Monographien spiegeln die traditionellen Interessengebiete der japanischen Volkskunde wieder: A) Dorf und Familie, Verwandtschaft, Burschengruppen, B) Basiskultur: Fischerei, Hausbau, C) Jahresbrauchtum, Bestattung, Brauchtum im Lebensablauf, D) Volksglaube, E) Schreine und Tempel. Aber eine Korrelation zwischen diesen Themen, ein Herausarbeiten des eigentlichen Problemes "Was ist die Kultur des Gebietes X"?, schließlich das, was eigentlich dann die Frage unserer Japanologie darstellt, nämlich was von diesen Ergebnissen heraus für die Kultur Japans erschlossen werden kann, fehlt (s. Karte 1).

Ähnliches kann auch noch von anderen in Japan unternommenen Einzelversuchen von Forschungsteams gesagt werden. So arbeitete ein Team der Sophia-Universität, Tōkyō, unter Shiratori Yoshirō auf der Halbinsel Bōsō. Die Studie resultierte aus dem Motiv, die historischen Quellen und die traditionelle Kultur dieses von rascher Urbanisierung bedrohten Gebietes aufzuzeichnen. Zu bemerken ist bei diesem Unternehmen die enge Zusammenarbeit von Volkskunde und Geschichte bzw. Urgeschichte, wie sie bei allen anderen Projekten völlig fehlt. Der 1968 erschienene Bericht (*Jōchi-daigaku Shigakkai Shigakukenkyūkai* Hg.: "*Higashi-Bōsō no shakai to bunka, Chiba-ken, Chōsei-gun sōgō chōsa*", Tōkyō) enthält Abschnitte über Urgeschichte, Geschichte und Gesellschaft/Volkskunde.

Eine regionale Zusammenarbeit auf dem ganz anderen Gebiet der Großstadtforschung von Historikern, Geographen, Soziologen, Architekten und Finanzwissenschaftlern der *Tōkyō-toritsu-daigaku* / Tōkyō Metropolitan University wird in einer Arbeit über den Großraum Tōkyō demonstriert (*Tōkyō toritsu-daigaku toshi-kenkyūkai* Hg.: "*Toshi-kōzō to toshi kenkyū*", 1968).

Der umfassenden Zielsetzung und Organisation der *Kyūgakukai-rengō* kommt ein von der literaturwissenschaftlichen Fakultät der Universität

Karte 2: Gemeinschaftsforschungen anthropologischer Disziplinen in der Republik Korea

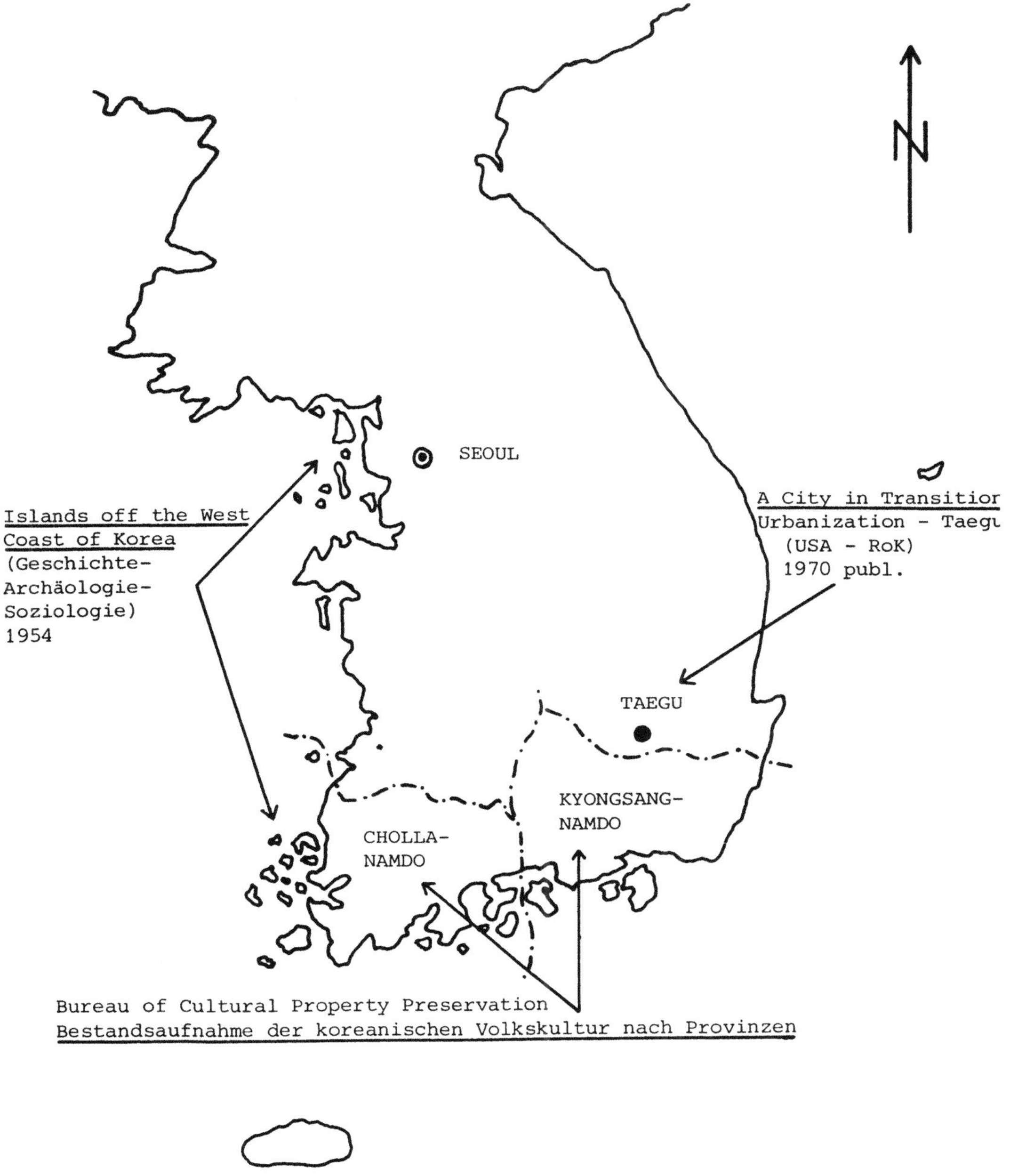

Kyōto durchgeführtes Projekt über den Großraum Kinki (*Kyōto-daigaku Kinki-ken sōgō-kenkyūkai* Hg.: *Kinki-ken, sono jinbun-shakai-kagaku-teki kenkyū*", Tōkyō, 1969) sehr nahe. Auf Anregung des damaligen Dekans Shibata Minoru haben verschiedene Disziplinen dieser Fakultät (Geschichte, Kulturgeographie, Soziologie, Psychologie, Linguistik) zusammengearbeitet, um ein Bild von der kulturellen und sozialen Situation des japanischen Kernraumes Kinki zu erstellen. Die einzelnen Arbeiten haben jedoch kaum einen inneren Zusammenhang, manche von ihnen beschäftigen sich auch gar nicht mit der Landschaft und dem gesamten Raum, sondern beschränken sich auf Detailinformation über Einzelphänomene, die in keinem Fall auf Kinki beschränkt oder für diesen charakteristisch sind.

Im Nachbarland Japans, in der Republik Korea, ist mit dem Erstarken der anthropologischen Disziplinen seit den späten fünfziger Jahren auch eine Hinwendung zu Gemeinschaftsarbeiten erkennbar geworden. Aus dem reichlichen zum Vergleich sich anbietenden Material möchte ich hier nur einiges herausgreifen: Schon 1954 sind vom National Museum of Korea / Seoul auf den der Westküste vorgelagerten Inseln drei Forschungen durchgeführt worden, an denen Historiker, Archäologen, Soziologen und Linguisten teilnahmen. Auf Grund dieser ist dann 1957 von Kim Chewon ein Report in drei Teilen herausgegeben worden, der Historical-Archeological Report, Sociological Report und Linguistic Report umfaßt (s. Karte 2).

Eine Bestandsaufnahme der koreanischen Volkskunde wird gegenwärtig unter der Patronanz des Ministry of Culture and Information durchgeführt, das dazu ein Bureau of Cultural Property Preservation eingerichtet hat. Dieses arbeitet zusammen mit dem Staatlichen Volkskundemuseum und Fachleuten (Ethnologen, Archäologen, Historiker und Volkskundler). Das Material wird nach Provinzen aufgenommen, und zwar werden einige für eine Provinz charakteristisch erscheinende Gebiete ausgewählt und dann detailliert beschrieben. Bisher erschien ein Sammelband über die Provinz Cholla Namdo, eine Studie über Kyongsang-Namdo ist im Druck. Die bereits vorliegende Monographie umfaßt Abschnitte über: Geschichte und Geographie, Gesellschaft, Religion, Ergologie und Technologie, Speisen, Volkskunst und Jahresbrauchtum, Lieder und Balladen.

Eine ganz andere Studie wurde im Sommer 1971 publiziert. Es handelt sich um ein teamwork von koreanischen und amerikanischen Wissenschaftlern, gefördert von der Society for International Development und anderen Stellen. Forschungsobjekt war Taegu, die drittgrößte Stadt Koreas. Die Studie trägt den Titel "A City in Transition - Urbanization, Taegu / Korea", und enthält Abschnitte über historische Entwicklung, Wertsystem und Religion, Sozialstruktur, Wirtschaft und Analyse verschiedener wirtschaftlicher und sozialer Faktoren und Entwicklungen.

Eine Eigenart der ostasienbezogenen Forschung in den USA war die Beschäftigung mit den betreffenden Kulturen auf macro-level, eine Ausrichtung, die z.B. der japanischen Forschung selbst fast ganz abgegangen ist. Ergebnisse dieser Schau waren etwa Ruth Benedict's "Chrysanthemum and Sword" oder Robert Bellah's "Tokugawa Religion". Ein Nachteil dieser Studien ist allerdings darin zu sehen, daß die jeweilige Kultur als monolithischer Block gesehen und innere Verschiedenheiten völlig außer acht gelassen werden. Ihnen stehen auf der anderen Seite Forschungen der anthropologists auf micro-level gegenüber, die in abstraktionsunfähiger Weise nicht über das Niveau von Dorfmonographien und Lokalinterpretation hinausgehen ("my-village-chant"). Ein Ansatz, die zwischen diesen genannten beiden Ausrichtungen bestehende Kluft zu überbrücken, wurde mit dem Okayama-Unternehmen des Japanese Studies Center der Universität Michigan unternommen, dessen Frucht das Werk mit dem ambitiösen Titel "Village Japan" von Richard Beardsley, John Hall und Robert Ward (1959) ist. Allerdings wird auch hier infolge des Fehlens einer Theorie des Inbezugsetzens von mikro- und makrosoziologischen Phänomenen die Kritik erhoben "the concepts remained on the whole at the earlier anthropological community-study level" (Benett 1970). Eben diese theoretische Seite sollte in einem Projekt des Center for East Asian Studies der Stanford University, dem Program on East Asian Local Systems, durchdacht werden. In der Praxis sollten Forschungen auf Zwischenebenen, etwa Provinz, Distrikts- oder Regionalebene durchgeführt werden, die Rückschlüsse auf die Kultur des gesamten Staates erlauben. Beteiligt werden sollten Forscher verschiedener Universitäten Nordamerikas und Ostasiens, deren einzelne Projekte man vielfach nur koordinierte. Das Program on East Asian Local Systems umfaßt China, Taiwan und Japan, erscheint jedoch nur im Falle von China durchkonzipiert: hier werden drei component projects genannt: Ning-Shao, Tientsin-Tangshan, Taipei Basin. Innerhalb dieser sind bereits mehrere konkrete Untersuchungen im Gange, etwa im Falle des Tientsin-Tangshan Projektes: John Lewis: Erziehung und politische Entwicklung in historischer Sicht; Seiichiro Takagi: Arbeitsmanagement und Arbeitskämpfe während der japanischen Okkupationszeit; Gordon White: politisch gelenkter Wandel; Heath Chamberlain: politische Führerschaft. Zu diesen drei component projects kommt eine Reihe von independent studies on China bzw. Japan, die ohne jegliche innere Verbindung zu den Grundthemen bzw. untereinander stehen und deren Aufnahme in das Programm völlig unverständlich erscheint (Befu: Gift-giving in Kyōto; Smith: Demographic Change in a Japanese Village etc.). So sehr der theoretische Ansatz des Stanford-Projektes es aus der Reihe anderer Versuche heraushebt, so wenig erscheint darin das Ideal einer Zusammenarbeit verschiedener Disziplinen zum Zwecke einer höheren Erkenntnis, als es die Summe der Einzelerkenntnisse darstellt, verwirklicht.

Als letztes darf ich noch einen von Wiener Seite aus gemachten Ansatz zu solchen Gemeinschaftsforschungen kurz erwähnen: das Aso-Projekt des Instituts für Japanologie der Universität Wien, dem unter der Leitung von Alexander Slawik die Teilnehmer Sepp und Ruth Linhart, Erich Pauer und der Verfasser selbst angehörten. Das seit 1967 laufende Programm wurde 1968/69 durch Unterstützung des Österreichischen Fonds zur Förderung der wissenschaftlichen Forschung mit Feldforschungen im Aso-Distrikt der Präfektur Kumamoto fortgesetzt. Für den Start dieses Unternehmens waren die Unzufriedenheit mit bisherigen Versuchen zur Zusammenarbeit auch auf japanischer Seite entscheidend und die Erkenntnis, daß vor einer fundierten Aussage über die japanische Kultur als solche zunächst einmal der Schritt von der Dorfforschung, wie sie bisher auch von der Wiener Seite stark betrieben worden ist, zur Untersuchung der Kultur eines größeren Raumes getan werden müßte - im Prinzip also die gleiche Erkenntnis wie beim Stanford-Projekt. Bei der Auswahl des Untersuchungsraumes wurde daher auch nicht nur auf räumliche Geschlossenheit, die einen leichteren Überblick ermöglicht, gesehen, sondern vor allem auch auf die historische Rolle dieses Raumes. Aus diesem Grund sah man davon ab, eine Insel(gruppe) oder Halbinsel zu wählen. Die geschlossene Naturlandschaft des Aso-Kraterbeckens deckte sich mit einer historischen Einheit, die vom Altertum bis zum Beginn der Neuzeit eine dominierende Rolle in der politischen und kulturellen

Geschichte Japans gespielt hat. Hier möchte ich jedoch nur eine Kritik anfügen, nämlich die Tatsache, daß der Aso-Raum seit etwa 1600 abseits der großen Entwicklungen blieb und daß daher von seiner Erforschung her nichts Direktes über die treibenden Kräfte der Modernisierung Japans ausgesagt werden kann. Bei der Durchführung der Feldarbeiten hat es sich als Vorteil erwiesen, daß die Teilnehmerzahl klein war und daher die Zirkulation von Material rascher, die Diskussion dadurch vielleicht erleichtert war. Auch daß alle Teilnehmer zunächst Japanologen und dann erst spezialisiert auf einem Gebiet waren, hat sich vorteilhaft ausgewirkt (s. Karte 1).

Der methodische Ansatz des hier zu beschreibenden Projektes des Japanologischen Seminars der Universität Bonn ergibt sich folgerichtig aus dem im Vorhergegangenen Beschriebenen:

Durch die Erforschung eines ausgewählten größeren Gebietes, das geographisch wie historisch als geschlossener Raum zu begreifen ist, sollte ein Beitrag geleistet werden einerseits zur Japanologie-Diskussion, d. h. es sollte versucht werden, an konkreten Themen durchgehende Kulturmuster einer Region als Teilgebiet Japans zu beschreiben, andererseits sollte durch die Wahl der Modernisierungsphase Japans als Untersuchungszeitraum auf die sehr bedeutenden regionalen Unterschiede in der Ausgangsposition und in dem Verlauf dieses historischen Prozesses näher eingegangen werden.

Die Großregion Chūgoku-Shikoku in Westjapan wurde zunächst auf dem Wege der Ausschließung anderer möglicher Untersuchungsgebiete ermittelt. Ostjapan, konkret Hokkaidō, Tōhoku und Kantō (mit Tōkyō) wurden zunächst ausgeklammert, da diese Teile Japans erst später als Westjapan in den historischen Aktionsraum der japanischen Kultur eintraten, teilweise erst im 8. bis 10. Jhdt. (Tōhoku) oder sogar erst in der Neuzeit (Hokkaidō). Der Themenwahl sollte jedoch vorerst keine zeitliche Schranke gesetzt werden. Wollte man also ein Gebiet wählen, das seit dem Anfang und seit der Entstehungszeit der japanischen Kultur als zentraler Raum Bedeutung hatte, so mußte man die Wahl auf Westjapan beschränken. Hier boten sich vordergründig die Räume Kyūshū (wegen seiner Nähe zu Korea und den daraus folgenden historischen Kontakten) und selbstverständlich der Kinki-Raum mit Nara-Kyōto (als Mittelpunkt japanischer Geschichte und Kultur) an. Beide wurden ausgeschlossen, da die bisher von der japanischen Forschung erarbeiteten und vorgelegten Ergebnisse von Detailforschungen eine mehrjährige Einarbeitung und Vorbereitungszeit erfordert hätten. Dagegen sind Shikoku und der Chūgoku-Raum verhältnismäßig wenig beachtet worden. Es ergab sich hier die Möglichkeit, nach kurzer Einarbeitung und auch als Ausländer mit der japanischen Forschung im eigenen Lande zu konkurrieren. Darüberhinaus hat der von beiden Landschaften eingeschlossene Raum der Inlandsee als historische Achse zwischen Kyūshū und Zentraljapan (Nara) große Bedeutung, die er auch in der Gegenwart als Teil der nach Westen verlängerten Tōkaidō-Metropolis und des westjapanischen Industriegürtels weiter bewahrt. Andere Teile wie etwa Izumo am Japanischen Meer oder Tosa in Süd-Shikoku haben zu verschiedenen Zeiten ebenfalls eine große Rolle in der japanischen Geschichte gespielt, doch soll hier nicht näher darauf eingegangen werden (s. Karte 3).

Als erster Schritt zur Verwirklichung des Projektes wurde in den Jahren ab 1978 systematisch eine Bibliothek über Geschichte, Kultur, Wirtschaft und Gesellschaft des genannten Raumes am Japanologischen Seminar der Universität Bonn zusammengetragen. Mit Mitteln des Wissenschaftsministeriums des Landes Nordrhein-Westfalen, aber auch durch Spenden von japanischer Seite war es möglich, mehr als 2000 Bände zu sammeln und damit eine in Europa - aber auch in Japan selbst - einmalige Grundlage für Forschungen zu bilden, die selbstverständlich nicht mit dem vorliegenden Projekt abschließen, sondern für die nächste Zukunft einen Schwerpunkt in Forschung und Lehre an der Universität Bonn bilden werden.

Zu den im Rahmen des Projektes in Japan selbst durchgeführten Feldforschungen muß gesagt werden, daß sie infolge der Etat-Kürzungen auf das absolut notwendige Mindestmaß beschränkt werden mußten, und daß vor allem die geplanten soziologischen Erhebungen zur Struktur der dörflichen Gesellschaft (Problemkreis 2) durch die Unmöglichkeit, japanische Mitarbeiter zur Erhebung und Auswertung der Fragebogen einzusetzen, erheblich behindert wurde.

Zu den Problemkreisen 1 ("ländliche Industrialisierung") und 3 ("Agrarverfassung und Mobilität von ländlichen Arbeitskräften in Hiroshima in der Zwischenkriegszeit") wurde auf Grund des gesammelten Materials eine erste Auswertung vorgenommen, deren Ergebnisse

Karte 3: Die Untersuchungsgebiete

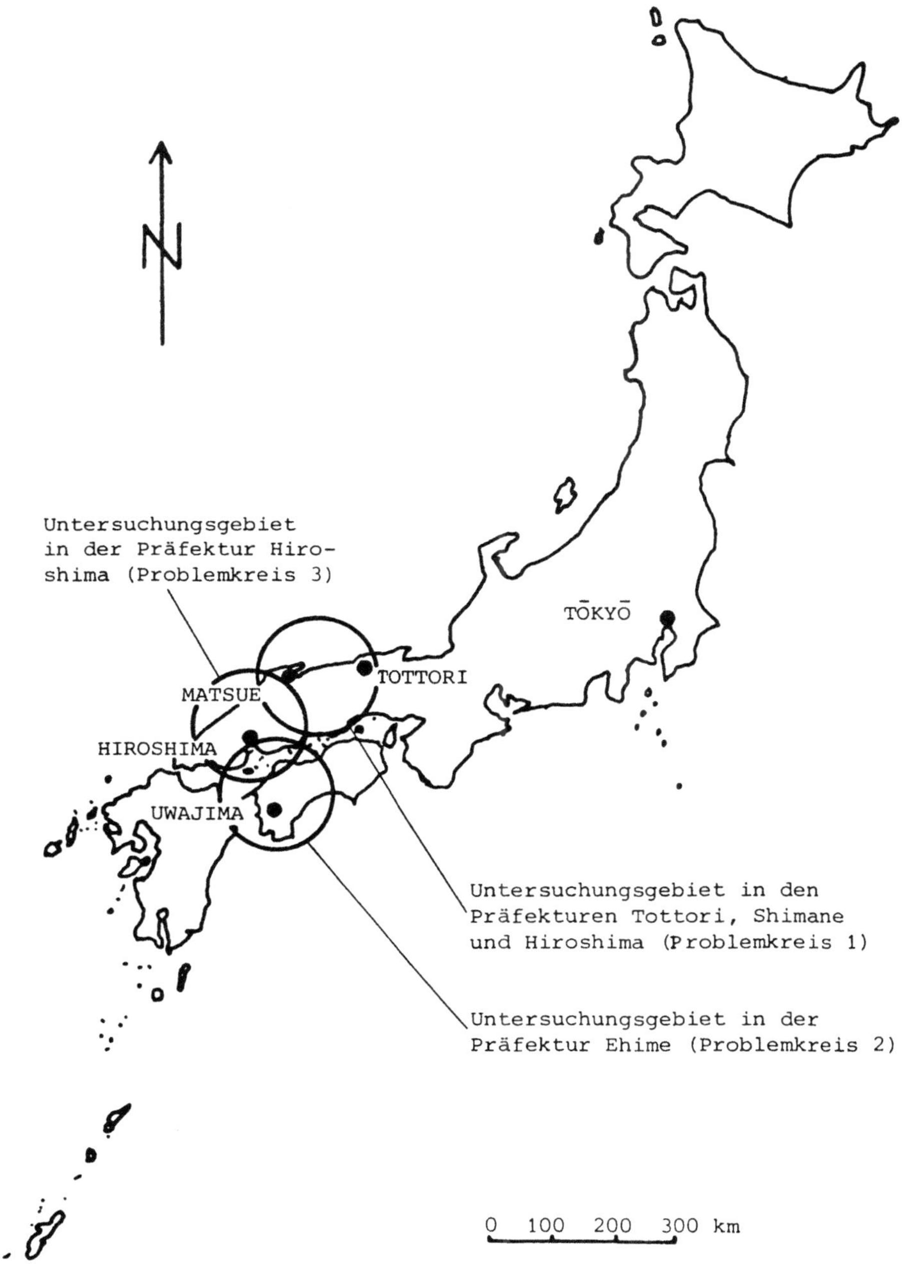

als Abriß im folgenden hier vorgelegt werden. Damit ist die Arbeit am Projekt jedoch nicht beendet: Die Fülle des erarbeiteten Materials macht eine Auswertung über einen längeren Zeitraum hin notwendig. In der Zwischenzeit fließen diese laufend gewonnenen neuen Erkenntnisse in den Unterricht mit ein und werden darüberhinaus auch in Einzelpublikationen der Fachwelt vorgelegt.

Literatur

ADORNO, Theodor
1957 "Soziologie und empirische Forschung", in: K. Ziegler (Hg.): *Wesen und Wirklichkeit des Menschen. Festschrift für Helmut Plessner*. Göttingen

BENETT, John
1970 "Some Observations on Western Anthropological Research on Japan", in: *Rice University Studies* 56/4:11-28

BOECKH, August
1886 *Enzyklopädie und Methodologie der Philologischen Wissenschaften*. Leipzig (2. Auflage)

BOWNAS, Geoffrey
1967 "From Japanology to Japanese Studies", in: *KBS Bulletin on Japanese Culture* 85:1-13 (dass. in Japanisch: "Japanolojii kara Nihon-kenkyū e ", in: *Kokusai bunka* 159:2-9, 1967, Tōkyō)

CEAS (Center for East Asian Studies) Stanford University
1970 *Program on East Asian Local Systems*. (Mimeo)

DORE, Ronald P.
1973 *English Factory - Japanese Factory*. London

EMBREE, John F.
1939 *Suye Mura - A Japanese Village*. Chicago

FRANKE, Herbert
1953 *Sinologie. Wissenschaftliche Forschungsberichte, Geisteswissenschaftliche Reihe* 10: *Orientalistik I*. Bern.

1968 *Sinologie an deutschen Universitäten*. Wiesbaden

FREDMAN, Maurice
1964 "What Social Science Can Do for Chinese Studies", in: *Journal of Asian Studies* 23/4:523-529. Ann Arbor

HAMMITZSCH, Horst
1966 "Die Japanologie in Deutschland", in: *Mitteilungen der deutschen Gesellschaft für Natur- und Völkerkunde Ostasien*, Supplement 28, *Engelbert Kaempfer - Philipp Franz von Siebold-Gedenkschrift*: 139-157. Hamburg

HEISSIG, Walter
1969 "Mongolistik, Ein Beispiel angewandter Philologie", in: *Mitteilungen der Deutschen Forschungsgemeinschaft* 2:20-30, Bonn

HISAMATSU, Senichi
1966 "Nihon bungaku-kenkyū ni tsuite, bunkengaku to bungeigaku to bunkagaku to", *Kokugakuzin-zasshi* 67/3:1-7.Tōkyō (dass. in Deutsch: Josef Kreiner et al (Hg.): "Über die japanische Literaturforschung: Philologie, Literaturwissenschaft, Kulturwissenschaft ", in: *Japanforschung in Österreich*: 247-260, Wien 1976)

IMAMURA, Yutaka
1954 "Tsushima sōgō-chōsa no kyōkun" (Die Lehren der Tsushima-Gesamtforschung), in: *Tsushima no shizen*

ISHIDA, Eiichirō
1963 "Unfinished but Enduring, Kunio Yanagita's Folklore Studies", in: *Japan Quarterly* 10/1:35-42. Tōkyō

1967 "Nihon-bunka-ron no ronriteki kisō" (Theoretical Basis of the Study on Japanese Patterns of Culture, A Contribution to the Project 'Comparative Study of Japanese National Character and Cultural Pattern'), in: *Tōhoku-daigaku Nihon-bunka-kenyūsho hōkoku* 3:1-10. Sendai

ISHIKAWA, Iwakichi
1957 "Kokugakuin-daigaku Nihon-bunka-kenkyūsho gaiyō" (Abriß über das Institut für Japanologie der Kokugakuin-Univ.), *Kokugakuin-daigaku Nihon-bunka-kenkyūsho kiyō* 1:141-142. Tōkyō

LATOURETTE, Kenneth Scott
1955 "Far Eastern Studies in the United States, Retrospect and Prospect", in: *Far Eastern Quarterly* 15/1:3-11. Ann Arbor

LEWIN, Bruno
1968 "Japanologie", in: Lewin (Hg.): *Kleines Wörterbuch der Japanologie*: 172. Wiesbaden

LEVENSON, Joseph R.
1964 "The Humanistic Disciplines: Will Sinology Do?", in: *Journal of Asian Studies* 23/4:507-512. Ann Arbor

MOTE, Frederick W.
1964 "The Case for the Integrity of Sinology", in: *Journal of Asian Studies* 23/4:531-534. Ann Arbor

MOTOORI, Norinaga
1968 *Zenshū* (Gesamtausgabe), Tōkyō

OKA, Masao
1934 *Kulturschichten in Alt-Japan*. Diss., Wien

OKA, Masao et al (YAWATA Ichirō, EGAMI Namio, ISHIDA Eiichirō)
1948 "Nihon minzoku-bunka no genryū to Nihon kokka no keisei" (Ursprung der japanischen Volkskultur und Entstehung des japanischen Staates), in: *Minzokugaku-kenkyū* 13/3:11-81. Tōkyō

OPITZ, Fritz
1967 *Die Ostasienforschung in der Bundesrepublik Deutschland, Mitteilungen des Instituts für Asienkunde in Hamburg* 18. Hamburg

ORIGUCHI, Shinobu
1947 "Shin-kokugaku toshite no minzokugaku" (Volkskunde als 'Neue Kokugaku'), in: *Kokugakuin-daigaku shinbun* 155. Tōkyō (dass. in: *Origuchi Shinobu-zenshū* XVI: 507-510, 1956. Tōkyō)

OUWEHAND, Cornelius
1969 "Über westöstliche Wege der Japanologie", in: *Neue Zürcher Zeitung* 28.8.1969, Nr. 527 (dass. in: Josef Kreiner et al (Hg.): *Japanforschung in Österreich*: 281-292. Wien 1976)

SKINNER, William G.
1964 "What the Study of China Can Do for Social Science", in: *Journal of Asian Studies* 23/4:517-522. Ann Arbor

STAGL, Justin
1973 "Zum Projekt einer regionalen Soziographie", in: *Kai (Mitteilungen des Lehrstuhls für Soziologie und Kulturwissenschaften der Universität Salzburg)* 6:9-30. Salzburg

TAHARA, Tsugio
1968 *Motoori Norinaga*. Kōdansha gendai shinsho 138. Tōkyō

TWITCHETT, Denis
1964 "A Lone Cheer for Sinology, Comments on the 'Chinese Studies and the Disciplines' Symposium", in: *Journal of Asian Studies* 24/1:109-112. Ann Arbor

UCHINO, Gorō
1961 "Kokugaku to minzokugaku-ha no sesshoku, sono gakushiteki keifu-ryaku" (Kontakte zwischen Kokugaku und Volkskunde, kurzer wissenschaftsgeschichtlicher Abriß), in: *Kokugakuin-zasshi* 62/3:8-16. Tōkyō

1964 "Norinaga-gaku no hōhō (Methode der Wissenschaft Norinaga's), in: *Kokugakuin-zasshi* 65/5:1-15. Tōkyō

1965 "Norinaga to Atsutane, sono shishō-kankei wo meguru mondai" (Norinaga und Atsutane, Probleme ihrer Lehrer-Schüler-Bindung), in: *Kokugakuin-zasshi* 66/12:1-17. Tōkyō

WENCK, Günther
1954 *Japanische Phonetik*; Wiesbaden
1955 "Doitsu no okeru Nihon-kenkyū no genjō to kadai" (Gegenwärtige Lage und Aufgaben der deutschen Japanforschung), in: *Gakujutsu-geppō* 8/3:11-15. Tōkyō

YANAGITA, Kunio
1934 *Minkan-denshō-ron* (Theorie der Volksüberlieferung). Tōkyō

1946 *Saijitsu-kō* (Gedanken zu den Festtagen)

YASUNAGA, Toshinobu
1965 *Denshō no ronri*. (Die Logik der Tradition). Tōkyō

2. EINLEITUNG II - DIE POLITISCHE ENTWICKLUNG JAPANS 1850 - 1930

Als Beginn der Modernisierung Japans und damit auch seiner "modernen" politischen Geschichte wird in den meisten Untersuchungen die Meiji-Restauration von 1868 angesehen. Zweifellos waren die damit verbundene Abschaffung des Shōgun-Amtes, das die oberste politische Instanz des Feudalsystems gewesen war, und die Rückgabe der Regierungsmacht an den Tennō ein wichtiger politischer Einschnitt. Aber viele der Entwicklungen, die zu einer Modernisierung von Politik, Wirtschaft und Gesellschaft führen sollten, hatten bereits in den vorhergehenden Jahrzehnten begonnen. Voraussetzungen für die Modernisierung entstanden sogar noch sehr viel früher, so daß im Grunde genommen die Zeit ab 1600, die Neuzeit in der japanischen Geschichte, in eine Betrachtung der modernen politischen Entwicklung mit einbezogen werden müßte.

Eine derartig umfassende Betrachtung ist im folgenden Überblick nicht möglich, doch sollen zumindest die wichtigsten Voraussetzungen angeführt werden. Darüberhinaus beschränkt sich der Überblick jedoch auf die Jahre zwischen 1850 und 1930, den Zeitraum, in dem die nachfolgenden Untersuchungen ihren Schwerpunkt haben.

Die Entwicklung in diesen Jahren läßt sich in mehrere Abschnitte unterteilen:

2.1. Die Vorgeschichte der Meiji-Restauration (bis 1868)
2.2. Die politische Modernisierung bis 1889/90
2.3. Innenpolitische Konsolidierung und außenpolitische Expansion bis 1914
2.4. "Taishō-Demokratie"

2.1. Die Vorgeschichte der Meiji-Restauration

Der Sieg des Kaiserhauses und seiner Anhänger in der Restauration von 1868 war das Ende einer fünfzehnjährigen Übergangsphase, in der Japan - durch innenpolitische Wirren und Kämpfe zerrissen - am Rande eines Bürgerkrieges gestanden hatte. Ausgelöst wurde die innenpolitische Krise durch die Ankunft amerikanischer Schiffe, die unter dem Kommando des Commodore Perry im Juni 1853 in die Bucht von Edo (dem heutigen Tōkyō) einliefen. Perry forderte im Auftrag seiner Regierung ultimativ die Öffnung des Landes. Sein Vorstoß war der letzte einer ganzen Reihe von Versuchen, die über 200-jährige Abschließung Japans zu beenden und japanische Häfen für ausländische Schiffe zu öffnen.

Japan hatte sich seit 1638 vom Ausland abgeschlossen und nur den Holländern und Chinesen die Unterhaltung von Handelsstationen erlaubt, doch gelangten durch die Holländer auch weiterhin wichtige Informationen über das Ausland nach Japan, so daß die Shōgunats-Regierung und die führenden Lehensfürsten über die Vorgänge in der Welt relativ gut unterrichtet waren. Seit Beginn des 19. Jahrhunderts begann sich der Vorstoß der Großmächte nach Ostasien auch auf Japan auszuwirken. Dennoch gab das Land seine Abschließungspolitik nicht auf und verstärkte - besonders nach der Niederlage Chinas im Opium-Krieg (1842) - seine Rüstungsanstrengungen, um ein gewaltsames Eindringen der fremden Mächte zu verhindern.

Die Furcht vor einer teilweisen oder völligen Kolonialisierung Japans war durchaus nicht unbegründet. Ostasien und der Pazifik standen damals im Brennpunkt des Interesses der großen Kolonialmächte: Rußland hatte Handelsstationen in Sibirien und Alaska, Großbritannien verlagerte seine Handelsaktivitäten seit der Gründung Hongkongs mehr und mehr nach Ostasien,und die USA besaßen im Pazifik umfangreiche Walfangflotten und beteiligten sich zunehmend am China-Handel. Alle drei Großmächte wünschten eine Öffnung Japans, weniger aus handelspolitischen Erwägungen, sondern weil sie für ihre neuen Dampfschiffflotten Häfen brauchten, wo Kohle und Wasser ergänzt werden konnten.

Von daher gesehen war es nur eine Frage der Zeit, wann sich Japan den Forderungen der Großmächte würde beugen müssen, und als die Schiffe Perry's direkt vor der Hauptstadt auftauchten, sah sich das Shōgunat gezwungen, trotz heftigen Widerstands im Lande selbst, einen Vertrag zu unterzeichnen. Dieser Vertrag von Kanagawa (1854) sah u.a. die Öffnung zweier Häfen für amerikanische Schiffe und den Austausch von Konsuln vor.

Das Ultimatum Perry's und das Nachgeben der Regierung hatte die bereits seit längerem latent vorhandenen politischen und wirtschaftlichen Probleme und Schwächen der Shōgunats-Regierung mit einem Schlag für alle deutlich werden lassen. Die Behörde des ranghöchsten Militärs - denn das war der Shōgun eigentlich - war nicht mehr imstande, das Land vor äußerer Bedrohung zu schützen. Die

Kritik an der Außenpolitik des Shōgunats wandelte sich, als immer neue, für Japan ungünstige Verträge mit dem Ausland abgeschlossen wurden, zu einer Kritik an der Institution des Shōgun selbst.

Kristallisationspunkt für die Anti-Shōgunats-Bewegung wurde das japanische Kaiserhaus, das seit mehreren Jahrhunderten ohne jede politische Macht in Kyōto "überlebt" hatte. Die Wiederbesinnung auf das Kaiserhaus war durch eine philosophische Schule (*kokugaku* = Nationale Schule, vgl. Einleitung) vorbereitet worden, die das traditionelle japanische Geschichtsverständnis vom Tennō als der einzigen Quelle politischer Legitimation betonte. Nach diesem Verständnis war auch der Shōgun lediglich vom Tennō eingesetzt und konnte von diesem jederzeit abgesetzt werden. So lieferte diese Geschichtsphilosophie den oppositionellen Lehensfürsten eine Legitimation für ihre Auflehnung gegen ihren obersten Lehensherrn, den Shōgun. Sie erklärt zugleich die zentrale Rolle des Tennō in der nachfolgenden Restauration und dem neuen politischen System nach 1868.

Treibendes Element der Anti-Shōgunats-Bewegung waren Angehörige des Kriegeradels aus verschiedenen Lehensfürstentümern Südwest-Japans, vor allem aus Satsuma (heute Präf. Kagoshima), Chōshū (heute Präf. Yamaguchi), Tosa (heute Präf. Kōchi) und Hizen (heute Präf. Fukuoka). Viele von ihnen waren anfangs erbitterte Gegner der Öffnung des Landes und propagierten die Vertreibung der Ausländer. Unter dem Eindruck der militärischen und technischen Überlegenheit der ausländischen Mächte änderten sie jedoch ihren Standpunkt. Man hatte erkannt, daß nur ein politisch geeintes, wirtschaftlich und militärisch starkes Japan sich gegen die ausländischen Mächte würde behaupten können. Voraussetzung dafür war die Abschaffung des Feudalsystems und der Shōgunats-Regierung.

Angesichts dieser Lage und unter dem wachsenden Druck auch seitens des kaiserlichen Hofes trat im Oktober 1867 der Shōgun zurück und machte den Weg frei für die Restauration der kaiserlichen Macht, die im Januar 1868 proklamiert wurde.

Im selben Jahr verlegte der Tennō seinen Wohnsitz von Kyōto nach Edo, das in Tōkyō (östliche Hauptstadt) umbenannt wurde, und trug damit den tatsächlichen Machtverhältnissen Rechnung. Die neugeschaffenen Behörden und Ministerien orientierten sich zwar an Vorbildern aus dem 8. Jahrhundert, doch waren die politischen Inhalte, die in ihnen ausgearbeitet wurden, durchaus modern. Die neue Regierung, die sich vorwiegend aus Angehörigen der oben erwähnten Lehenstümer (besonders Satsuma und Chōshū) zusammensetzte, faßte ihre wichtigsten Ziele in dem Slogan *fukoku - kyōhei* ("reiches Land - starke Armee") zusammen.

Um die Tragweite der von dieser Regierung eingeleiteten Reformen beurteilen zu können, muß man sich die Situation am Ende der Feudalzeit vor Augen halten:

Japan war damals in über 250 Lehensfürstentümer aufgeteilt, die sich in Größe und Reichtum stark voneinander unterschieden, aber auch in wirtschaftlicher, politischer und kultureller Hinsicht differierten. Die Gesellschaft war auf der Grundlage des Neokonfuzianismus in ein starres Vier-Stände-System (Kriegeradel-Bauern-Handwerker-Kaufleute) gegliedert, das dem einzelnen kaum Raum zur freien Entfaltung bot. Es beinhaltete eine scharfe Trennung von Stadt und Land, die Erblichkeit von Berufen sowie die Bindung an einen Ort oder ein Lehensfürstentum. Wirtschaftliche Basis des politischen und gesellschaftlichen Systems war offiziell die Landwirtschaft, insbesondere der Reisbau.

All das stand der Errichtung eines geeinten, modernen Staates, wie ihn die Reformer anstrebten, entgegen. Aber es gab auch positive Elemente, an die sie anknüpfen konnten:

Durch die Shōgunats-Regierung existierte, trotz der Zersplitterung des Landes, der Gedanke einer zentralen Staatsmacht. Zudem waren in den langen Friedensjahren der Edo-Zeit (1600-1868) eine gut ausgebildete Verwaltung und eine fähige Bürokratie entstanden.

Kenntnisse über westliche Medizin, Naturwissenschaften und Technik waren in Gelehrtenkreisen verbreitet und wurden auch in die Praxis umgesetzt. Rund ein Drittel der Bevölkerung hatte bereits eine gewisse Schulbildung genossen. Veränderungen in Wirtschaft und Gesellschaft (Aufblühen der Städte, Aufkommen von Handel und Geldwirtschaft, Abbau des Ständesystems etc.) hatten das Feudalsystem zudem bereits ausgehöhlt und Voraussetzungen für die Modernisierung geschaffen.

2.2. Die politische Modernisierung bis 1889/90

Japan befand sich bei der Ankunft Perry's also keineswegs mehr im Mittelalter, sondern hatte, wenn auch hinter der Fassade eines Feudalstaates, wesentliche Voraussetzungen für seine Modernisierung und die Übernahme westlicher Technik bereits geschaffen. Auf dieser Grundlage bauten die wichtigsten Reformen der folgenden Jahre auf. Ihr Ziel war die politische, wirtschaftliche und militärische Stärkung der Zentralregierung und die außenpolitische Sicherung der japanischen Unabhängigkeit. Bereits 1871 erfolgte eine regionale Neugliederung des Landes in Präfekturen, nachdem die Lehensfürstentümer "freiwillig" an den Tennō zurückgegeben worden waren. Anfang 1872 wurde das Ständesystem abgeschafft und durch die Einteilung der Bevölkerung in Adel und Bürgertum ersetzt. Gleichzeitig damit wurden auch die Beschränkungen der Wohnort- und Berufswahl aufgehoben und jedem Bürger Freizügigkeit und freie Berufswahl garantiert. Auch wenn die Masse der Bevölkerung von diesen Rechten erst allmählich Gebrauch machte, trugen sie - zusammen mit der ebenfalls 1872 begonnenen Einführung der allgemeinen Schulpflicht - dazu bei, die Talentreserven in den städtischen und ländlichen Mittel- und Oberschichten für die Reformpolitik nutzbar zu machen. Die 1873 verkündete allgemeine Wehrpflicht und damit die Aufhebung der auf den Kriegeradel (Samurai) beschränkten Wehrfähigkeit war der nächste konsequente Schritt auf dem Weg zu den oben genannten Zielsetzungen.

Neben diesen grundlegenden politischen Reformen war es vor allem der Ausbau einer leistungsfähigen Infrastruktur, zu dem die Regierung maßgeblich beitrug; damit schuf sie eine wichtige Voraussetzung für den Wirtschaftsaufschwung in den 80er Jahren. Eine genauere Darstellung der sozialen und wirtschaftlichen Entwicklung während der Industrialisierung in Japan findet sich in den Kapiteln 3.1. und 4.2.

Das für diese Reformen notwendige Wissen holte sich die Regierung aus dem Ausland, indem sie entweder japanische Studenten dorthin sandte oder ausländische Wissenschaftler nach Japan einlud. Letztere dienten als Berater oder Lehrer und wurden so bald wie möglich durch einheimische Kräfte ersetzt. Unter ihnen waren auch viele Deutsche: vor allem Ärzte, Juristen und Naturwissenschaftler.

Trotz der beachtlichen Erfolge der Regierungspolitik wurde sie von verschiedenen Seiten her kritisiert. Es war deutlich geworden, daß der Abbau des Feudalsystems, die zunehmende Industrialisierung und das ungehinderte Einströmen westlicher Ideen zu politischen und sozialen Veränderungen führten. Vielen Mitgliedern der traditionellen Elite, die sich zusehends ihrer politischen und wirtschaftlichen Privilegien beraubt sahen, gingen die Reformen zu weit. Zwischen 1873 und 1877 kam es zu mehreren bewaffneten Aufständen gegen die Zentralregierung, die aber niedergeschlagen werden konnten. Der Sieg des neuen Wehrpflichtigen-Heeres gegen aufständische Samurai unter der Führung von Saigō Takamori (1827-1877) im Satsuma-Aufstand von 1877 brachte nicht nur das Ende dieses Widerstandes, sondern symbolisierte für viele auch das unwiderrufliche Ende einer Epoche.

Von da an trat eine andere Form der Opposition in den Vordergrund, die gewaltlos und zeitgemäßer war und deshalb auch eine größere Wirkung erzielte: eine Gruppe von "Liberalen" forderte die Ablösung der Oligarchie durch eine breitere Volksvertretung. Damit erhielt die bis dahin weitgehend konservative politische Zielsetzung eine neue Dimension, auch wenn diese sich nur sehr allmählich durchsetzen konnte.

Träger der liberalen Bewegungen, die von Stuart Mill, Rousseau und Herbert Spencer beeinflußt waren, kamen aus der Gruppe der ehemaligen Samurai, der Intellektuellen und Grundbesitzer. Obgleich die liberalen und demokratischen Zielsetzungen der "Bewegung für Freiheit und Volksrechte" - *Jiyū-minken-undō* - für manche Mitglieder wohl mehr ein Mittel zu einer größeren Beteiligung an der Macht waren als politische Grundüberzeugungen, war der Einfluß dieser Bewegung auf die weitere Entwicklung des japanischen Regierungssystems nicht unbedeutend.

Unter dem wachsenden öffentlichen Druck wurde der Bevölkerung 1881 die Ausarbeitung einer Verfassung zugesagt. Dahinter stand auch die Einsicht der Regierenden, daß eine moderne Verfassung auf Dauer nicht zu verhindern sein würde, wollte Japan nicht seinen Anspruch auf Gleichwertigkeit mit den anderen Mächten aufgeben.

Schon zum Zeitpunkt des Versprechens der Verfassung war klar, daß die konservativen Kräfte in der Regierung eine konstitutionelle Monarchie nach englischem Vorbild ablehnten. Man hielt die preußische Verfassung, die eine vom Parlament unabhängige Regierungsgewalt des Kaisers kannte, für geeigneter.

Die oberste Leitung der Verfassungskommission lag in den Händen Itō Hirobumi's (1841-1909), einem der bedeutendsten Politiker der Meiji-Zeit. Itō war 1882/83 in Wien gewesen, um sich bei dem dort lehrenden deutschen Staatsrechtler Lorenz von Stein genauer über die preußische Verfassung zu informieren. Als Berater in Japan wurde der deutsche Staatsrechtslehrer Hermann Roesler hinzugezogen, der einen maßgeblichen Einfluß auf die Formulierung der Verfassung hatte.

1889 wurde die Kaiserlich-japanische Verfassung / Meiji-Verfassung als "Geschenk des Tennō an das Volk" feierlich verkündet. Sie bildete bis 1946 die Grundlage der japanischen Politik.

Die wichtigsten Punkte dieser Verfassung sind:

1. die starke Stellung des Tennō

   - er gewährt die Verfassung, steht als absoluter (göttlicher) Monarch über der Regierung und verkörpert den Staat;
   - er ist Oberbefehlshaber der Streitkräfte, erklärt Krieg und schließt Frieden;
   - er schließt internationale Verträge;
   - er hat in besonderen Situationen die Möglichkeit, Verordnungen mit gesetzlicher Kraft zu erlassen;
   - er beruft den Reichstag ein, vertagt ihn und löst ihn auf.

2. Kabinett und Premierminister sind dem Tennō verantwortlich, nicht dem Reichstag.

3. Das konstitutionelle Organ ist der Reichstag, bestehend aus zwei Kammern: Oberhaus, in dem die traditionelle Führungsschicht ihren Sitz hatte (Adel, vom Kaiser ernannte Personen etc.); Unterhaus, Sitz der nach einem Zensuswahlrecht gewählten Volksvertreter.

   Seine wichtigsten Aufgaben sind die Diskussion (und nach Roesler auch die Verabschiedung) von Gesetzen und Steuern, vor allem vom Haushaltsbudget.

4. Die Rechtssprechung ist unabhängig von der administrativen Gewalt.

Trotz der noch sehr eingeschränkten Beteiligung des Volkes an der politischen Willensbildung (wahlberechtigt waren 1,1 % der Bevölkerung) wurde die Verfassung zunächst mit Zufriedenheit aufgenommen. Der deutsche Arzt Bälz, der damals in Japan lebte, berichtet 1889 in seinem Tagebuch:

"Die Verfassung Japans ist veröffentlicht. Eigentlich herzlich wenig, was dem Volk an Freiheit geboten ist. Aber merkwürdigerweise sprechen sich alle Zeitungen befriedigt aus ..." (Bälz 1930:75). Roesler selbst hat in dieser Verfassung eine wirkliche Beschränkung eines kaiserlichen Absolutismus gesehen. Seiner Meinung nach entsprach sie der damaligen politischen Entwicklung des japanischen Volkes und bot Raum für einen graduellen Fortschritt (Siemes 1961:7/8).

Heute sieht man in der engen Begrenzung der Volksvertretung einen Grund für die anti-demokratischen Entwicklungen in Japan, die schließlich in den Militarismus und zum Zweiten Weltkrieg führten.

Dennoch muß die Verfassung als ein entscheidender Fortschritt der politischen Modernisierung Japans angesehen werden. In ihr wurden zum ersten Mal in Japans Geschichte Bürgerrechte (und nicht nur Pflichten) kodifiziert und verfassungsmäßig garantiert. Sie diente fast 40 Jahre lang als Ausgangspunkt für weitergehende Liberalisierungsbestrebungen.

Allerdings wurden die in ihr enthaltenen Artikel über den Tennō (1,3) von konservativen und später auch rechtsradikalen Gruppierungen zur Mystifizierung des Kaisers benutzt.

Die Verkündung der neuen Verfassung bildete einen vorläufigen Abschluß der politischen Modernisierung Japans. Während der folgenden Jahre konsolidierte sich das durch die verschiedenen Reformen geschaffene System; gleichzeitig kam es als Reaktion auf die übermäßige Übernahme westlicher Kultur zu einer konservativen Rückbesinnung auf traditionelle Werte, ein Vorgang, der sich besonders auf das Erziehungssystem auswirkte.

Hinter der konservativen Fassade aber vollzogen sich, vor allem nach der Jahrhundertwende, die sozialen und wirtschaftlichen Veränderungen, die Japan zu einer modernen Massengesellschaft machen sollten. In dieser Zeit traten die alten Oligarchen einer nach dem anderen von der politischen Bühne ab. Als 1912 der Tennō starb, ging für viele Japaner eine Ära zu Ende. Unter der Regierung Meiji-Tennō's hatte das Land eine unglaubliche Entwicklung durchlaufen:

Als er 1867 den Thron bestieg, war das Land noch in Lehenstümer geteilt, herrschte Feudalgesetz, waren westliche Wissenschaft und Technik noch im Experimentierstadium. Am Ende seines Lebens war Japan eine konstitutionelle Monarchie, hatte eine enorme wirtschaftliche Entwicklung durchlaufen und stellte auch eine militärische Macht mit überseeischen Kolonien dar.

Der Nachfolger von Meiji-Tennō wurde sein Sohn, der als Taishō-Tennō von 1912-1926 regierte, aber nach 1920 bereits wegen einer Krankheit von seinem Sohn Hirohito als Regent vertreten wurde.

2.3. Innenpolitische Konsolidierung und außenpolitische Expansion bis 1914

Beherrschendes Thema der Zeit nach 1890 war die Außenpolitik. Japan erreichte in den Jahren zwischen 1890 und 1918 eine weitgehende Gleichberechtigung mit den anderen Großmächten im Pazifischen Raum.

Der erste Schritt dazu war die seit langem angestrebte Revision der sogenannten "Ungleichen Verträge", d. h. der Verträge aus den 1850er und 60er-Jahren, die den ausländischen Mächten in Japan besondere Privilegien (Exterritorialität etc.) zugestanden hatten. Trotz langwieriger Verhandlungen seit den 70er-Jahren erreichte Japan erst 1894 einen ersten Erfolg, als Großbritannien einer Revision zustimmte und einen neuen gleichberechtigten Vertrag mit Japan abschloß. Großbritannien brauchte Japan als Verbündeten gegen die wachsenden Interessen Rußlands, Deutschlands und der USA in Ostasien. Unter diesem Aspekt ist auch das wenige Jahre später, 1902, geschlossene Bündnis zwischen den beiden Staaten zu verstehen.

Neben diesen diplomatischen Bemühungen baute Japan auch seine Position in Asien aus. Um die expansive Außenpolitik während der zweiten Hälfte der Meiji-Zeit einordnen zu können, muß man sich zunächst die Gesamtlage in Asien vor Augen führen: Zwischen 1880 und 1914 erreichte die Kolonialisierung in Asien einen Höhepunkt. Großbritannien hatte mit Indien, Teilen Vorderindiens und Australien wichtige Interessengebiete in Asien und war am China-Handel besonders stark beteiligt. Frankreich errichtete in Indochina sein zweites koloniales Zentrum. Rußland drängte von Sibirien her in die Mandschurei vor, um sein altes Ziel, eisfreie Häfen, zu erreichen. Die USA besaßen Stützpunkte und Kolonien auf den Inseln im Pazifik (Guam, Midway etc.) und auf den Philippinen.

In einer Zeit, in der Großmachtpositionen so eng mit kolonialem Besitz und Macht verbunden waren und mehr und mehr Gebiete in der unmittelbaren Umgebung Japans in Abhängigkeit von Großmächten gerieten, sah sich Japan veranlaßt, auch in dieser Hinsicht mit den Westmächten gleichzuziehen.

Das japanische Hauptinteresse galt von Anfang an Korea, das als "Sprungbrett" vom Kontinent nach Japan strategisch besonders wichtig war. Bereits 1876 war Korea von Japan mit ähnlichen Methoden zur Öffnung gezwungen worden, wie sie Perry gegenüber Japan angewandt hatte. Da China aber seine bis dahin in Korea genossene Vormachtstellung verteidigte, wurde es zum Hauptgegner Japans auf dem Kontinent. 1894 schließlich fühlte sich Japan stark genug, den Konflikt auszutragen. Ein Aufstand in Korea bot den willkommenen Anlaß einzugreifen und die chinesischen Truppen zurückzuschlagen. Die japanischen Streitkräfte, in ihrer modernen Bewaffnung den chinesischen weit überlegen, eroberten Dairen (Liaotung-Halbinsel), Weihaiwei und Seoul. Nach der Kapitulation Chinas erhielt Japan im Friedensvertrag von Shimonoseki (1895) Formosa und die Pescadoren-Inseln. China leistete Entschädigung und erkannte die koreanische Unabhängigkeit an, d. h. überließ Korea der japanischen Einflußsphäre.

Damit war Japan auch nach außen hin sichtbar zu einer asiatischen Großmacht geworden, die in Konkurrenz zu den verschiedenen kolonialen Interessen der anderen Großmächte stand. Vor allem Rußland fürchtete durch die Abtretung der Liaotung-Halbinsel einen verstärkten Einfluß Japans auf die Mandschurei und auf Korea, das für Rußland ebenfalls ein strategisch wichtiges Gebiet darstellte.

Unter diesen Umständen kam es 1895, kurz nach dem Friedensschluß, zur sogenannten Triple-Intervention von Rußland, Deutschland und Frankreich, die durch starken Druck erreichten, daß die Liaotung-Halbinsel an China zurückgegeben wurde. Japan empfand diese Einmischung als erneute Zurücksetzung, auch wenn China dafür höhere Reparationen bezahlte.

Dieses Gefühl verstärkte sich, als die Japaner im Laufe der nächsten Jahre erleben mußten, wie sich Deutschland (Tsingtao), Großbritannien (Weihaiwei) und Rußland (Liaotung) die von Japan erorberten oder beanspruchten Gebiete einverleibten.

Rußland pachtete 1898 Port Arthur und die umliegenden Gebiete von China. Dairen wurde als Dalny zum eisfreien russischen Hafen in Ostasien ausgebaut. Die Errichtung einer Eisenbahnlinie verband Sibirien quer durch die Mandschurei mit den russischen Küstenprovinzen um Wladivostock. Da die Seeverbindungen zwischen Wladivostock und Dairen um Korea herumführten, war Korea außerordentlich wichtig für Rußland. Die Japaner beobachteten das russische Vorgehen mit Mißtrauen, zumal Korea ebenfalls stärker zu Rußland hin tendierte.

In dieser Situation kam es 1902 zum englisch-japanischen Bündnis. Diese Britisch-japanische Allianz, die bis 1922 dauern sollte, war die erste Allianz zwischen einer Kolonialmacht und einem asiatischen Staat. Sie brachte Japan einen enormen Prestigegewinn und gleichzeitig einen bedeutenden Verbündeten in seiner Ostasienpolitik. Großbritannien erkannte in dem Bündnisvertrag Japans besonderes Interesse an Korea an.

Gestärkt durch dieses Bündnis führte Japan zunächst Verhandlungen mit Rußland, das aber seine Position in der Mandschurei nicht aufgeben wollte und auf einer entmilitarisierten Zone im Norden Koreas beharrte. 1904 brach Japan die Verhandlungen ab und beschoß in einem Präventivschlag die russische Flotte in Port Arthur. Erst danach wurde der Krieg erklärt, der 1905, nach großen Verlusten auf beiden Seiten, mit der Versenkung der baltischen Flotte in der Schlacht von Tsushima endete.

.Im Friedensvertrag von Portsmouth, New Hampshire (1905) konnte Japan seine Forderungen an Rußland durchsetzen: Die japanischen Interessen in Korea wurden anerkannt; die Liaotung-Halbinsel und die südmandschurischen Eisenbahnlinien gingen in japanische Pacht über; Süd-Sachalin wurde an Japan abgetreten.

Durch den Sieg über China und Rußland hatte Japan in Korea die Vormachtstellung erhalten, die es seit langem anstrebte. 1905 wurde ein japanischer Generalresident zur Überwachung der auswärtigen Beziehungen Koreas eingesetzt. Der erste auf diesem Posten war Itō Hirobumi. Als er 1909 von einem Koreaner ermordet wurde, diente dieser Anschlag der japanischen Regierung als Vorwand für die endgültige Annexion Koreas im Jahre 1910.

Zu einer weiteren Vergrößerung des Kolonialbesitzes kam es im Ersten Weltkrieg, in dem Japan als Verbündeter Englands und der Alliierten die deutschen Besitzungen in Ostasien eroberte.

Damit hatte Japan am Ende des Ersten Weltkrieges in den rund 30 Jahren nach der Verkündigung seiner Verfassung seine Stellung in Ostasien weitgehend gefestigt. Die "Ungleichen Verträge" waren revidiert, ja man war sogar mit einer der bedeutendsten Großmächte verbündet. Zwei gewonnene Kriege hatten dem Land Ansehen und Gewinne gebracht. Japan hatte sich die Ryūkyū-Inseln, Formosa und die Pescadoren im Süden, Korea, Teile der Mandschurei auf dem Kontinent und schließlich Süd-Sachalin im Norden einverleibt und damit seine Gleichstellung mit den anderen imperialistischen Großmächten erreicht. Es war fortan ein wichtiger Machtfaktor in Ostasien.

Ein grundsätzliches Anliegen der neuen Regierung, die Aufrechterhaltung der japanischen Unabhängigkeit, war damit erreicht. Gleichzeitig hatte Japan aber einen Weg eingeschlagen, der ihm im Laufe der Zeit alle Schwierigkeiten einer imperialistischen Macht bescheren sollte und schließlich in der katastrophalen Niederlage 1945 endete.

Der bisher geschilderten außenpolitischen Expansion standen auch im innenpolitischen Bereich Entwicklungen gegenüber, die zwar nicht so spektakulär waren, aber zu großen Veränderungen führten. Dabei spielten sowohl die Auswirkungen der neuen Verfassung wie auch die sozialen und wirtschaftlichen Folgen der Industrialisierung und der beiden Kriege von 1894/95 und 1904/05 eine wichtige Rolle.

In Vorbereitung auf die zugesagte Verfassung war es bereits 1881/82 zur Gründung der ersten politischen Parteien gekommen. Die beiden wichtigsten waren die 1881 vom Führer der "liberalen" Opposition, Itagaki Taisuke (1837-1919), gegründete Jiyūtō (Liberale Partei) und die 1882 von dem wegen seiner liberalen Ansichten gerade aus der Regierung ausgeschiedenen Ōkuma Shigenobu (1838-1922) gegründete Rikken Kaishintō (Konstitutionelle Fortschrittspartei). Während Itagaki von radikalem französischen Gedankengut beeinflußt war, befürwortete Ōkuma mehr die gemäßigte Linie des englischen Parlamentarismus. Beide Parteien wurden, obwohl immer wieder aufgelöst, neuformiert oder zusammengeschlossen, zu einer der wichtigsten Kräfte in der japanischen Politik. Bei den ersten Wahlen im Juli 1890 erhielten die Liberale Partei 130 und die Fortschrittspartei 41 der 300 Sitze im Unterhaus (Fairbank, Reischauer, Craig 1965:299).

In den folgenden Jahren wurde deutlich, daß die Parteien im Reichstag das einzige Instrument, das ihnen die Verfassung zur Regierungskontrolle zugestanden hatte: die Zustimmung zum Haushaltsentwurf, effektiv einzusetzen verstanden. Auch wenn die Klausel, die bei Ablehnung des Budgetentwurfs automatisch den Haushalt des Vorjahrs vorsah, die Abhängigkeit der Regierung vom Reichstag vermindern sollte, erwies sich das in der Praxis als wenig wirksam. Der rasche Fortschritt der wirtschaftlichen Entwicklung sowie die Kosten für die beiden Kriege ließen den Staatshaushalt schnell expandieren. Zwischen 1893 und 1903 verdreifachte sich der Umfang des Budgets (Fairbank, Reischauer, Craig 1965:299). Zur Durchsetzung dieser Steigerungsraten brauchte das Kabinett die Zustimmung des Reichstags und mußte den Abgeordneten entsprechende Zugeständnisse machen.

1898, nur neun Jahre nach der Verkündung der Verfassung, wurde Ōkuma zum Premierminister ernannt und damit erstmalig ein Führer der Unterhausparteien an der Regierung beteiligt. Das Kabinett

Ōkuma's, dem Itagaki als Außenminister angehörte, zerbrach allerdings nach wenigen Monaten an verschiedenen Schwierigkeiten und Streitigkeiten zwischen den Parteien.

Eine Stärkung des Reichstages bedeutete auch die mehrmalige Erweiterung des Zensuswahlrechts, wodurch die Zahl der Wahlberechtigten zwischen 1889 und 1919 von 453.474 auf 3.069.787 (1,1 % → 5,5 %) stieg (Fairbank, Reischauer, Craig 1965:576).

So ermöglichte die Verfassung trotz ihrer verschiedenen Einschränkungen des konstitutionellen Elements den allmählichen Übergang von der relativ autoritären Regierung der Meiji-Oligarchen zu einer Regierung auf breiterer Basis, auch wenn man noch nicht von einer demokratischen Volksvertretung im vollen Sinne des Wortes sprechen kann. Die Erweiterung der Regierungsbasis erwies sich vor allem angesichts der weitreichenden sozialen und wirtschaftlichen Veränderungen während der Taishō-Zeit (1912-1926) als notwendig. Im Gegensatz zur Meiji-Periode (1868-1912), die ganz im Zeichen des Aufbaus, einer vorwärtsstrebenden Entwicklung stand, war die Taishō-Zeit von vielen, oft widersprüchlichen Tendenzen gekennzeichnet.

Während in der Meiji-Zeit die Landwirtschaft nach wie vor die wichtigste wirtschaftliche Grundlage des Landes war, trat in der Taishō-Zeit die Industrie mehr und mehr in den Vordergrund. Besonders während des Ersten Weltkrieges, als Japan anstelle der in Europa gebundenen Großmächte zum Zulieferer für Ostasien wurde, nahm die wirtschaftliche Entwicklung einen ungeheuren Aufschwung.

Die rasche Industrialisierung, die zunehmende Verstädterung, aber auch die Ausbreitung der allgemeinen Bildung und der Militärdienst führten allmählich zur Entwicklung einer Massengesellschaft, für die neue Formen der Organisation und Meinungsbildung gefunden werden mußten.

Nicht mehr einzelne Persönlichkeiten bestimmen die politische und soziale Entwicklung, sondern verschiedene Gruppen, die ihre Interessen durchzusetzen versuchen. Dazu gehören die Bürokraten (oft Adlige) *monbatsu*, die großen Parteien, Industriekonzerne (Zaibatsu), Militärs *(gunbatsu)* und in Opposition zu ihnen in zunehmendem Maße auch sozialistische Gruppierungen, Gewerkschaften und Arbeiter/Bauernparteien.

Der amerikanische Diplomat und Historiker Reischauer hat das Heranreifen dieser unterschiedlichen Interessengruppen als die bedeutendste Veränderung in der politischen Szene nach der Jahrhundertwende, und ihre Beziehungen zueinander als Kernstück der politischen Entwicklung bis zum Zweiten Weltkrieg bezeichnet (Fairbank, Reischauer, Craig 1965:555).

Die vordringliche Aufgabe der Regierung war im innenpolitischen Bereich die Integration der auseinanderstrebenden Interessen, die allerdings nicht immer gelang. Die politischen und sozialen Spannungen entluden sich zwischen 1912 und 1918 mehrfach in Terroranschlägen und Unruhen. Einen Höhepunkt dieser Entwicklung bildeten die gegen den extremen Anstieg der Reispreise gerichteten sogenannten Reisunruhen von 1918, die weite Teile des Landes erfaßten. Sie führten zum Sturz des amtierenden Kabinetts und zur Regierungsübernahme durch das erste "Parteien"-Kabinett unter dem Premierminister Hara Kei (1856-1921). Darüberhinaus bewirkten die Unruhen, allein schon durch die große Zahl der Teilnehmer, eine Politisierung größerer Bevölkerungsteile und schufen eine Voraussetzung für die in den 20er-Jahren aktiv werdenden oppositionellen Gruppen.

Mit Hara Kei kam in Japan zum erstenmal ein Mann an die Regierung, der nicht mehr zu den traditionellen Eliten der Oligarchie oder der bürokratischen Führungsschicht gehört, auch wenn er aus einer ehemaligen Samurai-Familie stammte und somit nicht der "Bürgerliche" war, als der er oft dargestellt wird. Mit dem Kabinett Hara Kei begann 1918 die Periode der Parteienkabinette, in der die beiden großen Parteien Seiyūkai und Kenseitō immer wieder an der Regierungsbildung beteiligt waren, bis die Ermordung Premierminister Inukai's 1932 und die nachfolgende Entwicklung der 30er-Jahre die Parteien wieder mehr in die Rolle der Opposition drängten.

2.4. "Taishō-Demokratie"

Die frühen 20er Jahre brachten Japan eine relativ liberale Phase, die unter dem Begriff der Taishō-Demokratie in die Geschichte eingegangen ist. Der Sieg der "demokratischen" Alliierten im Ersten Weltkrieg, zu denen Japan ja als Verbündeter gehörte, löste im Land eine Welle der Begeisterung für liberale Ideen aus. Politiker, Intellektuelle und die Medien sprachen sich für eine international ausgerichtete, friedliche Außenpolitik und eine Stärkung der konstitutionellen Regierung im Lande selbst aus.

Der größte innenpolitische Erfolg der Taishō-Demokratie war die Einführung des allgemeinen Wahlrechtes für Männer, mit dem 1925 das alte Zensuswahlrecht abgelöst wurde. Damals stieg die Zahl der Wahlberechtigten von drei auf zwölf Millionen Menschen. Aber auch im Bereich der Arbeits- und Sozialgesetzgebung gingen von den Parteienkabinetten neue Initiativen aus. Einschränkungen für oppositionelle Gruppen wurden abgebaut, was zur Formierung zahlreicher Oppositionsparteien und Gewerkschaften führte. 1918/19 entstanden die ersten Gewerkschaftsvereinigungen. 1922 wurde die erste kommunistische Partei gegründet, die allerdings sehr kurzlebig war.

Doch zeigten sich auch bald die Grenzen der Liberalität. Die beiden Parteien, die nach 1918 abwechselnd die Regierung stellten, Seiyūkai und Kenseitō, waren noch keine Volksparteien im heutigen Sinne. Sie standen in der Tradition der oben erwähnten frühen Parteien, waren Bestandteil des konservativen Establishments und eng mit Bürokratie und Wirtschaft verbunden. Den neuen Oppositionsparteien gegenüber hegten sie ein starkes Mißtrauen. Dieses Mißtrauen kommt in der Einführung eines Gesetzes zur Wahrung des öffentlichen Friedens und der öffentlichen Ordnung zum Ausdruck, das 1925, gleichzeitig mit der Einführung des allgemeinen Wahlrechtes, verkündet wurde und es der Regierung erlaubte, die Rede- und Versammlungsfreiheit einzuschränken und gegen "gefährliche Gedanken" vorzugehen, was in den folgenden Jahren häufig geschah.

In der zweiten Hälfte der 20er Jahre wurde die Politik der Parteienkabinette von verschiedenen Seiten her kritisiert und geriet zunehmend in die Defensive. Neben den innenpolitischen Auseinandersetzungen mit der Opposition und den Auswirkungen der Wirtschaftskrisensituation zwischen 1927 und 1930 waren dafür vor allem außenpolitische Gründe verantwortlich.

Japan erlebte in den Jahren nach dem Ersten Weltkrieg eine zunehmende Internationalisierung seiner Politik. Es nahm an der Versailler Konferenz teil, wurde Mitglied mit Sitz im Rat des Völkerbundes und trat der International Labour Organization (ILO; gegr. 1919) bei. Als eine der im Pazifik engagierten Großmächte nahm Japan an zwei Konferenzen zur Rüstungsbeschränkung teil, nämlich 1921 in Washington und 1930 in London. 1928 gehörte Japan mit vierzehn anderen Nationen zu den Unterzeichnern des Briand-Kellog-Paktes in Paris.

Seine neue, internationale Rolle brachte Japan aber nicht nur Anerkennung, sondern auch Enttäuschungen und - von seiner Warte aus gesehen - Rückschläge. Das galt sowohl für die von Japan als diskriminierend empfundenen Ergebnisse der Abrüstungskonferenzen als auch für den Widerstand der anderen Großmächte gegen die japanische Chinapolitik.

China hatte in der japanischen Außenpolitik immer eine wichtige Rolle gespielt, auch wenn die Korea-Frage zunächst als dringlicher empfunden worden war. Nach dem russisch-japanischen Krieg, durch den Japan in der Mandschurei Fuß gefaßt hatte, und nach der endgültigen Annexion Koreas, geriet China mehr und mehr in den Brennpunkt der japanischen Interessen auf dem Kontinent. Diese Interessen galten zwar in erster Linie der rohstoffreichen und auch sonst für Japan wirtschaftlich wichtigen Mandschurei, doch wollte Japan auch in China selbst seine Position gegenüber der der anderen Großmächte ausbauen. Im Ersten Weltkrieg griff Japan als Verbündeter der Alliierten unter Mißachtung der chinesischen Neutralität die deutschen Stellungen in Tsingtao an und eroberte sie. Als die Chinesen den Abzug der japanischen Truppen verlangten, antwortete Japan mit den berühmt gewordenen "21 Forderungen", in denen die Übertragung der ehemals deutschen Konzessionen an Japan, die Verlängerung der Pachtrechte auf der Liaotung-Halbinsel und an der Mandschurischen Eisenbahn, der vermehrte Zugang zu Rohstoffen in der Mandschurei und die Erleichterung für Ansiedlungen in diesem Gebiet und China verlangt wurden. China mußte diesen Forderungen zustimmen und konnte lediglich weitergehende Forderungen, die auf eine verstärkte politischen Einflußnahme Japans in China selbst abzielten, ablehnen. Die ultimative Präsentation dieser Forderungen aber weckten den Widerstand nicht nur der chinesischen Nationalisten, sondern auch der anderen Großmächte. Als Japan auf der Friedenskonferenz seinen Anspruch auf die deutschen Rechte in Tsingtao und auf der Shantung-Halbinsel bekräftigte, wurden sie ihm nur unter heftigem Protest der USA und Chinas zugesprochen. Die USA sahen in dem japanischen Vorgehen eine Bedrohung ihrer Politik der offenen Tür in China und versuchten auf der Flottenkonferenz von Washington 1921/22 erfolgreich, die nach Versailles entstandene Lage zu ihren Gunsten zu korrigieren. Deren wichtigste Ergebnisse waren die Festsetzung der Flottenstärke der beteiligten Großmächte auf einem von Japan als zu niedrig empfundenen Niveau; die Garantie des Besitzstandes der Großmächte im Pazifik; ein 9-Mächte Vertrag, durch den die Souveränität Chinas garantiert und vor Hegemoniebestrebungen einzelner Mächte geschützt werden sollte; und schließlich ein Vertrag Japans mit China, aufgrund dessen Japan seine Truppen von der Shantung-Halbinsel abzog und diese Gebiete an China zurückgab.

Die meisten dieser Klauseln richteten sich in erster Linie gegen Japan, das daher den Ausgang der Konferenz als Niederlage ansah. Auch die Rüstungsbeschränkungen stießen in Japan auf großen Widerstand, obgleich das Land, objektiv gesehen, in einem unbeschränkten Wettrüsten mit den USA nicht hätte Schritt halten können.

Darüberhinaus erreichten die USA, daß Großbritannien die 1922 auslaufende Allianz mit Japan nicht mehr verlängerte. Damit verlor Japan einen seiner wichtigsten Verbündeten und sah sich fortan einer verstärkten Kooperation der anglo-amerikanischen Großmächte gegenüber.

Die Mißstimmungen im Verhältnis zu den USA wurden noch verschärft durch die heftigen anti-japanischen Proteste in Amerika, vor allem an der Westküste, wo inzwischen über 100 000 Japaner lebten und das in der Folge dieser Unruhen erlassene Einwanderungsverbot für Japaner von 1925.

So wurden bereits zu Beginn der 20er Jahre die Spannungen angelegt, die Japan in den folgenden Jahren in eine zunehmende Konfrontation mit den Westmächten treiben sollten und schließlich, knapp 20 Jahre später, den Pazifischen Krieg auslösten.

Doch das war damals noch nicht abzusehen. Japan versuchte auch in den folgenden Jahren, international um Verständnis für seine China-Politik zu werben, ohne jedoch die ablehnende Haltung der Großmächte, die ihre ureigensten Interessen durch Japan bedroht sahen, ändern zu können. Die Großmächte waren um so weniger zu einer Änderung ihrer Haltung bereit, als Japan in den 20er Jahren Zug um Zug seine Stellung in der Mandschurei ausbaute und vermehrt Einfluß auf die politische Entwicklung in China zu nehmen versuchte. Man reagierte damit vor allem auf die zunehmenden anti-japanischen Agitationen, die dem wachsenden Nationalismus in China entsprangen, und sich bald auch gegen die japanische Präsenz in der Mandschurei richteten.

1930 nahm Japan ein letztes Mal an einer der großen internationalen Abrüstungskonferenzen, der Londoner Flottenkonferenz, teil. Als die von allen Parteien gewünschte Erweiterung der 1921/22 in Washington festgelegten Kapazitäten für Japan wiederum geringer ausfiel als erwartet, wurde das von vielen der inzwischen verstärkt nationalistisch eingestellten Japaner als Diskriminierung empfunden. Auf Premierminister Hamaguchi, der das Abkommen in London unterzeichnet hatte, wurde ein Attentat verübt, das nur den Anfang einer Reihe von Terroranschlägen im Namen eines radikalen "Patriotismus" darstellte. Sie kennzeichnen am deutlichsten den Umschwung von der liberalen Phase der 20er Jahre zum militaristischen Nationalismus der 30er Jahre.

Insgesamt gesehen wird jedoch im Rückblick auf die 20er Jahre deutlich, daß Japan schon damals, trotz der liberalen Grundströmung und der fortschreitenden Einbeziehung in die internationale Politik, mehr und mehr in Gegensatz zu den Großmächten geriet. Während für diese nach dem Ersten Weltkrieg die Phase des offenen Imperialismus zu Ende war und sie allein an der Wahrung des für sie vorteilhaften status quo interessiert waren, wollte Japan die vor dem Ersten Weltkrieg von allen betriebene Kolonialpolitik fortsetzen. In der Auseinandersetzung um China und die von Japan als "lebenswichtig" apostrophierte Mandschurei manifestierte sich dieser Interessenkonflikt am deutlichsten. Unter diesen Umständen wurde die Einbindung des Landes in internationale, gegen die japanische Expansion gerichtete Verträge zunehmend als Behinderung der eigenen politischen Handlungsfreiheit angesehen. Die Folge waren wachsender Isolationismus und die Abkehr von der - mit dieser liberalen, international offenen Politik verbundenen - Parteiendemokratie der 20er Jahre.

Literatur

BÄLZ, Toku
1930 *Erwin Bälz - Das Leben eines deutschen Arztes im erwachenden Japan.* Stuttgart

FAIRBANK, John K., Edwin O. REISCHAUER und Albert M. CRAIG
1965 *East Asia - The Modern Transformation.* Boston

SIEMES, Johannes
1961 "Hermann Roesler und die Einführung des deutschen Staatsrechts in Japan", in: Japanisch-Deutsche Gesellschaft (Hg.): *100 Jahre Japan Deutschland.* Tōkyō

3. EINLEITUNG III - FRAGEN DER WIRTSCHAFTLICHEN ENTWICKLUNG JAPANS 1850 - 1930

3.1. Die industrielle Entwicklung

3.1.1. Der Begriff der "Industriellen Revolution" und Japan

Die Epoche der industriellen Entwicklung Japans - oft mit dem Begriff "Modernisierung" gleichgesetzt - beginnt für die meisten Wirtschaftswissenschaftler und Wirtschaftshistoriker in Japan selbst, wie auch für jene im Ausland, mit dem Jahr 1887. Selten genug wird begründet, warum man gerade dieses Jahr als Anfang wählt. Kelley und Williamson (1974:17-18) entscheiden sich z.B. für dieses Jahr, weil für diesen Zeitpunkt die quantitativen Angaben erstmals gesichert erscheinen. Quantifizierbare Kriterien werden erst ab diesem Zeitpunkt verifizierbar, und damit ist dann erst die Möglichkeit gegeben, wirtschaftliches Wachstum quantitativ darzustellen.

Als Kriterien werden von den beiden Autoren die folgenden (ursprünglich von Kuznets herausgearbeiteten) Punkte angegeben:

1) Anwendung modernen wissenschaftlichen Denkens und moderner Technik in der Industrie;
2) andauerndes und schnelles Wachstum der Pro-Kopf-Produktion, das gewöhnlich von einem Bevölkerungswachstum begleitet ist,
3) ein rascher Wandel der industriellen Struktur und
4) ein Ausbau von internationalen Kontakten.

Diese Kriterien sind auch schon vor 1887 faßbar, aber mangels geeigneter statistischer Daten noch nicht im selben Ausmaß für eine quantitative Betrachtung verwendbar. Rosovsky (1968) bezeichnet deshalb die Jahre zwischen 1868 und 1885 als Übergangsperiode, in der sich im sozialen, wirtschaftlichen und politischen Bereich Wesentliches verändert, das als Basis für den späteren Aufschwung dient.

Der Mangel an verfügbaren Daten steht also einer quantitativen Betrachtung der Perioden vor 1887 entgegen. Geht man aber von dieser engen Betrachtungsweise ab und versucht, die industrielle Revolution mittels anderer Kriterien zu fassen, führt das oft dazu, daß man außerwirtschaftliche Ereignisse zur Einteilung heranzieht; so etwa die Öffnung von drei Häfen für den Handel mit den ausländischen Mächten im Jahre 1859 (Miyamoto, Sakudō und Yasuba 1965), oder die Ankunft Commodore Perry's in Japan im Jahre 1854 (Bronfenbrenner 1961), beides Tatsachen von politischer Bedeutung. Selbst die von Rosovsky postulierte Übergangsperiode zwischen 1868 und 1885 reicht diesen Autoren also nicht aus, den Ursprung verschiedener Erscheinungen der frühen Meiji-Periode zu fassen, weshalb sie versuchen, den Beginn eines wirtschaftlichen Aufschwunges - obwohl nicht quantifizierbar - aufgrund anderer Kriterien weiter in die Geschichte zurückzuverlegen. Allerdings werden dann inkonsequenterweise politische Ereignisse zur Abgrenzung herangezogen.

Andere Autoren wenden sich äußeren Merkmalen zu und vergleichen die industrielle Revolution mit England. Dazu wird gesagt, daß dort der Energieträger "Kohle das beherrschende Element bei der Entstehung und Ausbreitung der industriellen Zivilisation gewesen sei. Die Verwendung der Kohle als Energieträger für die Dampfmaschine war entscheidend" (Cipolla 1972:42). Nimmt man also die Dampfmaschine als entscheidenden Parameter, so kann man wohl für die industrielle Revolution Japans die Jahre nach 1885 als eine Zeit betrachten, in der sich dort ein ähnliches Bild wie in England ergibt, wenngleich die Dampfmaschine in Japan lange Zeit gleichberechtigt neben der Verwendung von Wasserrädern stand (vergl. Yamaguchi 1977:113). Andererseits ist es aber völlig verfehlt, der Kohle in Japan erst zu diesem Zeitpunkt Bedeutung zuzumessen. Für die Salzgewinnung in der Inlandsee hatte man schon um 1790 begonnen, Kohle aus Nord-Kyūshū zu verwenden. Bis 1840 war die Verwendung bis zum Ostende der Inlandsee verbreitet.

Das zeigt, daß auch ein Vergleich äußerer Merkmale nicht sehr viel weiter hilft, da man immer die spezifischen Umstände miteinbeziehen muß. So erscheint die Fixierung einer so umfassenden wirtschaftlichen und gesellschaftlichen Umwälzung durch nur einen Parameter unzureichend.

Oft wird die industrielle Revolution Japans auch so dargestellt, als ob vor allem die Einfuhr westlicher Technologie nach der Meiji-Restauration zur Entwicklung beigetragen habe (Ōe 1975) bzw. der ausschlaggebende Modernisierungsfaktor gewesen sei.

Alle bisherigen Studien zur industriellen Revolution Japans haben dem Zeitraum vor diesen Jahren keinen oder nur sehr wenig Platz eingeräumt und eine ad-hoc Entwicklung ohne spezielle Voraussetzungen dargestellt.

Um diese Diskussion nun einem Abschluß nahezubringen, soll hier ein kurzes Schriftstück vorgelegt werden:

"Die Fabrik liegt nahe der Bucht am Fuße des Hügels, von wo Quellen entspringen, die die Räder der Maschinen antreiben ... Wir besuchten der Reihe nach eine Gießerei für Eisen und Kupfer, einen Hochofen, einen Gießerei-Flammofen, eine sehr weiträumige Schmiede für Eisen und Stahl, drei Maschinen, um Feuerwaffen zu erzeugen, eine Porzellanfabrik nach dem Modell derjenigen von Delft, eine Glasbläserei, eine Glasschleiferei und viele andere Einrichtungen von geringerer Wichtigkeit. Man zeigte uns auch Telegraphen, reproduziert nach denjenigen, die seine Majestät Wilhelm II. Japan geschenkt hatte, ein Gewehr, konstruiert nach dem System, das Van Styrm erfunden hat, Baumaschinen, die den Amerikanern nachgeahmt waren, und endlich den Plan eines Projektes eines Dampfschiffes ... " (Kattendyke 1875:106-107). Was hier beschrieben wird - Hochofen, Flammofen, Glasfabrikation, Porzellanfabrikation, Telegraphen, Gewehre, Baumaschinen etc. -, das alles spiegelt bereits eine gewisse industrielle Entwicklungsstufe wieder, wie niemand bestreiten wird. Und doch ist dies der Bericht eines Holländers, der weder aus den 1880er Jahren, in denen nach Meinung vieler europäischer Autoren erst Japans Industrialisierung beginnt, noch aus den 1870er Jahren, nach der Öffnung des Landes nach der Meiji-Restauration, sondern aus dem Jahre 1858 stammt. Es muß festgehalten werden: Wir haben in den 1850er Jahren in Japan bereits Industrien, die selbst von den damals in Japan weilenden Ausländern als der europäischen Industrie gleichwertig angesehen wurden. Das bedeutet, daß wir alle bisherigen Daten, nach denen der Beginn der industriellen Revolution auf 1885, 1887, 1878 oder andere Jahre festgelegt wird, verwerfen müssen.

Quantitative Angaben wie etwa das Wirtschaftswachstum oder die Investitionstätigkeit reichen zur Charakterisierung der japanischen wirtschaftlichen Entwicklung nicht aus; wir müssen andere, qualitative Kriterien einsetzen. Als qualitatives Kriterium kann in unserem Fall auch der Beginn des Übergangs von der handwerklichen zu einer industriellen Produktionsweise dienen. Dieses Kriterium ist gleichbedeutend mit dem Auftauchen von industriellen Produktionsstätten, nämlich den Fabriken. Das Fabriksystem ist deshalb für die japanische Entwicklung ein herausragender Parameter, weil in der Fabrik nicht einfach eine, mit früheren Zeiten verglichen, "bessere Organisation" und einige "technische Verbesserungen" angewandt werden, sondern "andere" Arbeitsorganisationen und "neue" (!) Techniken vorhanden sind. Diese neuen Organisations- und Produktionsformen stehen im Gegensatz zur bisherigen handwerklichen Produktionsweise. Das ist also für die japanische Entwicklung wichtig: der Beginn des Wandels der Produktionsweise! Wenn wir dieses Kriterium jetzt an den Beginn der modernen wirtschaftlichen Entwicklung stellen, so kommen wir zu folgender Einteilung zwischen 1850 und 1930 (Tafel 1):

1) Die am Beginn stehende sogenannte "industrielle Lehrzeit" ist gekennzeichnet durch die Herausbildung der ersten industriellen Produktionsstätten, von Fabriken im modernen westlichen Sinne, zwischen 1850 und etwa 1870 (die Grenzen dieser Phasen, die nicht mit "Stufen" gleichzusetzen sind, sind fließend). Es folgen
2) der Ausbau der Infrastruktur und die Etablierung der industriellen Produktionsweise in den öffentlichen Betrieben zwischen 1870 und 1885, und zwar mit Hilfe von Technikern und Betriebsleitern, die ihre Kenntnisse aus der industriellen Lehrzeit in diese neue Epoche einbringen. Daran schließt sich
3) die eigentliche Wachstumsphase an, für die wir mit Einschränkung den Begriff des "take-off" verwenden können. Diese Jahre zwischen 1885 und 1905 kann man noch einmal in zwei Perioden trennen, in die Periode des Aufbaues der Leichtindustrie, also vor allem des Textilsektors, und in die Periode des Aufbaues der Schwerindustrie nach 1895. Den Abschluß der industriellen Revolution bildet dann
4) die Periode der Herausbildung der modernen industriellen Industriestruktur Japans, die wir mit dem Begriff "Dualstruktur" bezeichnen. Gekennzeichnet ist diese Dualstruktur durch wenige, große Betriebe einerseits und eine große Anzahl von Klein- und Kleinstbetrieben auf der anderen Seite, die in vielen Fällen in einem für die japanische Dualstruktur charakteristischen Abhängigkeits- und Zulieferverhältnis zur Großindustrie stehen. Die Mittelbetriebe fehlen fast völlig. Die Herausbildung der Dualstruktur ist etwa um das Jahr 1920 abgeschlossen. Wir sind hier in einer Zeit angelangt, wo Japans Wandel von einem Agrar- zu einem Industriestaat ungefähr seinen Abschluß findet.
5) Die sich an diese Periode des Aufbaues anschließenden Jahre zwischen 1920 und 1931 sind gekennzeichnet durch vielfache Krisen; es sind Jahre der Anpassung und des Wandels.

<u>**Tafel 1:**</u>

Abschnitte der Entwicklung der japanischen Wirtschaft, 1850-1930

1850			
	1853 Perry in Japan		
1860		Japans industrielle Lehrzeit	
	1868 Meiji-Restauration		
1870			
1880		Schaffung einer Infrastruktur durch staatliche Initiative	
1890		Industrielle	(Leichtind.)
	1894/95 Chin.-Jap. Krieg		
1900		Wachstumsphase "take-off"	(Schwerind.)
	1904/05 Russ.-Jap. Krieg		
1910		Herausbildung der industriellen Struktur Japans mit Groß- und Kleinbetrieben (typisch jap. Ausprägung = Abhängigkeit)	
	1918 Reisunruhen		
1920			
	1923 Kantō-Erdbeben	Krisenwirtschaft	
1930			
	1931/32 Mandschurei-Krise		

Diese großen Phasen der wirtschaftlichen Entwicklung Japans zwischen 1850 und 1930 sollen im folgenden kurz eingehender besprochen werden. Die angegebenen Kriterien für die einzelnen Phasen sollen bestimmte Schwerpunkte herausstreichen, sie sind nicht als einzig und absolut zu nehmen. So wird natürlich auch in jener Zeit, in der der Staat seine Infrastruktur ausbaut, die Industrialisierung vorangetrieben, allerdings ist eben die Herausbildung der staatlichen Infrastruktur für die nachfolgenden Epochen wichtiger und deshalb auch charakteristischer für diese Epoche. Unter diesem Gesichtspunkt sind unsere Feststellungen zu betrachten.

3.1.2. Die industrielle Lehrzeit Japans

Wir haben anhand eines Textbeispieles gezeigt, daß man in den 1850er Jahren bereits ein Fabriksystem in Japan erkennen konnte. Die Frage stellt sich nun, wie es zur Ausbildung dieses Fabriksystems kam, was der Grund für Japan war, Fabriken nach westlichem Muster zu bauen, und, die wohl wichtigste Frage, wie es überhaupt möglich war, in einer Zeit der Abschließung derartige Fabriken nach europäischem Muster zu errichten.

In die Betrachtung muß die außenpolitische Situation Japans in der ersten Hälfte des 19. Jahrhunderts miteinbezogen werden (vergl. dazu auch Kap. 2). Auch schon vor der gewaltsamen Öffnung Japans durch den amerikanischen Commodore Perry im Jahre 1853 gab es kurz nach 1800 von seiten der verschiedensten Mächte zahlreiche Versuche in dieser Richtung. Nachdem nun 1842 China ein Opfer der westlichen Aggression in Ostasien geworden war, glaubte Japan, dasselbe Schicksal erleiden zu müssen und ergriff verstärkt Gegenmaßnahmen. Das heißt konkret: schon ab 1830 setzten erste Verteidigungsbemühungen ein; man befestigte Küstenabschnitte, man goß Geschütze zur Abwehr fremder Landungsversuche. Die Rüstungsindustrie, besser gesagt das Rüstungshandwerk, hatte sich aber seit dem 17. Jahrhundert, bedingt durch die lange Friedensperiode, kaum verbessert, man war auf technischem Gebiet ins Hintertreffen geraten.

Als nun neue Forderungen an das Handwerk gestellt wurden, z.B. große, eiserne Geschütze zu gießen, sah sich das Handwerk außerstande, derartige Forderungen zu erfüllen. Hier war man gezwungen, Abhilfe zu schaffen.

Zu Hilfe kam Japan ein anderer Umstand: Trotz der strikten Abschließungspolitik war man in Japan allerdings sehr wohl über bestimmte Entwicklungen in Europa informiert. Immer wieder hatten interessierte Militärstatthalter über die Holländer zuerst Geräte, später auch Bücher technischen Inhalts erhalten, die Kenntnis der Lage in Europa und auch Kenntnis vom Stand der Wissenschaften vermittelten.

Das Interesse an westlicher Wissenschaft konzentrierte sich ab Ende des 18. Jahrhunderts auf die Medizin. Vor allem Lehenstümern in Kyūshū, in der Nähe Nagasakis, des einzigen Hafens, über den Handel mit Japan betrieben werden durfte, gelang es trotz strikter Kontrolle der Shōgunatsregierung westliche Bücher und Schriften zu kaufen. Auch Ärzte aus dem Westen, z.B. der auch in Europa bekannte, aus Würzburg stammende Philipp Franz von Siebold, der in den 1820er Jahren in Nagasaki westliche Medizin unterrichtete, trugen zur Verbreitung dieser Kenntnisse bei.

Auf diesen Grundlagen bauten auch die technischen Wissenschaften auf, die ab 1830 mehr und mehr an Bedeutung gewannen. Verschiedene Lehenstümer richteten Akademien ein, wo man Bücher militär-technischen Inhalts aus Holland übersetzte und studierte (ausführlich dazu in Kap. 3.2.). Im Jahre 1850 führte aber die vermeintliche Bedrohung durch die westlichen Mächte erstmals zur Umsetzung solcher theoretisch erfaßter militär-technischer Kenntnisse in die Praxis. Man begann mit dem Guß eiserner Geschütze zur Abwehr der fremden Schiffe. Das Handwerk war an diesen Forderungen gescheitert, so mußte man also anders vorgehen: Mit Hilfe eines holländischen Buches begann ein Lehenstum 1850 mit dem Bau moderner Gießereiflammöfen zum Guß eiserner Geschütze (dazu ausf. Pauer 1983). Vor 1868 versuchten insgesamt etwa 20 verschiedene Lehenstümer, Gießerei-Flammöfen nach westlichem Muster zu bauen; tatsächlich erfolgreich war aber nur die Hälfte. Wesentlich besseren Erfolg hatte man beim Bau der Hochöfen, von denen vor 1868 schon mehr als zehn Stück in Betrieb waren; ähnlich verhielt es sich bei den Schiffswerften: vor 1868 waren schon vierzehn Schiffswerften verschiedener Größe in Betrieb, die größten davon bauten bereits die ersten Dampfschiffe. Man kann diese vor 1868 gegründeten Betriebe nicht alle der "Rüstungsindustrie" zuordnen, wie dies des öfteren geschieht. Selbstverständlich ging der erste Anstoß von militärischen und strategischen Überlegungen aus, aber so wie die 1855 gegründete Marine-Akademie in Nagasaki auch zivile Kenntnisse vermittelte, wurden in den Flamm- und Hochofenbetrieben außer Geschützen auch andere Waren gegossen. Ebenso war die Werftproduktion nicht allein auf die Marine ausgerichtet. Und auch die erste Spinnerei mit westlichen Maschinen, die z.B. 1866 in Satsuma, im südlichsten Lehenstum, von englischen Ingenieuren eingerichtet wurde, gehörte keineswegs den "strategischen Industrien" an. Wir müssen in diesen Betrieben, die in dieser industriellen Lehrzeit gegründet wurden, die "Vorposten" der industriellen Revolution erkennen. Sie sind der erste Schritt weg von der handwerklichen Produktionsweise hin zum Fabriksystem, zur Fabrik mit ihrer Konzentration von Arbeitskräften, mit ihrer organisierten Arbeitsteilung wie auch der besonderen Managementstruktur. Die Fabrik kennt im Gegensatz zum Handwerk grundsätzlich eine Trennung von Administration und Produktion. Charakteristisch ist auch die indirekte Führung der Fabrik, ebenso wie die Herausbildung mehrerer Führungsebenen. Auch der Einsatz von Maschinen (Arbeitsmaschinen), was nicht auf die Dampfmaschine beschränkt werden kann, ist ein zusätzliches konstituierendes Merkmal der Fabrik. All dies können wir in den Gießerei-Flammofenbetrieben, in den Hochofenbetrieben wie auch in den Werften Japans vor 1868 bereits sehen und nachweisen. Diese frühen Formen der Fabrik sind in Japan der Trainingsboden für die Entwicklung industrieller Führungsmethoden, wie sie in den folgenden Jahren dann wichtiger werden. Die in den Gießereien, Hochofenbetriebsstätten, den Werften und auch die an der Marine-Akademie in Nagasaki ausgebildeten "Techniker" wurden im weiteren Verlauf der Industrialisierung zu den wichtigsten Trägern des technischen und betrieblichen Fortschritts.

Es handelt sich bei diesen Betrieben ebenfalls nicht um Kleinbetriebe. In Satsuma, dem südlichsten Lehenstum, das 1857 seinen Flammofen in Betrieb nahm und wo man daneben Glasfabriken, Maschinenfabriken und andere Werkstätten ansiedelte, arbeiteten im Jahre 1864 in diesem "Shūseikan" genannten Betriebskomplex täglich etwa 1200 Personen. Die im selben Lehenstum von den Engländern aufgebaute Spinnerei, die 1868 in Betrieb genommen wurde, arbeitete mit 100 Webstühlen und Spinnereimaschinen mit insgesamt 2600 Spindeln und 200 Arbeitskräften, also auch ein Großbetrieb für die damalige Zeit.

Und noch etwas ist als Element für die beginnende Industrialisierung von Bedeutung. Wir können bei diesen Betrieben schon von einer Arbeiterschaft, von der beginnenden Lohnarbeit sprechen. Naturallohn wurde um diese Zeit bereits völlig in den Hintergrund gedrängt, im Vordergrund stand der Geldlohn. Die meisten ungelernten Arbeitskräfte waren Tagelöhner, die tageweise eingestellt und auch entlohnt wurden. Aber schon die nächste Stufe, Vorarbeiter oder Leiter der Arbeitsgruppen, besaßen Arbeitsverträge, waren längerfristig eingestellt und wurden auch monatsweise entlohnt. Führungskräfte, die vorwiegend aus dem Samuraistand stammten, besaßen ebenfalls Verträge und waren längerfristig eingestellt; sie wurden oft auf monatlicher, manchmal auf jährlicher Basis entlohnt.

Das alles verdeutlicht bereits die Wichtigkeit der Jahre vor der Meiji-Restauration 1868, also der Jahre, die wir als industrielle Lehrzeit Japans bezeichnen und die den Zeitraum zwischen 1850 und etwa 1870 umfassen.

3.1.3. Der Ausbau der Infrastruktur

Die Entwicklung in den Jahren zwischen 1868 und 1885 (auch hier fließende Übergänge) findet im Gegensatz zur erstgenannten Phase auch mitunter bereits bei westlichen Autoren eine gewisse Beachtung (herausragend etwa Smith 1965). Allerdings sprechen diese Autoren meist davon, daß die neue Meiji-Regierung in dieser Epoche die "Industrialisierung in Gang gebracht" habe. Man erwähnt dabei dann immer die Hochöfen, die Schiffswerften und die Spinnerei, alles Betriebe, die - wie gezeigt - bereits in den Jahren vor der Meiji-Restauration gegründet worden waren und der neuen Regierung praktisch als Erbe in den Schoß fielen.

Die staatliche Initiative zur Wirtschaftsförderung nach 1870, die sich in der Errichtung von Pilotfabriken und dem Ausbau der Infrastruktur des Landes am deutlichsten zeigt, wird aber auch ergänzt durch das nicht zu unterschätzende Erbe sozialer, politischer und ökonomischer Strukturen, die zusammen mit den geistigen Grundlagen des Shintō, Buddhismus und Konfuzianismus das Wirtschaftswachstum und die Industrialisierung begünstigten.

Das feudale Japan war kein mittelalterliches Herrschaftsgebilde gewesen. Es war ein hochentwickelter Beamtenstaat mit einer fähigen Bürokratenschicht, einem ausgebildeten Schul- und Akademiewesen, mit einem das ganze Land erfassenden Handelsnetz, einem Münz-, Scheck- und Wechselsystem, das durchaus einem Vergleich mit den europäischen Ländern standhielt. Diese "ererbte" ökonomische Struktur ist die Grundlage, die den Wirtschaftsaufschwung nicht nur begünstigt, sondern sogar ihn in dieser Schnelligkeit erst ermöglicht.

Es ist allerdings nicht so, daß die ökonomisch wichtige Schicht der

Kaufleute und Händler der Vor-Meiji-Zeit nun auch bei der wirtschaftlichen Entwicklung nach 1868 führend gewesen wäre. Vielmehr ergriff der Staat nach 1870 eine wirtschaftliche Führungsrolle insofern, als er mit raschen Schritten an den Ausbau der Infrastruktur heranging.

Wichtig für die wirtschaftliche Entwicklung war natürlich ein einheitliches Geldsystem. Eine neue, für das ganze Land gültige Währungseinheit, der Yen, wurde geschaffen; das alte Währungssystem, gespalten in Gold-, Silber- und Bronzewährung, wurde abgeschafft.

In die gleiche Richtung zielt auch die Errichtung eines Bankensystems; 1872 wurden erstmals vier Banken gegründet, die auch das Recht der Banknotenausgabe hatten. Durch den zunehmenden Außenhandel floß aber das Gold, das die Banken zur Deckung der Banknoten besaßen, rasch ins Ausland; die Deckung der Banknoten wurde immer geringer, die Banken brachen zusammen. Erst eine Neugründung von Privatbanken nach 1876 unter veränderten gesetzlichen Bedingungen brachte erste Erfolge, und ein das ganze Land umspannendes Bankensystem etablierte sich. Ein voller Erfolg des Bankensystems konnte allerdings erst nach 1882 eintreten, als eine Nationalbank gegründet wurde, die als Bank der Banken dann im Mittelpunkt der Finanzwelt stand und damit auch den Geldverkehr und den Finanzhaushalt des Landes unter Kontrolle halten konnte (ausf. dazu Patrick 1967).

Große Schwierigkeiten bei der Modernisierung des Landes bereitete das Transportproblem. Um die Küstenschiffahrt zu erleichtern (der Transport von Wirtschaftsgütern über Land war unbedeutend und spielte kaum eine Rolle), errichtete man in rascher Folge zahlreiche Leuchttürme, baute bestimmte Häfen aus und gründete staatliche Außenhandelsgesellschaften. Zur Verbesserung der Infrastruktur gehörte auch der Beginn des Eisenbahnbaues in Japan. Schon 1869 hatte die Regierung beschlossen, eine Eisenbahn zwischen Tōkyō und Yokohama zu bauen, die dann tatsächlich 1872 fertiggestellt wurde. Die Verringerung der Transportkosten um 98 % war so augenscheinlich, daß nicht nur die Regierung versuchte, staatliche Eisenbahnstrecken auszubauen, sondern sich auch private Investoren im Eisenbahnbau engagierten. Dies ist ein typisches Beispiel, wie die Pilotfunktion staatlicher Gründungen ihre Wirkung erzielte.

Ein weiteres wichtiges Instrument zur Verbesserung der Infrastruktur waren die Telegraphenanlagen, die im Gegensatz zu den Eisenbahnlinien viel rascher zunahmen. Der Grund ist auch verständlich: bei den Telegraphenlinien liefen nur geringe Kosten auf, und sie waren technisch einfacher, da man nur Masten und Leitungen benötigte. Bis 1880 hatte man alle größeren Städte durch Telegraphenlinien miteinander verbunden.

Die Regierung war zwar imstande gewesen, eine Infrastruktur aufzubauen, aber alle diese Maßnahmen in den Jahren nach 1870 hatten nicht den Charakter einer forcierten Industrialisierungspolitik. Allerdings wurde damit eine breite Basis gelegt, auf der man weiterarbeiten konnte.

Eine weiterführende Industrialisierung in Gang zu setzen, bereitete dazu im Gegensatz erheblich mehr Schwierigkeiten. Zwei Möglichkeiten gab es für die Regierung:

A) direkte Industrialisierung durch Investitionen der Regierung und Errichtung von Produktionsstätten, und
B) Unterstützung privater Investoren durch technische Hilfe, Subventionen und Kredite.

Beide Wege wurden in den 1870er Jahren beschritten, wobei der zweite Weg nur geringen Erfolg hatte. Einzig die Textilindustrie profitierte von der Unterstützung durch die Regierung. Diese Industrie, deren Fabriken meist in der Nähe der Häfen errichtet wurden, war es dann auch, die bis 1880 den stärksten Mechanisierungsgrad aufwies.

Die Industrialisierungspolitik der Meiji-Regierung lief - kurz gesagt - darauf hinaus, daß die industrielle Entwicklung durch öffentliche Betriebe gesteuert und geleitet werden sollte. Dieser Gedankengang wurde insofern unterstützt, als sich in den ersten Jahren der neuen Regierung kaum private Kapitalgeber für industrielle Projekte interessiert hatten. Für die Kaufleute, traditionell die großen Geldgeber, waren die Investitionen in den neuen Industrien wenig attraktiv. Sicherlich spielte dabei eine gewisse traditionelle, wenig risikofreudige Grundhaltung - lange Bindungszeiten, wie sie für die moderne Industrie üblich waren, kannte man aus der früheren Zeit nicht - ebenfalls eine Rolle. Außerdem wollte man Kapital nicht lange binden, sondern rasch, in kurzer Zeit, Gewinne erwirtschaften.

Die traditionellen Handelshäuser waren schon von ihren eigenen Regeln des Handels - aufbauend auf seit Generationen tradierten Hausgesetzen - kaum in der Lage, sich neuen Geschäften zuzuwenden. Des öfteren wurde in den Hausgesetzen ausdrücklich davor gewarnt, neue Wege in der Geschäftswelt zu beschreiten. Diese Regeln waren für die Welt einer stationären Wirtschaft, wie sie in der Edo-Zeit vorhanden gewesen war, sicherlich geeignet, nicht aber für eine Wirtschaft im Wandel.

Auch die neue Produktionsweise mit Maschinen, Arbeitszeitregelungen, mit neuen Führungsebenen, anderen, geänderten Kompetenzen erschien den traditionellen Händlern vorerst noch als ein Verstoß gegen die althergebrachten Regelungen.

Hier wird die Ursache deutlich, aus der heraus die Regierung praktisch gezwungen war, bestimmte Pilotprojekte zu verwirklichen, um dieser Händlerschicht zu zeigen, daß auch neue Industrien und Betriebe geeignet seien, Gewinne zu erwirtschaften. Die geringe Bedeutung des privaten Unternehmers in den 1870er Jahren ist also nicht auf Kapitalmangel zurückzuführen, sondern auf mangelnde Investitionsbereitschaft. Kapital war genug vorhanden, aber oft in Händen, die nicht investieren wollten. Dies soll aber nicht zu der Annahme verleiten, daß es in dieser Zeit den privaten Unternehmer überhaupt nicht gab. Es gibt Beispiele dafür; allerdings sind sie nicht allzu zahlreich und in vielen Fällen nur wenig erfolgreich.

Es gab aber auch andere Gründe, die für die Regierung bedeutsam waren, neue Industrieanlagen zu gründen. Durch Verträge gebunden, durfte man der Einfuhr ausländischer Waren keine Schutzzölle entgegensetzen. Dies führte in manchen Bereichen, etwa der Baumwollindustrie, zu Schwierigkeiten, da die traditionelle japanische Weberei mit den ausländischen Maschinenwebwaren nicht konkurrieren konnte und langsam, aber sicher dem Zusammenbruch entgegenging. Hier bestand für die Regierung die Aufgabe, diesem Trend entgegenzutreten, indem man in besonders gefährdeten Gebieten Betriebe ansiedelte und mit Maschinen aus dem Ausland ausstattete, gleichzeitig aber durch diese nun im Lande hergestellten Produkte den ausländischen Waren den Markt streitig machte.

Aber es gab noch eine Schwierigkeit, eine, die den privaten Unternehmer genauso wie den Staat als Unternehmer traf: war eine Maschine angeschafft, so waren die einheimischen Kräfte nur selten imstande, diese Maschine zu bedienen, geschweige denn zu warten. Diese Schwierigkeiten waren erst nach jahrelangen Ausbildungszeiten überwunden.

Um an westliche Kenntnisse, an Techniken und betriebliche Führung heranzukommen, hatte man zwei Wege gewählt; der eine war auf kurzfristigen, der andere auf langfristigen Erfolg ausgerichtet (dazu ausführlicher in Kap. 3.2.):

1) holte man, wie schon in geringem Maße vor 1868 geschehen, nu. zahlreiche Ausländer, Techniker, Ingenieure, Fachkräfte für Betriebsführung, Wissenschaftler, akademische Lehrer u.a. ins Land, und

2) sandte man japanische Kräfte ins Ausland, die dort mehrere Jahre lernen sollten (in Universitäten, Fachschulen, vor allem aber in diversen Betrieben) und dann nach ihrer Rückkehr das Gelernte in die Praxis umsetzen und damit die ausländischen Lehrer wieder überflüssig machen sollten.

Wenn man den Einsatz der ausländischen Fachkräfte näher beleuchtet, wird deutlich, daß sie überwiegend in Sparten eingesetzt wurden, in denen man die Privatinitiative vermißte oder erst gewisse Grundlagen schaffen mußte, auf denen die Wirtschaft dann aufbauen konnte, z.B. im Münzwesen, im Bankwesen, in der Landwirtschaft, im Bergbau etc. Ausländische Fachkräfte waren in den Jahren zwischen 1870 und 1885 auch in großer Zahl beim Eisenbahnbau tätig, halfen dabei, traditionelle Branchen, wie etwa die Keramik-, Papier- und Lederproduktion mit Hilfe westlicher Techniken zu verbessern, führten Neuerungen in den zahlreichen Bergbaubetrieben ein, leiteten die Gründung und den Ausbau von Rohstoffindustrien wie die Feuerfest-, Ziegel- und Zement-, aber auch die Glasindustrie, die vordringlich ausgebaut wurden, um Japan von den Einfuhren unabhängig zu machen.

Die öffentlichen Betriebe hatten in diesen Jahren eine besondere Funktion: Sie waren Modell für die privaten Betriebe; sie lösten technische Probleme wie das Anlernen von Arbeitskräften, neue Arbeitsmethoden wurden ausprobiert; sie boten auch Beispiele moderner Betriebsorganisation.

Bedeutenden Einfluß auf die Entwicklung in einem Sektor hatte z.B. das Engagement des Staates in der Seidenindustrie. In Europa waren durch die Pebrine-Krankheit gegen Ende der 1860er Jahre ein Großteil der Seidenraupen zugrunde gegangen, und das sich gerade dem Westen geöffnete Japan erkannte seine Chance und exportierte große Mengen an Seide und Seidenraupen um 1870 nach Europa. Die schlechte Qualität führte aber bald zum Rückgang der Ausfuhr. Die Regierung gründete daraufhin eine Pilotfabrik, engagierte eine größere Gruppe von französischen Seidenindustrie-Spezialisten und konnte mit diesem Unterfangen zwei Ziele auf einen Schlag erreichen. So wurden einmal inländische Fachkräfte mit der modernen Seidenhaspelei vertraut gemacht: Vertreter aus allen Landesteilen lernten dort und gingen mit der Kenntnis moderner Verarbeitungstechniken in ihre Heimat zurück (vergl. dazu Kap. 3.2.); zum anderen war dies auch eine Möglichkeit, den verarmten Samurai, vor allem den weiblichen Mitgliedern der Samuraifamilien, Arbeit zu verschaffen.

Wenn wir uns fragen, woher denn die Arbeitskräfte für diese Betriebe kamen, so sind dafür drei Bereiche heranzuziehen. Zum einen gab es in den größeren Städten ein ausgebildetes Handwerkertum, das zum Teil in die Industrie strömte. Zum zweiten zog die Industrie aber auch zahlreiche ländliche Arbeitskräfte an, landlose Bauern, die sich bislang nur durch Tagelöhnerei weitergebracht hatten, und zum dritten sind natürlich auch die Samurai zu nennen. Etwa 10 % der Gesamtbevölkerung Japans bestand aus Samurai, die natürlich durch die Auflösung des Feudalsystems und der Feudallehenstümer ihren Arbeitsplatz und ihre Einkünfte verloren hatten.

Die Samurai stellten ein schweres Problem dar, denn im neuen Staat war für sie kein Platz mehr. Früher hatte man sie in Reis bezahlt, nur in den ersten Jahren nach der Machtübernahme bezahlte die neue Zentralregierung die Samurai (sonst hätte sie sich wohl kaum an der Macht halten können), später gab sie Samurai-Pensionen in Form von Schuldscheinen aus, deren Zinsen den Lebensunterhalt der Samurai bilden sollten. Die Belastung für den Staatshaushalt war immer noch hoch, so daß man Mitte der 1870er Jahre versuchte, die Samurai dazu zu bewegen, die Schuldscheine als Kapital in neu zu gründende Betriebe einzubringen. Vielfach versuchten sich die Samurai als Unternehmer, in den meisten Fällen scheiterten sie und verloren ihr gesamtes Vermögen. Ihr Einfluß auf die Industrialisierung darf nicht zu hoch veranschlagt werden (dazu Yamamura 1974).

Die Regierung wählte drei Wege, um aus diesem Dilemma herauszukommen:

1) man unterstützte Samurai, die noch etwas Kapital besaßen, finanziell, um ihre Betriebe zu retten;
2) man vermittelte Samurai, die dafür geeignet waren, in leitende Stellungen von Industriebetrieben;
3) man stellte jene Samurai, die dazu physisch imstande waren, als Arbeitskräfte in den Betrieben ein. Sie bildeten die dritte Gruppe von Kräften, die der modernen Industrie zur Verfügung standen, darunter eine große Gruppe von weiblichen Arbeitskräften, die in der Textilindustrie Arbeit fanden.

3.1.4. Die industrielle Wachstumsphase

Die Regierung hatte durch die Maßnahmen in den 70er und zu Beginn der 80er Jahre Voraussetzungen geschaffen, die ausschlaggebend und außerordentlich förderlich für die spätere weiterführende Industrialisierung sein sollten.

Für die weitere Industrialisierung an sich war aber Kapital nötig. Es stellt sich daher die Frage, woher das Kapital für jene Industrien kam, die nach 1885 entstanden. Machen wir noch einmal einen Schritt zurück und sehen uns die Besteuerung der Landwirtschaft an. Die bedeutsamste Veränderung zu Beginn der Meiji-Zeit war der Übergang von einer Teilpacht zur Fixpacht. Das heißt, der Landwirt mußte nicht mehr einen bestimmten Anteil an der Ernte als Abgabe leisten, sondern einen ganz bestimmten Betrag, und diesen nicht in Naturalien, sondern in Form von Geld. Um Geld zu erhalten, mußte die Ernte also vermarktet werden. So war erstmals die Möglichkeit gegeben, Gewinne zu erwirtschaften, da mit steigendem Ernteertrag nicht auch die Abgabe stieg, wie das in der Edo-Zeit üblich gewesen war. Nachdem sich in den 1880er Jahren dann die Preise, die Löhne und der gesamte Finanzhaushalt konsolidiert hatten, ermöglichte dieser steigende Gewinn (die Förderung der Landwirtschaft hatte auch zu einer Ertragssteigerung geführt) die Akkumulation von Kapital, vor allem natürlich in der Hand der Großgrundbesitzer auf dem Land. Zusätzlich zu dieser Kapitalakkumulation kamen aber auch noch bestimmte moralische Grundsätze, die die Meiji-Regierung propagierte: Ehrlichkeit, Arbeitsamkeit, Sparsamkeit und Nachsichtigkeit. Die Kampagne der Regierung hatte Erfolg: die Sparrate innerhalb der japanischen Bevölkerung war erheblich größer als in Europa. Gewinne wurden nicht in Luxusgütern angelegt, sondern wieder investiert. Die Möglichkeit, auch kleine und kleinste Gewinne wieder zu investieren, war durch eine weitere Neuerung in Japan geschaffen worden. Mitte der 1880er Jahre war es gesetzlich erlaubt, Aktiengesellschaften zu gründen, das heißt, kleine und kleinste Kapitalien konnten erfaßt und zur Gründung von Industriebetrieben verwendet werden.

Die großen Bauern, die Großgrundbesitzer, waren die ersten ländlichen Unternehmer, und sie versuchten sich natürlich in einer Branche, die auch am Markt erfolgversprechend war, der Textilindustrie. Die großen Bauern besaßen schon ab den 70er Jahren auch eine Reihe anderer Möglichkeiten, Kapital zu akkumulieren. Nicht nur, daß sie an einer intensiven Nutzung ihrer Flächen durch eine bessere landwirtschaftliche Technik interessiert waren, die ihnen somit zu einem höheren Gewinn verhalf, vielmehr waren oft große Bauern als Steuereinzieher der Regierung angestellt worden. Dabei Gewinne durch kurzfristige Kreditvergabe mit Geld zu machen, das ihnen nicht gehörte, war allerdings an der Tagesordnung. Auch besaßen die großen Bauern bessere Marktkenntnisse. Diese Möglichkeiten führten auch dazu, größere Gewinne zu erwirtschaften. Gewinne aus der Landwirtschaft wurden so zu Investitionen in der Industrie: zum größten Teil allerdings in der "ländlichen"Industrie. Nicht nur, weil die Investoren auf dem Land saßen, sondern weil dort auch noch ein genügend großes Arbeitskräftepotential vorhanden war.

Textil-, Sake- und Zuckerfabriken waren Zweige, bei denen man auf landwirtschaftliche Rohstoffe zurückgreifen konnte, aber auch andere Betriebe, etwa Druckereien und ähnliche , wurden auf dem Land gegründet. Unterstützend für solche Betriebsgründungen wirkte sich die Steuerpolitik der Regierung aus. Man erhob nur geringe Gewinnsteuern, aber hohe Verbrauchersteuern. Die Steuerpolitik lief darauf hinaus, den Einkommenszuwachs der Konsumenten abzuschöpfen, den potentiellen Investoren aber die Mittel zu belassen. Eine solche Steuerpolitik konnte aber nur dann Erfolg zeigen, wenn eine entsprechende Investitionsfreudigkeit vorhanden war und auch über längere Zeit anhielt. Im Falle Japans war dies in den 80er Jahren der Fall. Die Motivation durch die staatliche Politik des *fukoku-kyōhei*-Schlagwortes zog als Ideologie auch potentielle Investoren in Bann. Gewinnmöglichkeiten waren aber ebenfalls die Triebkraft für solche Industrialisierungsbemühungen nicht von der Hand zu weisen.

Diese ländliche Industrialisierung war keine kapitalintensive Industrialisierung, sondern eher eine arbeitsintensive. Man arbeitete mit kleineren, einfacheren Maschinen und setzte meist Wasserkraft zum Antrieb ein. Für diese Betriebe war also wenig Kapital nötig, zudem versprach der Markt hohe Gewinne, d. h., der rasche Kapitalumlauf und die kurze Amortisationszeit des eingesetzten Kapitals animierten das private Unternehmertum. Diese Besonderheiten der Textilindustrie verhalfen der Branche in jener Zeit zu großem Aufschwung. Das Gegenteil dazu war die Schwerindustrie, wo langfristige Anlage von Kapital notwendig war und in der das private Unternehmertum erst spät eine Rolle spielte.

Die Pilotprojekte der Regierung waren in vielen Fällen ein Anreiz zu solchen ländlichen Industriegründungen. Die Regierung leistete zum Teil auch finanzielle Unterstützung und technische Hilfe. Vor allem finanzielle Hilfe war nötig, da die bereits bestehenden Banken diesen kleinen Betrieben kaum Kredite gaben. Die Banken waren wenig risikofreudig, was die Kreditvergabe betraf. Das führte dann im Laufe der 80er- und 90er Jahre zu einer Welle von Bankengründungen auf dem Land. Gründer waren meist kleine ländliche Unternehmer, die nun, da die großen Banken nicht zugänglich waren, sich selbst eine derartige finanzielle Infrastruktur auf dem Land schufen (Tsuchiya 1961:62-73).

Das war die eine Seite, die ländliche Industrie, gegründet und geführt vom kleinen Unternehmer. Vorherrschend war die Leichtindustrie. Wie sah es aber mit der Schwerindustrie aus? Was passierte mit den öffentlichen Betrieben, wie engagierten sich die alten Handelsfamilien dort bei der wirtschaftlichen Entwicklung? Damit kommen wir zur zweiten Hälfte dieser Periode, in der die Schwerindustrie das Zugpferd der japanischen Industrie wurde. Wichtig dabei ist aber die Vorgeschichte.

Die Regierung hatte alte Betriebe weitergeführt, Pilotprojekte und andere Betriebe gegründet. Die beschränkten finanziellen Möglichkeiten der Regierung ließen es aber nicht zu, ein Industrialisierungsprogramm über längere Zeit durchzuhalten. So begann man bereits 1882, die ersten öffentlichen Betriebe zu verkaufen (zu diesem komplexen Bereich ausf.: Kobayashi 1977). Grund in diesem Jahr war einzig und allein die Finanznot der Regierung. Verkauft wurden erst einmal ein Kohlebergwerk und eine Spinnerei. Der hohe Verkaufspreis schreckte Interessenten ab, so daß es zu keinen weiteren Verkäufen bis 1884 kam. In der Folge mußte aber der Staat zwischen 1884 und 1896 einen Großteil der neu gegründeten oder übernommenen Betriebe abstoßen. Es wurden vor allem solche Betriebe verkauft, bei denen der Staat keine Gewinne zu machen verstanden hatte: Das waren Bergwerke (Gold, Silber, Kupfer, Kohle, Eisen), Schiffswerften, Spinnereien, Zement- und Glaswerke, eine Brauerei, eine Zuckerfabrik, eine Landmaschinenfabrik und einiges mehr. In dieser Phase wurden die Betriebe nun aber nicht mehr an den verkauft, der etwa den höchsten Preis dafür geboten hatte, sondern hier achtete die Regierung besonders darauf, daß der Betrieb in Hände kam, die ihn auch weiterführen konnten.

Wer kaufte nun diese Betriebe, wer hatte genügend Kapital? Das waren nicht die kleinen Unternehmer auf dem Lande, sondern die großen traditionellen Handelshäuser, die sich bislang von der Industrie ferngehalten hatten. Waren sie früher jedem Risiko ausgewichen, hatte die Regierung in jenen Branchen investieren müssen, in denen Investition nötig, aber von privater Seite nicht getätigt worden waren, so kauften sich nun die Händler in die Industrie ein. Man hatte erkannt, daß diese Betriebe lebensfähig waren, daß sich für die hergestellten Produkte ein expandierender Markt gebildet hatte, und man glaubte, nun das Risiko wagen zu können. So gelangten die alten Händlerfamilien um diese Zeit zu ihren Industrien. Das waren die Familien Mitsui, Asano, Yasuda u.a., aber auch z.B. Iwasaki, dessen Unternehmen den Namen Mitsubishi trug. Diese Unternehmensgruppen, die bald unter dem Begriff Zaibatsu (Finanzkonzerne) firmierten, konnten durch den Kauf der Regierungsbetriebe billig in die verschiedenen Wirtschaftsbereiche einsteigen. Den meisten Häusern half auch ihre eigene Struktur, nämlich das ausgebaute Handelsnetz mit zahlreichen Zweigstellen, Lagern, Schiffahrtslinien etc., die in den gekauften Betrieben produzierten Waren (Rohstoffe wie Fertigprodukte) zu verkaufen. Da es sich bei diesen Betrieben größtenteils um rohstoffgewinnende und -verarbeitende Betriebe oder um Betriebe in der Schwerindustrie handelte, war ihnen der Aufschwung in der Zeit nach 1895, in der dem chinesisch-japanischen Krieg vermehrt den Ausbau der Rüstung vorantrieb, sicher.

Es soll hier auch noch kurz der Begriff Zaibatsu und die Charakteristika der Zaibatsu-Unternehmen erläutert werden: Für den Begriff Zaibatsu bieten sich eine Reihe von Übersetzungen an, "Finanzclique", wie das manchmal ohne viel Aussagewert genannt wird, oder "Konzern", aber auch das trifft nicht den Kern, eher schon "Finanz-Holding", was besser der Struktur eines Zaibatsu entspricht. Was ist ein Zaibatsu also wirklich? - eine Interessengemeinschaft, deren Grundlage ein gebundenes Familienvermögen ist (Yui 1977:45). Die Bestimmungskriterien sind soziologischer und ökonomischer Natur; soziologisch: Familien-bzw. die Verwandtschaftsbeziehungen sind wichtige Kriterien; ökonomisch: charakterisiert durch eine Unternehmenskonzentration, also die Zusammenfassung der Geschäftsführung verschiedener Betriebe in einer Dachorganisation (entsprechend einer Holding).

Bindeglied zwischen beiden Bereichen ist die über allen gleichsam schwebende Familienverfassung, die vorschreibt, in welcher Art und Weise die einzelnen Familienmitglieder Verfügungsgewalt über Vermögen oder Vermögensteile besitzen. Wäre dieses Bindeglied nicht vorhanden, würden solche Unternehmensverbände wohl bald wieder auseinanderfallen.

Trotz aller dieser Kriterien ist es schwierig, die Zaibatsu einzugrenzen, da es zu viel Ausnahmeregelungen gibt. Die typischesten Vertreter dieser Kategorie sind die bekannten Unternehmen Mitsui, Mitsubishi, Sumitomo und Yasuda. Bei diesen vier ist auch das soziologische Element, eben die Familien-und die Verwandtschaftsbeziehungen, klar und deutlich ausgebildet, ebenso die Hausverfassungen und deren Bedeutung. Grundsätzlich muß hervorgehoben werden, daß solche Zaibatsu ein Produkt der spezifischen wirtschaftlichen und politischen Konstellation der Meiji-Zeit sind. Die traditionellen Bindungen und der historische Hintergrund der jeweiligen Stammhäuser sind nicht für die Herausbildung der Zaibatsu verantwortlich. Ausgangspunkt vieler Zaibatsu—Unternehmen war der Handel, bald aufgeteilt in Groß- und Kleinhandel. Um die Waren an die Verkaufsstellen heranzubringen, gründete man neben Schiffahrtslinien auch Lagerhausbetriebe. Zur finanziellen Absicherung schuf man dann innerhalb des Unternehmens auch eine eigene Bank, im nächsten Schritt Versicherungen, und so baute sich das Imperium immer weiter aus. Es folgten Unternehmensaufkäufe und weitere Industriebeteiligungen. Man stürzte sich dabei aber nicht auf beliebige Unternehmen, sondern wählte sorgfältig nur solche aus, die in die Unternehmenskette paßten. So bildeten sich bei jedem Zaibatsu zwar Schwerpunkte, insgesamt bevorzugte man aber eine breite Kapitalstreuung durch Beteiligungen verschiedenster Art.

Während Großunternehmen in Amerika oder Europa meist branchenbezogen investierten oder vertikal, d. h. fertigungsbezogen (vom Rohstoff zum Endprodukt), streuten die japanischen Zaibatsu ihre Investitionen sehr weit und drangen in immer neue Bereiche vor. So entstanden Unternehmensgruppen mit einer ganz spezifischen multiplen Zusammensetzung. Der Mangel an geeigneten Unternehmern mit genügend Risikobereitschaft zu Beginn der Meiji-Zeit führte zwangsläufig dazu, daß der Staat sich an eine Gruppe wenden mußte, die genügend Kapitalkraft - und nach einiger Zeit auch die Risikobereitschaft - besaß, die Industrialisierung in die Hand zu nehmen. Die Zusammenarbeit der

Zaibatsu mit dem Staat bekam bald noch eine politische Seite. Einzelne Zaibatsu unterstützten bestimmte Politiker oder arbeiteten eng mit bestimmten Parteien zusammen. Der Erfolg konnte nicht ausbleiben, allerdings versuchten die Zaibatsu später auch noch - teilweise mit Erfolg - die Regierung und ihre Politik zu beeinflussen.

Die Zaibatsu sind meist in vier Stufen aufgebaut: An der Spitze steht die Familie, sie besitzt Anteile an der Dachgesellschaft (Holdinggesellschaft) und/oder Anteile an den Hauptgesellschaften, die wiederum Anteile an Beteiligungsgesellschaften besitzen. Je nachdem, wie groß der Kapitalanteil an den jeweilig niedergeordneteren Unternehmen ist, ist auch die Einflußnahme stärker oder schwächer. Jedenfalls baute man im Laufe der Zeit ein weitverzweigtes, engmaschiges Netz von verschiedenen Industriebeteiligungen auf, so daß später innerhalb der modernen Industrie den Zaibatsu eine übermächtige Rolle zukam.

Organisation und Rechtsformen der Zaibatsu änderten sich natürlich im Laufe der Zeit, trotzdem steht hinter allem immer noch die Familie, der Familiengeist und die Familienverfassung.

So hatten sich zwar die traditionellen Handelshäuser auch in der japanischen Wirtschaft engagiert, sie scheuten aber trotz allem noch immer Investitionen in größerem Umfang in Risiko-Branchen, z.B. der Eisen- und Stahlindustrie. Hier war die Schwierigkeit, daß bis auf eine Lagerstätte in Japan kein Eisenerz gewonnen werden konnte und auch die Kohle nicht den Erfordernissen der modernen Eisenverhüttung entsprach. So mußte wiederum die Regierung eingreifen.

1896 begann man, an den Plänen für ein großes Eisen- und Stahlwerk zu arbeiten; man importierte dazu deutsche Technik und deutsche Techniker, die in Yahata, einem kleinen Ort an der Nordspitze von Kyūshū, begannen, ein Werk zu errichten, das 1901 eröffnet werden konnte. Die sprunghaft gestiegene Nachfrage, vor allem von seiten des Militärs und der Marine, konnte aber auch dieses Stahlwerk nicht befriedigen; es mußte weiterhin Stahl eingeführt werden (vergl. Tafel 2), und man beschloß, weitere Stahlwerke zu gründen. Der Mangel an privaten Investitionen führte so immer wieder dazu, daß die Regierung unterstützend eingreifen mußte, um bestimmte Produkte in Japan selbst verfügbar zu machen und den Import dieser Produkte zu drosseln.

Eine Importunabhängigkeit wurde aber auch durch diese Gründungen nicht erzielt, der Bedarf war fast immer größer als die Produktion. Unabhän-

Tafel 2

Produktion bzw. Einfuhr von Roheisen und Rohstahl
(*Nihon tekkei renmei* 1973).

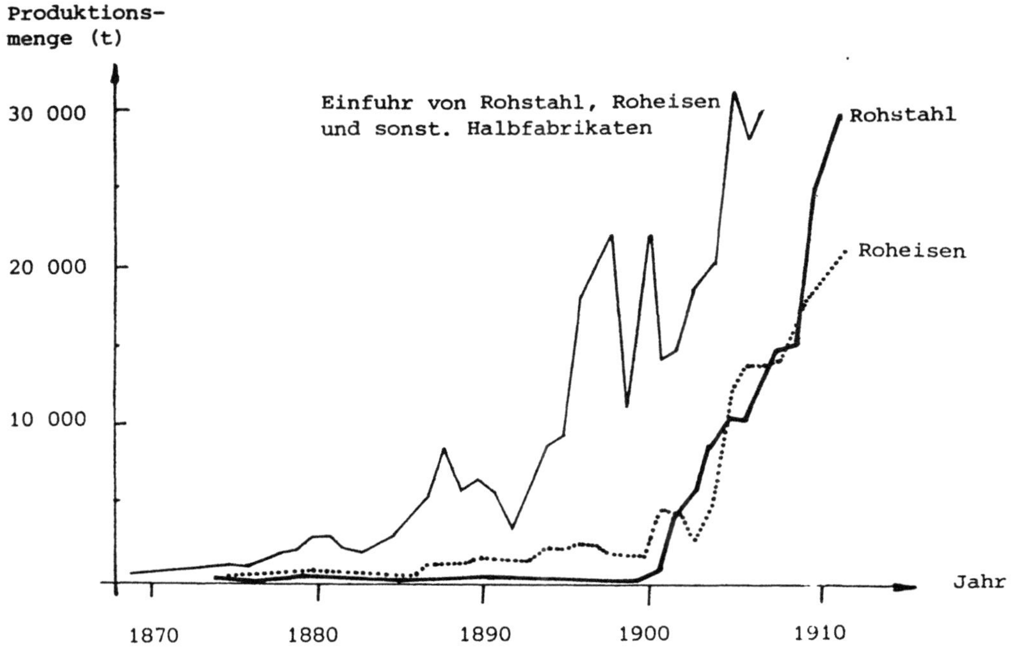

gig von der Einfuhr wurde man auch bei den Rohstoffen nicht: Das Eisenerz zur Verhüttung mußte ebenso eingeführt werden wie die Kokskohle, die man aus der japanischen Produktion nicht erhielt. Diese Abhängigkeit spielte bald auch in den politischen Bereich hinein, als man versuchte, jene Gebiete, aus denen derartige Produkte bezogen wurden, zu sichern bzw. in koloniale Abhängigkeit zu bringen.

3.1.5. Die Herausbildung der Dualstruktur

Es war fast immer nur die moderne Industrie, die westliche Technik einzuführen und anzuwenden imstande war, aber auf dem traditionellen Sektor schlug dieser technische Fortschritt in der modernen Industrie nur wenig durch. Meist waren es nicht neue, importierte Maschinen, die die traditionelle Industrie benutzte, sondern alte, von der modernen Industrie ausrangierte Maschinen. So fand im Laufe der Industrialisierung zwar technischer Fortschritt langsam Eingang in die traditionelle Industrie, aber verspätet und in nur geringem Maße, soweit derartige Maschinen anwendbar waren.

Diese Industriestruktur - auf der einen Seite große, moderne, mit westlicher Technik ausgestattete Unternehmen, auf der anderen Seite aber kleine, mit veralteten Maschinen und Geräten arbeitende Betriebe - nennen wir "Dualstruktur" oder auch Doppelstruktur. Diese Struktur ist ein typisches Charakteristikum der japanischen Industrie, die zusätzlich bestimmte, spezifisch japanische Züge besitzt (ausf. dazu Broadbridge 1966).

Mit der Behandlung der Dualstruktur sind wir beim nächsten Abschnitt der wirtschaftlichen Entwicklung angelangt. Mit diesem Abschnitt, der Herausbildung der japanischen Industriestruktur, ist auch die Epoche der industriellen Revolution in Japan abgeschlossen und Japans Übergang von der Agrargesellschaft zur Industriegesellschaft weitgehend vollzogen. Die handwerkliche Produktionsweise war durch die industrielle abgelöst worden.

Die Herausbildung der Dualstruktur begann in Japan schon in den 1880er Jahren, volkswirtschaftlich wirksam wurde sie aber erst in der Periode zwischen 1905 und 1920, an deren Ende sich dieses System fest etabliert zeigt. Von da an ist "Dualstruktur" praktisch ein Synonym für die "japanische Wirtschaft".

Herausbildung einer Dualstruktur: was heißt dies nun konkret? Das heißt zunächst einmal starkes Wachstum des modernen Sektors gegenüber den zurückbleibenden traditionellen Industrien, also eine Wachstumsdifferenz. Zum anderen bedeutet dies aber auch geringe Investitionen und Investitionsmöglichkeiten bei der traditionellen Industrie, die damit in ihrer Produktivität nachhinkt, also Produktivitätsdifferenz zwischen der modernen und der traditionellen Industrie. Die moderne Industrie wird repräsentiert durch die großen Industriekonzerne, die Zaibatsu. Auf der anderen Seite stehen die vielen kleinen und kleinsten Betriebe. Es gibt also Unterschiede in der Betriebsgröße. Aber auch die innerbetrieblichen Strukturen sind verschieden: die Ausstattung mit Maschinen ist aufgrund der geringen Investitionsmöglichkeit schlechter als bei den großen Betrieben, also hier eine Ausstattungsdifferenz, und im sozialen Bereich gibt es ebenso Unterschiede: eine Lohndifferenz wie auch eine Differenz in der Beschäftigungssicherheit etc. Ferner bilden sich bei den Arbeitskräften selbst Unterschiede heraus: so beschäftigt die Großindustrie nur gelernte Kräfte, während die traditionelle Industrie ungelernte Kräfte aufnehmen muß, aber auch Arbeitskräfte, die bereits pensioniert sind. Viele ältere Arbeitnehmer gründen nach ihrer Pensionierung einen eigenen Betrieb und beliefern ihren früheren Arbeitgeber. Sie reihen sich in die traditionellen Betriebe ein, erzeugen meist Halbfertigprodukte, die sie an einen Abnehmer liefern und sind somit stark konjunkturabhängig.

Ein charakteristisches Moment fällt hier auf: Solche Klein- und Kleinstbetriebe, oft Sub-Unternehmer, beliefern nicht den Markt, sondern direkt und meist nur einen Abnehmer. Diese Art der Dualstruktur ist für Japan typisch.

Als vielleicht interessantestes Beispiel möchte ich ganz kurz die Entwicklung der Fahrradindustrie in Japan aufzeigen, das ganz typisch für die Herausbildung dieser Dualstruktur ist: Die Produktion von Fahrrädern ist geprägt durch den Zusammenbau vieler kleiner Einzelteile. In Japan begann man mit dem Zusammenbau der Einzelteile um die Jahrhundertwende, zum Teil verwendete man schon in Japan selbst hergestellte Halbfabrikate. 1914 war dann jene Stufe erreicht, bei der alle Einzelteile bereits in Japan hergestellt werden konnten. Sie wurden von kleinen und kleinsten Sub-Unternehmern - traditionelle Schmieden und Gießereien - , die meist auf dem Lande angesiedelt waren, mit einfachsten Maschinen hergestellt. Diese Einzelteile wurden von den vielen

Kleinstunternehmern an einen Großbetrieb geliefert, der dann den Zusammenbau übernahm (nach Allen 1940:549-553).

Ähnliche Strukturen gab es in vielen weiteren Branchen, etwa in der Elektroindustrie, im Maschinenbau und anderen Branchen.

3.1.6. Die Krisenwirtschaft der 20er Jahre

Der Erste Weltkrieg, den Japan auf seiten der Alliierten mitgemacht hatte, wirkte sich insgesamt günstig auf die japanische Wirtschaft aus. In der Kriegszeit waren die Westmächte so stark auf den europäischen Kriegsschauplatz fixiert gewesen, hatten alle Kraft in den Krieg gesteckt, daß Japan fast mühelos den gesamten ostasiatischen Markt erobern konnte. Die japanische Industrie war in wenigen Jahren zum Hauptlieferanten am ostasiatischen Markt geworden und Japan hatte seine Ausfuhr während des Krieges verdreifachen können.

Diese gute Konjunktur war für Japan auch das Mittel, den Anschluß an die westliche Welt zu vollziehen. Dies war bislang kaum möglich gewesen: erstens war Japan Nachzügler am Weltmarkt und zweitens war seine Basis, was die Rohstoffe betraf, ausgesprochen ungünstig gewesen.

Die Rohstoffabhängigkeit wirkte sich natürlich auch auf die Politik aus. Z. B. verfolgte Japan mit Spannung die Vorgänge in China. Bis 1920 war China Hauptlieferant an Rohstoffen und gleichzeitig auch ein Hauptabnehmer in manchen Branchen geworden (z.B. gingen 50 % der Textilproduktion auf den chinesischen Markt). Die Sicherung der Rohstoffversorgung wie auch der Absatzgebiete beherrschte bereits um diese Zeit in japanischen Wirtschaftskreisen die Diskussion. Die starke Verflechtung von Großindustrie und Politik führte dazu, daß auch Politiker sich mit derartigen Fragen beschäftigen mußten.

Als Politik gab es nur zwei Alternativen: entweder sich auf das Wohlwollen der übrigen Welt verlassen oder zur Sicherung der Versorgung und der Absatzmärkte militärische Maßnahmen zu ergreifen, selbst Gebiete zu erobern und zu kolonisieren.

Wie sieht die wirtschaftliche Situation um 1920 nun aus? Noch in der Meiji-Zeit kam ein Großteil des Steueraufkommens aus der Landwirtschaft. Allerdings ging der Anteil der landwirtschaftlichen Produktion am Bruttosozialprodukt während des Ersten Weltkrieges stark zurück, während der Anteil der Industrie anstieg. Um 1920 ist Japan als Industrienation anzusprechen.

1920 gab es in Japan etwa 5,5 Millionen landwirtschaftliche Betriebe, die rund 6 Millionen Hektar bewirtschafteten, das ergibt also eine Durchschnittsfläche von rund 1 Hektar pro Betrieb. Die Landwirtschaft war allerdings gekennzeichnet durch Großgrundbesitzer auf der einen Seite und Kleinstbetriebe auf der anderen Seite. Von den 5,5 Millionen Betrieben bewirtschafteten nur 1,6 Millionen eigenes Land, 1,5 Millionen Betriebe waren reine Pächterbetriebe (IDE 1969:114-155, 120).

Diese Situation führte in den 20er Jahren zu starken sozialen Spannungen, die sich auch auf den aufkommenden militaristischen Nationalismus auswirkten. Verstärkt wurden diese Spannungen aber noch durch die krisenhaften Situationen in den 20er Jahren.

Der wirtschaftliche Aufschwung Japans im Ersten Weltkrieg brach im Frühjahr 1920 abrupt ab. Überproduktion in Japan selbst (die Industrie hatte sich zu spät den veränderten Nachkriegsbedingungen angepaßt) und stockender Absatz der Produkte im Ausland führten in Japan zu einer Rezession, die,abgelöst von nur leichten Erholungen, praktisch bis 1931 andauerte. Der stockende Absatz traf zuallererst die Textilindustrie, welche im Ersten Weltkrieg am stärksten expandiert und dadurch die meisten Arbeitskräfte angezogen hatte. Durch den Absatzrückgang war eine große Zahl von Arbeitskräften, die keine andere Stellung in der Stadt fanden, gezwungen, auf das Land zu ihren Familien zurückzukehren, wo es für sie allerdings auch keine Arbeit gab, sondern sie eher unnütze Esser darstellten. Denn auch in der Landwirtschaft war mit zunehmender Mechanisierung der Arbeitskräftebedarf geringer geworden, während sich durch diese Rückwanderung die landwirtschaftliche Bevölkerung noch vermehrte. Das alles schlug sich in sozialen Spannungen und Unruhen auf dem Land nieder.

Zusätzlich verstärkt wurde die Situation aber auch dadurch, daß diese Rezession Japan in einer Zeit traf, in der die Bevölkerung rasch anwuchs. 1920 lebten in Japan 55 Millionen Menschen, und jährlich wuchs die Bevölkerung um rund 900 000 Personen. Diese Übervölkerung bereitete natürlich Sorgen, da man gerade jetzt keine Arbeitsplätze mehr hatte.

Es begann ein Wettlauf zwischen Produktionsmöglichkeiten, also der Schaffung von Arbeitsplätzen, und dem Bevölkerungswachstum. Unter diesem Bevölkerungsdruck wurden eine Reihe von Maßnahmen getroffen, die weitreichend waren: Es war ja vor allem der Mangel an Rohstoffen, der Japan am zügigen Aufbau seiner Schwerindustrie gehindert hatte.

Mehr und mehr griff man jetzt auf die gegenüber Rußland und China vertraglich gesicherten Rechte, z.B. in der Mandschurei zurück. So baute man nun Rohstoffverarbeitungsbetriebe in der Mandschurei auf, mit denen der japanische, aber auch der gesamte ostasiatische Markt beliefert werden sollte.

Daneben unterstützte der Staat die Modernisierung und Neugründung von Industrien in Japan selbst. Neben der Schwerindustrie investierte man nun verstärkt in der chemischen Industrie, was schließlich zu einer Verschiebung der Industriestruktur in Japan führte.

In dieser Periode gelang es den Zaibatsu, mehr und mehr in diesen Branchen Fuß zu fassen. Der Grund ist sehr einfach: der Staat hatte sich nach seinen schlechten Erfahrungen aus der Meiji-Zeit vor direkten Eingriffen gehütet und ließ den Privatunternehmen freien Spielraum. Das Prinzip der freien Unternehmertätigkeit war Bestandteil der Wirtschaftspolitik der Regierung zumindest in dieser Zeit, hätte allerdings, um exzessive Auswüchse zu verhindern, mehr Kontrolle benötigt.

Die Zaibatsu waren treibende Elemente am Ausbau der Schwerindustrie in der Zwischenkriegszeit. Sie konnten alle Unternehmungen durch ihre eigenen Banken finanzieren und waren so auch von dieser Seite her der staatlichen Einflußnahme und Kontrolle entglitten. Die Zaibatsu beherrschten im Jahre 1930 dann eine Reihe von Branchen: etwa 93 % der Roheisenproduktion, 80 % der Stahlerzeugung, 100 % der Düngerproduktion, 80 % der Zementproduktion, 60 % der Papierherstellung; in der Mühlenindustrie, im Bergbau und anderen Branchen lassen sich Zahlen ähnlicher Größenordnungen nennen.

Die Dualstruktur war jetzt charakteristisches Merkmal der japanischen Industrie. Die Zaibatsu auf der einen Seite, die Kleinbetriebe auf der anderen Seite waren in jeweils verschiedenen Produktionsgebieten tätig. Das erklärt auch, warum sich die Dualstruktur so lange halten konnte: es gab praktisch kein Konkurrenzverhältnis zwischen diesen beiden Teilkräften. Die Kleinbetriebe erzeugten Waren, die von den Zaibatsu-Firmen und den anderen Großbetrieben nicht hergestellt wurden, und umgekehrt.

Es soll hier noch einmal kurz auf die verschiedenen Krisen dieser Zeit eingegangen werden: Die japanische Industrie hatte sich gerade erst vom Zusammenbruch 1920 zu erholen begonnen, als ein Ereignis praktisch alles wieder zunichte machte. Das Erdbeben im Kantō-Raum hatte erhebliche Auswirkungen auf die japanische Industrie, nicht nur direkt durch seine Zerstörungen selbst, sondern indirekt durch die Nachwirkungen. Die Zerstörungen trafen vor allem das Zentrum der Industrie, Tōkyō und Yokohama, wo zwar nicht alle Produktionsstätten lagen, aber doch große Lager und vor allem die Verwaltungssitze der Firmen standen. Durch diese Zerstörungen waren die Betriebe längere Zeit nicht in der Lage, ordnungsgemäß zu arbeiten.

Für die Unterstützung der Wiederaufbauarbeiten wurden im Anschluß an das Erdbeben staatliche Anleihen ausgegeben, die helfen sollten, die japanische Industrie wieder in Schwung zu bringen. Man hatte gehofft, diese Anleihen 1925, nach einer Verlängerung 1927, wieder einlösen zu können. Die andauernde Rezession verhinderte allerdings einen Wiederaufstieg der japanischen Industrie, und der Zusammenbruch mehrerer Banken, die die Anleihen nicht hatten einlösen können, führte zu einer weiteren Krise im Jahre 1927. Die folgende Finanzkrise dauerte bis in das Jahr 1931.

Ein weiterer schwerer Schlag für die japanische Wirtschaft war die Wirtschaftskrise von 1929. Ausgegangen war sie von Amerika, und der Zusammenbruch der amerikanischen Wirtschaft brachte den japanischen Seidenexport zum Stillstand. Viele Seidenspinnereien in Japan mußten den Betrieb einstellen; die Arbeitskräfte verloren ihre Stellung. Die Seidenindustrie war eine der arbeitsintensivsten Industrien gewesen, die vor allem junge, weibliche Kräfte beschäftigte. Diese Arbeitskräfte waren vorwiegend aus ländlichen Gebieten gekommen, in die sie jetzt, während der Wirtschaftskrise, wieder zurückkehrten. War die Situation der landwirtschaftlichen Bevölkerung bereits trist gewesen, verschlechterte sie sich - ähnlich wie 1920 - nun noch erheblich durch die in die Landwirtschaft zurückströmenden Kräfte.

Die Struktur der Landwirtschaft verhinderte allerdings eine umfassende Verbesserung der Lage. Und nachdem der Export von Baumwolle wie auch Seide praktisch völlig zum Erliegen gekommen war, der Reispreis durch eine gute Ernte auch immer niedriger wurde, sank das bäuerliche Einkommen auf einen Tiefstand.

Der Staat selbst griff in den 20er Jahren nur indirekt und sehr zaghaft in die Wirtschaft ein: einmal durch staatliche Subventionen, so z.B. zur Unterstützung des Aufbaues der chemischen Industrie, zum anderen durch den Erlaß verschiedener Gesetze - etwa zur Gründung von Genossenschaften, die den Kleinbetrieben helfen sollten.

Am stärksten spürbar wurde der staatliche Einfluß aber in der sogenannten Rationalisierungskampagne, die in Japan zwischen 1927 und 1931 ablief. Ausgegangen war eine derartige Kampagne von Deutschland, und die deutsche Kampagne war auch Vorbild für die verschiedenen Maßnahmen.

Die Rationalisierungskampagne hatte mehrere Ziele und war je nach Branche mehr oder weniger ausgeprägt. Vor allem wurde Gewicht darauf gelegt, Produktionsmethoden zu verbessern. Das galt in erster Linie für die Textilindustrie, die durch die ersten Anzeichen der Weltwirtschaftskrise bereits in Mitleidenschaft gezogen worden war. Aber auch in anderen Branchen, der Eisen- und Stahlindustrie sowie der Kraftwerksindustrie wurden Verbesserungen vorgenommen. Zusätzlich zu dieser Kampagne versuchte man sich in diesen Jahren auch bereits eingehend an wissenschaftlicher Betriebsführung (Taylor-System), und auch Forschungsinstitute (z.B. Ōhara shakai mondai kenkyūsho) beschäftigten sich mit der Arbeitswissenschaft, also der Ergonomie.

Was diese Rationalisierungskampagne besonders interessant macht, ist die Tatsache, daß man dabei in Japan antizyklische Wirtschaftspolitik betrieb. Man ließ sich trotz aller Widrigkeiten, die die Wirtschaftskrise nach 1929 mit sich brachte, nicht beirren, sondern investierte und verbesserte Fabriken, Maschinen und Arbeitsgänge. Die Wirtschaftlichkeit der japanischen Produktion nach 1932 beruhte vor allem darauf, daß die japanischen Unternehmer auch in der Zeit der schwersten Rezession alle Möglichkeiten ergriffen hatten, die Produktion zu rationalisieren. Als dann nach 1931 der Wiederaufstieg einsetzte, war die japanische Industrie in der Lage, jene Produkte aus eigener Produktion zu liefern, die man zehn Jahre früher noch hätte um teures Geld importieren müssen.

Profitiert haben von der Rationalisierungskampagne allerdings in erster Linie die Großbetriebe; für die Kleinbetriebe fiel dabei wenig ab.

Ein weiterer wichtiger Punkt für die 30er Jahre, der zum Teil auch mit der Rationalisierungskampagne zusammenhing, war die Festsetzung von Qualitätsstandards durch die Außenhandelsgenossenschaften, die der Regierung als Instrument der indirekten Lenkung dienten. Man wollte verhindern, daß der Außenhandelsmarkt von billigen und schlechten japanischen Waren überschwemmt wurde, weil man diskriminierende Maßnahmen der Einfuhrländer fürchtete.

Die Wirtschaftskrise von 1929 traf Japan schwer, die Armut der Bauern und das Elend der Fabrikarbeiter ließen Probleme entstehen, die die Politiker nur durch die Schaffung eines Großwirtschaftsraumes glaubten lösen zu können. Dieser Großwirtschaftsraum sollte die nötigen Rohstoffe sichern, damit auch die Produktion und die Arbeitsplätze sichern helfen und natürlich auch einen Absatzraum darstellen. Damit verstärkten sich konkrete Pläne zum Ausgreifen auf dem Kontinent, um neben Taiwan und Korea noch weitere Gebiete unter japanische Herrschaft zu bringen. Diese Pläne fanden einerseits Rückhalt in der Wirtschaft, aber auch bei den expansionswilligen Militärs. Die Mandschurei mit ihren Rohstoffvorkommen sollte in den japanischen Wirtschaftsbereich eingegliedert werden, daneben blickte man aber auch auf China, vor allem Nordchina, wo ebenfalls für Japan wichtige Rohstoffe lagerten. Darüberhinaus bezog man natürlich auch Südostasien in die Planungen ein, wo man weitere Rohstoffquellen (Kautschuk, Erdöl, Eisenerz etc.) und Absatzgebiete zu finden hoffte.

Mit dem Jahr 1931 treten wir in einen ganz neuen Abschnitt der wirtschaftlichen Entwicklung Japans ein, der, um das vorliegende Thema nicht unnötig auszuweiten, einer späteren Behandlung vorbehalten bleiben muß.

3.1.7. Zusammenfassung

Wenn wir jetzt noch einmal zusammenfassend diese Epoche der industriellen Revolution Japans betrachten, so können wir einerseits eine ganze Reihe von Abweichungen erkennen, die das japanische Beispiel von europäischen Fällen deutlich unterscheidet.

Die Bevölkerung Japans begann nach 1870 rasch und gleichmäßig zu wachsen, trotzdem kam es nur in geringem Maße zu einer Verelendung oder zu einer Proletarisierung. Die Regierung hatte genügend Zeit, zuerst ihr Programm zum Ausbau der Infrastruktur durchzuführen, auf dessen Basis dann die Industrialisierung und die Schaffung von Arbeitsplätzen für den Bevölkerungszuwachs vonstatten ging. Japan konnte sich also, im Gegensatz etwa zu heutigen Entwicklungsländern, auf einen längerfristigen Umgestaltungsprozeß einlassen und viele kleine Schritte hintereinander tun.

In diesem Zusammenhang ist aber auch erwähnenswert, daß die ersten Maßnahmen der Meiji-Regierung für die Landwirtschaft ebenfalls rasch Erfolg hatten. Die Verbesserung der landwirtschaftlichen Technik aufgrund staatlicher Unterstützung führte zu einer Ertragssteigerung, sodaß auch die rasch anwachsende Bevölkerung aus der eigenen Landwirtschaft ernährt werden konnte.

Damit gelangte man in der Landwirtschaft sehr bald über das Subsistenzniveau hinaus und konnte Überschüsse erwirtschaften. Der Gewinn aus dem Verkauf dieser Überschüsse wurde dann investiert, eben in der ländlichen Industrie. Dazu kam noch, daß auf dem Land ausreichend Arbeitskräfte vorhanden waren. Die Bevölkerungszunahme nach 1870 führte dazu, daß Arbeitskräfte aus der Landwirtschaft abgezogen werden konnten, ohne daß in diesem Bereich dann Arbeitskräftemangel und damit ein Produktionsrückgang eintrat.

Ländliche Industrie, das bedeutet zu Beginn der Meiji-Zeit vor allem Verarbeitung der Baumwolle aus eigenen Anbauflächen in den ländlichen Spinnereien; Webereien waren aus technischen Gründen fast durchweg städtische Industrien. Die 1887 erreichte Autarkie in der Baumwollbeschaffung erlitt einen Rückschlag durch die Einfuhr billiger Rohbaumwolle aus Indien; die ländliche Industrie wurde dadurch in Mitleidenschaft gezogen und wechselte von der Baumwollspinnerei nun zur Seidenspinnerei über. Um die Jahrhundertwende war dann Seide der Hauptexportartikel Japans, über 50 % der Produktion wurden exportiert.

Aufgrund dieser langsamen, schrittweisen Entwicklung, des Ausbaues der Infrastruktur, der Förderung zuerst der Leicht- und erst anschließend der Schwerindustrie, konnte Japans Energiehaushalt auch mit den veränderten Bedingungen Schritt halten. Die ländliche Industrie mit ihren kleinen, einfachen Maschinen kam anfangs sehr wohl mit der Wasserkraft zurecht; man benützte Wasserräder zum Antrieb. Die aus dem Westen eingeführte Dampfmaschine fand vorerst nur in der modernen Industrie Anwendung. Dieser langsam fortschreitende und sich ausweitende Einsatz der Kohle für die Dampfgewinnung hielt Schritt mit den technischen Möglichkeiten des Bergbaues, und ab 1887 haben wir einen langsamen, aber deutlichen Anstieg des Kohleverbrauches, der die Stetigkeit der Industrialisierung sichtbar macht (Tafel 3).

Tafel 3: **Zunahme des Kohleverbrauchs in den verschiedenen Industriebereichen, 1887-1903 Angaben in %; (zusammengestellt nach Sumiya 1968b:244, 345)**

Jahr	**Schiff**	**Eisenbahn**	**Industrie**	**Salzgewinnung**	**Anstieg d. ges.Verbr.**
1887	30,3	2,4	19,7	47,6	100
1888	35,8	2,5	26,3	35,4	174
1889	33,8	3,8	31,6	30,8	224
1890	32,2	4,8	27,7	33,3	258
1891	29,4	6,5	33,3	30,1	318
1892	25,1	6,9	42,4	25,6	441
1893	25,1	7,2	41,4	26,2	445
1894	22,4	7,2	47,2	32,1	627
1895	28,4	8,3	58,2	19,3	731
1896	22,5	8,5	51,0	18,0	955
1897	24,0	9,8	51,4	13,9	1 127
1898	18,0	8,9	58,o	15,0	1 555
1899	24,7	9,9	51,9	13,4	1 596
1900	27,8	9,6	50,4	12,1	1 619
1901	20,9	9,4	57,6	12,2	2 346
1902	23,6	10,8	53,4	12,1	2 121
1903	25,0	10,5	52,7	11,8	2 243

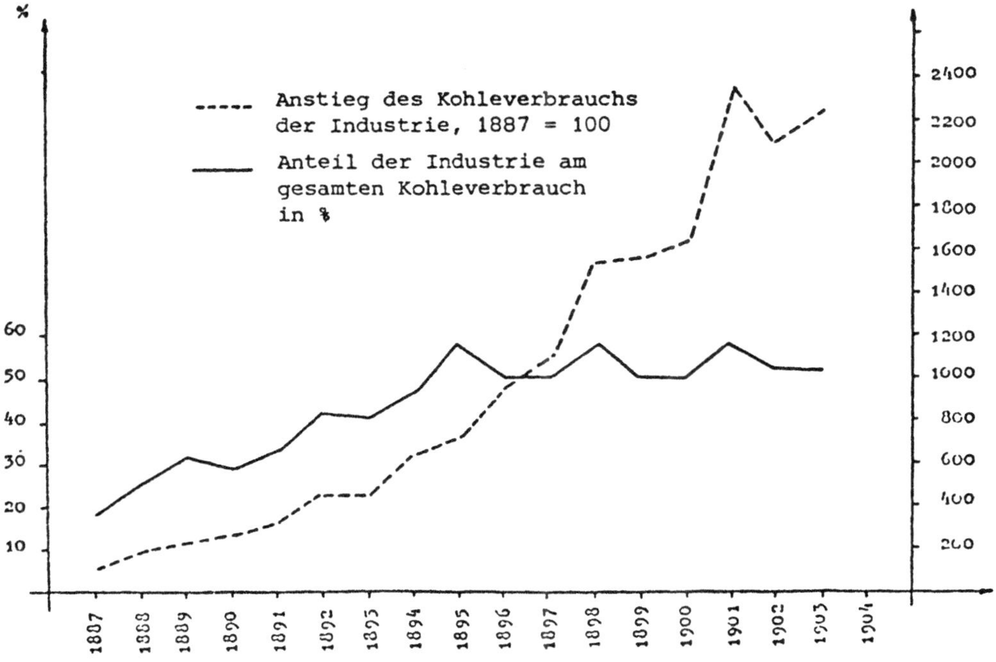

Allgemeiner Anstieg des Kohleverbrauchs und Anteil der Industrie

Betont werden muß für diese Periode, daß der Erfolg der Industrialisierung zum größten Teil auf der Privatinitiative einzelner Unternehmer beruht, die in einem liberalen Wirtschaftssystem großen Spielraum besaßen. Initiative und Leistung machten sich für den Unternehmer bezahlt.

Als Wachstumsursache können nach historischer Analyse von Entwicklungen verschiedener industrialisierter Staaten zumindest drei herausragende Faktoren erkannt werden: Ressourcennutzung, organisatorischer und technischer Fortschritt und Welthandel.

Auf Japan angewandt läßt sich nun zeigen, daß die Ressourcennutzung, d. h. vor allem die vermehrte Nutzung vorhandener Ressourcen wie auch die Nutzung bislang nicht verwendeter (das können bestimmte Gruppen von Arbeitskräften ebenso sein wie Naturschätze), bereits in der vorher näher erläuterten industriellen Lehrzeit erfolgte. Die erstmalige Nutzung natürlicher Ressourcen war für den Bau der Flammöfen ebenso nötig wie die "Nutzung" spezieller Arbeitskräfte, nämlich der in westlichen Wissenschaften ausgebildeten "Techniker", die hier zum erstenmal ein breiteres Anwendungsfeld fanden. Aber auch die Verbesserung von Führungsstrukturen bei der Umsetzung der theoretischen Kenntnisse aus westlichen Büchern und auch organisatorische und technische Fortschritte führten zu Produktivitätsgewinnen, die sich allerdings in dieser frühen Zeit der japanischen Industrialisierung mangels vorhandener quantifizierbarer Daten nicht messen lassen. Der organisatorische Fortschritt, die Verbesserung der Führungsstrukturen und auch der technologische Fortschritt konnten jedoch nachgewiesen werden.

Im Falle Japans beruhte der organisatorische und technologische Fortschritt nur zum Teil auf eigener Kreativität. Wie in vielen anderen europäischen Ländern zur Zeit der industriellen Revolution nutzte auch Japan Innovationen des Auslands und absorbierte europäisches Wissen. Ein derartiger Wissenstransfer stößt allerdings dann auf Grenzen, wenn er zwischen verschiedenen ökonomischen System erfolgt. Im Falle Japans war eine Ablösung des bestehenden ökonomischen Systems - einer Naturalwirtschaft durch eine Geldwirtschaft westlichen Musters - bereits im Gange, und die zur Übernahme bereite Elite des Landes besaß grundlegende Kenntnisse westlicher Wissenschaften, die eine solche Übernahme gewährleisteten. Nach der Meiji-Restauration hat sich der Prozeß der Annäherung des japanischen ökonomischen Systems an das westliche System noch verstärkt und den weiteren wirtschaftlichen Aufstieg Japans gesichert. Dieser wurde dann zusätzlich durch die Möglichkeiten des Welthandels gegen Ende des 19. Jahrhunderts unterstützt, indem Japan im Textilbereich zunehmend tätig wurde. Japan konnte um diese Zeit ein großes und billiges Arbeitskräftereservoir nützen, um zu expandieren und sich einen Platz zwischen den anderen Welthandelsnationen zu erobern. Diesem Ausbau Japans als Welthandelsmacht folgte im 20. Jahrhundert eine zunehmende Steigerung beim Einsatz von Anlageinvestitionen, die Japans Stellung konsolidieren half, und langsam auch den Schritt von der Imitation zur Kreativität einleitete, der allerdings dann erst nach 1945 seine vollen Auswirkungen erkennen ließ.

Freilich hat gerade die Etablierung Japans als Handelsmacht, die zunehmende Bedeutung der Industrie durch ständig steigende Anlageinvestitionen in der Vorkriegszeit auch Japans Zugriff zu den - nun nicht mehr im Lande verfügbaren - Ressourcen notwendig gemacht. Aus ideologischen Gründen erfolgte dieser Zugriff nicht im Bereich des freien Welthandels, sondern durch direkte Herrschaftsausübung als imperialistische Macht in Ostasien. Erst das Scheitern dieser Politik mit dem politischen Zusammenbruch 1945 führte Japan auf den ursprünglichen Weg zurück.

Literatur

ALLEN, G. C.
1940 "Japanese Industry: Its Organization and Development to 1937", in: E. B. Schumpeter (Hg.): *The Industrialization of Japan and Manchukuo, 1930-1940*. New York 1940

BROADBRIDGE, Seymour
1966 *Industrial Dualism in Japan*. London

BRONFENBRENNER, Martin
1961 "Some lessons of Japan's Economic Development, 1853-1938", in: *Pacific Affairs* 34:1:7-27.

CIPOLLA, Carlo M.
1972 *Wirtschaftsgeschichte und Weltbevölkerung*, dtv 4110. München

IDE (Institute of Developing Economies) (Hg.)
1969 *One hundred Years of Agricultural Statistics in Japan*. Tōkyō

KATTENDYKE, W. J. C. Huyssen de
1874 *Le Japon en 1857*. Paris

KELLEY, C. Allen und WILLIAMSON, Jeffrey, G.
1974 *Lessons from Japanese Development - An Analytical Economic History*. Chicago

KOBAYASHI Masaaki
1977 *Nihon no kōgyōka to kangyō-haraisage* (Die Industrialisierung Japans und der Verkauf der öffentlichen Betriebe). Tōkyō

MIYAMOTO Mataji, SAKUDŌ Yōtarō und YASUBA Yasukichi
1965 "Economic Development in Pre-Industrial Japan, 1859-1894", in: *Journal of Economic History* XXV:4:541-564

NIHON TEKKŌ RENMEI (Hg.)
1973 *Shiryō - Nihon no tekkō tōkei hyaku-nen* (Materialien - Japanische Eisen- und Stahlstatistik der letzten hundert Jahre). Tokyo

ŌE Shinobu
1975 *Nihon no sangyō kakumei* (Die japanische industrielle Revolution). Tōkyō

PAUER, Erich
1983 *Japans industrielle Lehrzeit. Bonner Zeitschrift für Japanologie* 4. Bonn

PATRICK, Hugh
1967 "Japan - 1868-1914", in: Rondo Cameron (Hg.): *Banking in the Early Stages of Industrialization*. New York 1967

ROSOVSKY, Henry
1968 "Japans Übergang zum modernen Wirtschaftswachstum, 1868-1885", in: W. Fischer (Hg.): *Wirtschafts- und Sozialgeschichtliche Probleme der Industrialisierung*: 118-178. Berlin

SMITH, Thomas C.
1965 *Political Change and Industrial Development in Japan: Government Enterprise, 1869-1880*. Stanford

SUMIYA Mikio
1968 *Nihon sekitan sangyō bunseki* (Analyse des japanischen Steinkohlebergbaus). Tōkyō

TSUCHIYA Takao
1961 *Chihō ginkō sho-shi* (Kleine Geschichte der ländlichen Banken). Tōkyō

YAMAGUCHI Kazuo
1977 *Meiji zenki keizai no bunseki* (Analyse der Wirtschaft der frühen Meiji-Zeit). Tōkyō

YAMAMURA Kozo
1974 *A Study of Samurai Income and Entrepreneurship.* Cambridge, Mass.

YUI, Tsunehiko
1977 "Zaibatsu", in: Ichihara Kiichi und Takamiya Susumu (Hg.) *Die japanische Unternehmung:* 45-56. Köln

3.2. Technologietransfer und industrielle Revolution in Japan, 1850-1930

Erich Pauer

3.2.1. Einleitung

In diesem Kapitel soll ein Einzelphänomen der japanischen wirtschaftlichen Entwicklung behandelt werden, das trotz seiner Wichtigkeit im Rahmen vieler Erklärungsversuche des wirtschaftlichen Aufstiegs Japans bislang eher im Hintergrund blieb: der Technologietransfer. In den einzelnen Phasen der wirtschaftlichen Entwicklung (siehe Kap. 3.1.1.) lassen sich zum Teil auch bestimmte charakteristische Formen des Technologietransfers erkennen. Dabei ist die Zeit vor 1868, die vielfach (z.B. Unesco 1971) im dunkeln bleibt, besonders wichtig, denn gerade in dieser Zeit wird die Grundlage für den raschen Aufstieg Japans geschaffen. Dieser Aufstieg wird nur verständlich, wenn man die Entwicklungen vor der Öffnung des Landes ebenso in die Betrachtung miteinbezieht wie die Vorgänge nachher.

3.2.2. Die naturwissenschaftlich-technische Basis im Japan der Tokugawa-Zeit (1600-1868)

Japan schloß sich im Jahre 1639 fast hermetisch gegen die übrige Welt ab. Nur den Chinesen und Holländern sowie Schiffen aus Korea und von den Ryūkyū-Inseln war es erlaubt, in relativ geringem Umfang mit Japan Handel zu treiben. Zur Verfügung stand dafür ein einziger Hafen, nämlich Nagasaki in Süd-Japan.

Die Einfuhr von Büchern aus dem westlichen Ausland war bis 1720 strikt verboten, weswegen bis dahin praktisch nur chinesisches Wissen nach Japan gelangte.

Die Notwendigkeit, den traditionellen Kalender modernen, aus China eingeführten Erkenntnissen anzupassen, führte zum Aufschwung von Mathematik und Astronomie im 17. und 18. Jahrhundert. Dadurch wurden auch die Geographie, die Vermessungspraxis in der Landwirtschaft und die Herstellung von Landkarten beeinflußt. Für diese Vermessungen mußte man bereits präzise Instrumente herstellen (Tuge 1961:79). Die Mathematik wurde nicht nur in der Astronomie (dazu Nakayama 1969), sondern auch durch ihre Anwendung in Handel, Handwerk und Landwirtschaft zunehmend wichtiger, blieb aber weitgehend praxisbezogen; mit dem Abakus als Rechengerät konnten nämlich auch komplizierte Rechenoperationen, wie sie eine komplexe, sich herausbildende Geldwirtschaft benötigte, rasch durchgeführt werden. Eine solche Praxisbezogenheit wirkte sich aber weiter dahingehend aus, daß für bestimmte Bereiche der höheren Mathematik kein Interesse bestand und man diese eher als Geheimwissenschaft ohne direkten Nutzen betrachtete.

Technische Kenntnisse der Ingenieurwissenschaften, der Landwirtschaft, des Bauwesens sowie des Bergbaus wurden im 17. Jahrhundert aus China nach Japan übertragen und hier nicht nur angewandt, sondern auch den japanischen Erfordernissen entsprechend umgewandelt, in vielen Fällen auch weiter entwickelt. Naturwissenschaftlich-technisches Wissen gelangte damals hauptsächlich durch Bücher nach Japan, da jede Reise eines Japaners ins Ausland bei der Rückkehr mit dem Tod bestraft wurde. So war man in dieser Zeit bereits gezwungen, mit Hilfe der Kenntnis fremder Sprachen Wissen einzuführen und für die japanischen Verhältnisse nutzbar zu machen.

Das 18. Jahrhundert brachte insofern eine Änderung, als nach der Aufhebung des Verbots der Einfuhr von Büchern aus Europa im Jahre 1720 über die Holländer vermehrt auch westliches Wissen nach Japan eingeführt werden konnte (ausf. dazu Keene 1969). Neben Büchern gelangten dabei bereits Geräte und technische Objekte nach Japan. Der Nachbau europäischer Uhren, aber auch anderer Geräte - etwa einer Feuerspritze, die man neben ihrem eigentlichen Zweck allerdings auch für das Be- und Entwässern von Naßreisfeldern einzusetzen versuchte -, zeigt deutlich, auf welch hohem Niveau das Handwerk sich um diese Zeit bereits befand.

Im Laufe des 18. Jahrhunderts bildeten sich zwei Schwerpunkte bei der Einfuhr holländischen Wissens heraus: einmal die Medizin, zum anderen die Militärtechnologie, wobei besonders medizinische Werke in Japan sehr gefragt waren. Die im einzigen - nur für die Holländer zugänglichen - Hafen Nagasaki tätigen Übersetzer und Dolmetscher sahen ihre Aufgabe auch darin, zumindest Teile dieser Werke ins Japanische zu übertragen, um sie so einer zahlenmäßig geringen, aber interessierten Gelehrtengruppe zugänglich zu machen. Ab der zweiten Hälfte des 18. Jahrhunderts, in dem diese sog. "holländischen Wissenschaften" *(rangaku)* zunehmend Interesse fanden, besaß jeder angehende Mediziner, sofern er diese Richtung der Medizin der traditionellen oder chinesischen Medizin vorzog, Kenntnisse in der holländischen Sprache.

Das Studium der Medizin wurde somit zur Grundlage der weiteren technischen Entwicklung in Japan. In verschiedenen Lehenstümern wurden um 1800 die ersten medizinischen Akademien, Übersetzungsabteilungen und Botanischen Gärten eingerichtet, und dies, obwohl die Feudalregierung versuchte, die Einfuhr wissenschaftlicher Werke zu beschränken, zu kontrollieren und zu kanalisieren und die Kenntnisse nur einem ausgewählten, ihr genehmen Kreis zugänglich zu machen (Keene 1969:76).

Für die spätere Industrialisierung war das Studium der Medizin insofern von Bedeutung, als dabei eine Fülle von Kenntnissen auch der Physik, Chemie, der Pharmazie etc. vermittelt wurden, auf deren Basis einige Gelehrte sogar Studien und Experimente mit der Elektrizität unternahmen. Diese Fülle an zu vermittelndem Wissen machte nach 1830 bereits die Differenzierung jener frühen Akademien in einzelne Fachbereiche nötig, in denen dann Medizin (Anatomie), Chemie, Physik, Pharmazie, Mechanik, Ingenieurwissenschaften und nicht zuletzt Militär-Technologie unterrichtet wurden.

Letztere wurde die zweite tragende Säule der späteren Entwicklung. Ausschlaggebend für das Studium militärischer Werke war eine wachsende Beunruhigung über das immer häufigere Auftauchen westlicher Schiffe in den Gewässern rund um Japan. Missionen der europäischen Mächte und der USA sollten Japan veranlassen, das Land und seine Häfen für westliche Kaufleute zu öffnen, was Japan vehement ablehnte. Landungsversuchen einzelner Schiffe hatte man aber nichts entgegenzusetzen: So begann man, wiederum mit Hilfe der Holländer, in großem Stil militärische Werke einzukaufen, Strategie und Taktik des Heeres und der Marine zu studieren, Pionierwesen und Festungsbautechnik ebenso wie den Geschützguß.

Viele angehende Mediziner schwenkten in den 1830er Jahren in diese Richtung um und begannen, derartige Werke zu studieren und zu übersetzen. Versuche, das so Gelernte in die Tat umzusetzen, blieben allerdings vorerst noch aus. Dazu war erst ein weiteres Ereignis von großer Tragweite nötigt: Der Opiumkrieg 1840-42 endete mit einer Niederlage Chinas, das sich ganz den Bedingungen der englischen Regierung unterwerfen mußte.

Japan fürchtete nun, im Falle eines Angriffes der westlichen Mächte ein ähnliches Schicksal zu erleiden. Diese vermeintliche Bedrohung führte zu Verteidigungsanstrengungen und setzte damit eine Entwicklung in Gang, die man als ersten Schritt zur Industrialisierung bezeichnen muß.

3.2.3. Japans industrielle Lehrzeit

Aus Angst vor einem europäischen Angriff kam es erstmals zur Umsetzung theoretisch erfaßter westlicher Kenntnisse in der Praxis. Zur Abwehr der fremden Schiffe benötigte man große, weitreichende Geschütze, die mit den bis dahin zur Verfügung stehenden handwerklichen Mitteln nicht mehr gefertigt werden konnten. Zudem war Kupfer, als Ausgangsmaterial für die Bronzegeschütze, immer knapper und teurer geworden. Die Substitution durch Eisen machte letzten Endes den Einsatz eines neuen Verfahrens notwendig.

1850 begann das in der Nähe von Nagasaki gelegene Lehenstum Saga mit dem Bau von großen Gießereiflammöfen westlicher Bauart und dem Guß von eisernen Geschützen.

Ausgangspunkt dieser und aller weiteren Anlagen war das Werk des holländischen Majors U. Huguenin: eine 1826 erschienene Beschreibung der Geschützgießerei in Lüttich mit dem Titel "Het Gietwezen in's Rijks Ijzer-Geschutgieterije te Luik".

Diese detaillierte Beschreibung von Gießerei-Flammöfen, Hochofen, Bohrwerk und allen anderen Maschinen und Geräten zur Geschützfabrikation war den Japanern um 1840 herum in die Hände gelangt. An ihrem Beispiel läßt sich auch der Technologietransfer innerhalb Japans um die Mitte des 19. Jahrhunderts verdeutlichen. Wie viele Exemplare dieses Werkes nach Japan kamen, ist unbekannt. Jedenfalls wurde es an drei verschiedenen Stellen von verschiedenen Übersetzern ins Japanische übertragen und in wenigen Exemplaren (eine Übersetzung in zwölf, eine andere in sechzehn Exemplaren, die Auflage der dritten ist nicht bekannt) gedruckt. Diese vollständigen Übersetzungen wurden jeweils im Auftrag eines Lehensfürsten unternommen, der aufgrund der geringen Auflage die Verbreitung dieses Wissens sehr genau steuern konnte. In mindestens zwei weiteren Fällen erfolgte eine Teilübersetzung der für den Geschützguß wichtigsten Passagen. Weitergegeben wurden die Übersetzungen nur an Personen, denen man vertraute und mit denen man gemeinsame Interessen politischer wie wirtschaftlicher Natur hatte. Trotz derartiger Beschränkungen überzog bald ein Netzwerk verschiedenester Beziehungen das Land und machte den Technologietransfer zwischen einzelnen Lehenstümern wie auch einzelnen Wissenschaftlern und Technikern möglich. Die Dolmetscher und Übersetzer selbst waren zusätzlich Wissensträger und gaben die Kenntnisse weiter. Bald kursierten auch Kopien dieses Werkes. Die Größe der mit Hilfe dieses Werkes gebauten Anlagen, der Platz- und Personalbedarf machten allerdings eine strikte Geheimhaltung unmöglich. Zahlreiche "Techniker" mußten angelernt werden, diese gaben solche Kenntnisse in ihren "Schulen" weiter, so daß schließlich diesem Werk weite Verbreitung zukam.

Bei der Umsetzung des Verfahrens gab es insofern große Schwierigkeiten, als man theoretisch zwar den Vorgang des Geschützgusses verstand, anhand der Tafeln den Flammofen auch bauen konnte, aber in bezug auf die Materialien Gußeisen, feuerfeste Steine und Steinkohle so gut wie keine tiefergehenden Kenntnisse besaß. So begann ein langwieriges Experimentieren, wobei z.B. der ersten Mannschaft von Technikern in Saga immer wieder die Holländer in Nagasaki mit Ratschlägen zur Seite standen.

Zwischen 1850 und 1870 begann man, in Japan an elf verschiedenen Örtlichkeiten derartige Gießereiflammöfen zu bauen. Nicht überall wurden die Schwierigkeiten, die man mit den neuen Rohmaterialien hatte, gemeistert. Auch hatte man Schwierigkeiten mechanischer Art bei den Bohrwerken. Bei den Versuchen, die Schwierigkeiten zu überwinden, brachten Experimente in verschiedenen Gebieten neue Erkenntnisse und Fortschritte im technischen Verständnis. Ein weiterer Schritt zur Übernahme westlicher Technologie mußte getan werden, als sich erwies, daß das heimische Roheisen nur bedingt für den Guß brauchbar war. Der folgerichtige Schluß führte zum Bau von Hochöfen (wiederum unter Zugrundelegung des Huguenin'schen Werkes), mit denen man diesem Mangel abhelfen wollte. Problematisch dabei war, daß man den Unterschied zwischen dem in Japan allgemein üblichen Sandeisen und dem in Europa vorhandenen Eisenerz erst nach längerem Studium verschiedener anderer europäischer Werke begriff, und eine Reihe von Jahren verging, bis nach zwei fehlgeschlagenen Versuchen dann 1858 der erste Hochofen in Nord-Japan in Betrieb genommen werden konnte. Bis 1870 wurden in der Nähe dieses einzigen Magneteisensteinvorkommens zehn Holzkohlehochöfen errichtet.

Die Umsetzung der auf dem Huguenin'schen Werk beruhenden Kenntnisse über Anlagen zur Eisenverhüttung und -verarbeitung in die Praxis war den Japanern so perfekt gelungen, daß Holländer, denen man 1858 gestattete, einen solchen Flammofenbetrieb zu besichtigen, ohne Wissen von der Herkunft der Baupläne in diesem Betriebskomplex die ursprüngliche Vorlage des Lütticher Arsenals sofort wiedererkannten (vergl. das Textbeispiel in Kap. 3.1.1.). Dieser Fabrikbetrieb ist insofern von Interesse, als er bald vergrößert wurde, Glas-, Keramik-, Pulver-, metallverarbeitende und chemische Abteilungen miteinschloß und man schließlich 1864 eine steinerne Maschinenhalle errichtete, Drehbänke, Bohrmaschinen und andere Werkzeuge einschließlich einer 40 PS-Pelton-Turbine aus Holland einführte und mit der Produktion von Werkzeugen und Geräten begann (dazu Naruse 1926).

Neben dem Geschützguß und der Roheisengewinnung war für die Verteidigung Japans auch der Schiffbau wichtig. Die gesetzliche Beschränkung erlaubte in der Tokugawa-Zeit keinen Bau von Schiffen mit einer Größe über 500 Tonnen. Das Schiffbauhandwerk entsprach deshalb auch kaum dem europäischen Standard. Einzelne Lehenstümer, wie etwa Kagoshima, dessen Lehensfürst schon früh Interesse an den westlichen Wissenschaften gewonnen hatte, hatten diesen Mangel erkannt. In den 1840er Jahren kaufte man bei den Holländern ein Buch zum Schiffbau ein und ließ es in zweijähriger Arbeit 1848/49 übersetzen (Kagoshima-ken 1965:2:934-935). Ein Samurai, der bereits Vorbildung in den 'holländischen Wissenschaften' besaß, studierte dieses Werk anschließend und leitete Schiffszimmerleute beim Bau an. Nur wenig später wurden hier Schiffe westlicher Bauart vom Stapel gelassen, meist Segelschiffe aus Holz; man experimentierte allerdings auch mit dem Bau von Raddampfern.

Beim Schiffbau kam den Japanern ein weiterer Zufall zu Hilfe. Im Jahre 1853 war der russische Admiral Putjatin mit seinem Schiff an Japans Küste getrieben worden. Japan, das interessiert war, die Fremden möglichst rasch wieder los zu werden, erlaubte Putjatin und seiner Mannschaft, zwei neue Schoner zu bauen. Rohmaterial wurde zur Verfügung gestellt, aber gleichzeitig aus allen Landesteilen Schiffszimmerleute an den Ort des provisorischen Docks gesandt, die dort den Schiffbau dieser Fremden durch eigene Anschauung näher kennenlernen sollten (Zawa 1897:79). Neben den Lehenstümern traf die Feudalregierung ebenfalls Anstalten, eine Schiffswerft zu gründen. Sie nahm dafür erstmals in der japanischen Geschichte holländische Marine-Ingenieure in ihre Dienste, die in Nagasaki eine Schiffswerft und eine Gießerei einrichteten. Weitere Werften z.B. in Ishikawajima und Yokosuka folgten, die zwar in erster Linie für Reparaturen eingerichtet wurden, wo man aber auch mit dem Dampferbau in Kompositbauweise bzw. später aus Eisen begann.

Die bisherigen Beispiele zeigen, daß man in erster Linie am Einkauf von Büchern technischen Inhalts interessiert war. Welche Technologien dabei von japanischer Seite studiert werden sollten, wurde an den Bedürfnissen der Politik rechtzeitig eingeschätzt, und der Einkauf von Informationen in Form von Fachbüchern erfolgte entsprechend den gesetzten Prioritäten und sehr selektiv. Das so Erlernte wurde dann in die Praxis umgesetzt. Aufnahmebereite Wissenschaftler und Techniker standen zur Verfügung. In nur wenigen Fällen wurden in jener frühen Zeit Maschinen und Geräte zur Ausstattung der Fabriken zugekauft.

Nicht wenige technische Neuigkeiten kamen auch als Geschenke ins Land: So hatte der amerikanische Commodore Perry, der 1853 mit seinen "schwarzen Schiffen" einige Häfen Japans für die Ausländer öffnen konnte, zahlreiche landwirtschaftliche Geräte, Maschinen, eine Lokomotive und auch einen Telegraphen nach Japan mitgebracht. Die Dampfeisenbahn wurde an vielen Fürstenhöfen aufgebaut und vorgeführt, und der Telegraph kam 1857 auch nach Kagoshima, wo in der bereits erwähnten Fabrik mit ihm experimentiert wurde. Aufgrund früherer holländischer Studien war man imstande, kleine elektrische Generatoren und Batterien zu bauen und vermochte schließlich, nach vorliegendem Modell einen eigenen Telegraphen in Betrieb zu nehmen (Levine 1980:178). Dies verdeutlicht, welchen Ausbildungsstand die Wissenschaftler und Techniker jener Zeit bereits besaßen.

In diesen Jahren war auch der Feudalregierung klar geworden, daß das Studium westlicher Wissenschaften auf eine neue Grundlage gestellt werden müsse. In Nagasaki wurde 1855 eine Marineakademie gegründet, zu der in erster Linie Vasallen der Feudalregierung und ihre Verbündeten Zutritt hatten, vermehrt kamen aber auch Vasallen anderer Lehenstümer, oft unter falschem Namen, in den Genuß des Unterrichts, der von holländischen Ärzten, Ingenieuren und Militär-Technikern erteilt wurde. Der Name "Marine-Akademie" täuscht in diesem Falle: Es wurden zwar in erster Linie Kenntnisse im Marinewesen vermittelt, dazu gehörten dann aber auch Unterrichtsgegenstände wie Physik, Chemie, Mathematik, Festungsbautechnik, Schiffbau, Maschinenkunde und Mechanik (vor allem natürlich Dampfmaschinenkunde), Metallurgie, Keramik- und Glashüttentechnik. Die an dieser Akademie ausgebildeten"Techniker" wurden im weiteren Verlauf der Industrialisierung neben den Technikern aus den Flammofenbetrieben, Hochöfen und Werftbetrieben zu den wichtigsten Trägern des technischen Fortschritts und des industriellen Aufschwunges in Japan. Sie kamen meist aus dem niederen Samuraistand; zum Teil hatte man aber auch Handwerker, denen man zu diesem Zweck einen Samurai-Rang verliehen hatte, nach Nagasaki zum Studium gesandt.

In dieser industriellen Lehrzeit Japans fand also bereits eine umfassende Akkumulation technischen Wissens statt. Trotz noch weitgehender Abschließung war ein Technologietransfer von Europa bzw. Amerika nach Japan in gewissem Umfang möglich. Technisches Wissen, technische Verfahrensweisen und auch Maschinen ermöglichten Japan erste Schritte, um mit den Industriestaaten der westlichen Welt gleichzuziehen.

3.2.4. Technologietransfer in der frühen Meiji-Zeit

Die Meiji-Regierung hatte alle Unternehmen, die die ehemalige Feudalregierung bzw. die Lehensfürsten gegründet hatten, übernommen, wobei die Flammofenbetriebe, sofern sie nicht in den Wirren der letzten Jahre vor 1868 bereits zerstört worden waren, nun ihren Betrieb einstellen mußten, die Hochofenbetriebe aber noch eine

Zeitlang weiterarbeiten konnten. Interesse hatte die neue Regierung vor allem an den Silber-, Gold-, Kohle- und anderen Bergwerken, an den Schiffswerften und weiteren metallverarbeitenden Betrieben wie auch an den Spinnereien. Diese Anlagen stellten von ihrer Betriebsorganisation wie von ihrer Ausstattung her bereits moderne Fabrikbetriebe dar. Der Nachbau solcher Fabrikanlagen hatte nicht nur die Anwendung eines modernen industriellen Produktionssystems erforderlich gemacht, auch die maschinelle Ausstattung mit Drehbänken, Bohrmaschinen und anderen Werkzeugen sowie mit Dampfmaschinen zwischen 6 und 180 PS Leistung entsprach den europäischen Vorbildern (eine Aufstellung der maschinellen Ausstattung nebst einem Vergleich mit europäischen Fabriken bei Koyama 1972:55-62).

Die neue politische Führung Japans hatte erkannt, daß Länder, die quantitativ wie qualitativ militärische Überlegenheit besaßen, auch wirtschaftlich und technisch am weitesten fortgeschritten waren. Diese Erkenntnis liegt dem Schlagwort 'Reiches Land - starke Armee' (*fukoku-kyōhei)* zugrunde, in dem die japanischen Politiker ihre wichtigsten Zielvorstellungen formulierten. Um auf Dauer seine Unabhängigkeit wahren zu können, brauchte Japan einerseits militärische Stärke, andererseits eine leistungsfähige Industrie. Beides war nur zu erreichen, indem man vermehrt westliches, vor allem technisches Wissen erwarb. Diese Überlegungen führten allerdings keineswegs zu einer kritiklosen Übernahme der westlichen Industriekultur, zu keiner Technikeuphorie. Im Gegenteil: die ambivalente Haltung drückte sich in einem in der frühen Meiji-Zeit formulierten Schlagwort *Wakon-yōsai*, was soviel bedeutet wie 'japanischer Geist und westliches Können' aus. Das heißt, man akzeptierte zwar westliche Technik, verbat sich aber gleichzeitig jede Bevormundung aus dem Westen, die zu einem Identitätsverlust hätte führen können. Industrielle Entwicklung wurde also nicht nur verstanden als materielles, sondern auch als geistiges Problem. Mit der Einfuhr von westlichen Maschinen, von Technologie und Kapital sollte nicht gleichzeitig auch kultureller Substanzverlust einhergehen. Eher dachte man daran, eigene Quellen, eigene Möglichkeiten nutzbar zu machen. Dazu bedurfte es allerdings noch eines weiteren Anstoßes.

Die riesigen Mengen an Waren, die nach 1868 den japanischen Markt überschwemmten, wirkten gleichsam als Katalysator, indem man versuchte, durch die Gründung von Fabriken und die nachahmende Produktion dieser besseren ausländischen Waren (z.B. Baumwollgarn und Webwaren, Zement, Glas etc.) im eigenen Land die devisenfressenden Importe drosseln zu können. Die Abstinenz der traditionellen Kaufleute und das Fehlen einer breiteren Unternehmerschicht übertrug praktisch dem Staat die Aufgabe, den Aufbau der Industrie voranzutreiben (dazu ausf. Smith 1965), was dieser vor allem mit Hilfe von Pilotfabriken zu bewerkstelligen suchte.

Ihrer Aufgabe entsprechend waren diese Unternehmen von Anfang an mit ausländischen Maschinen ausgestattet worden, zu deren Betrieb und Wartung man vorerst noch fremde Kräfte benötigte. Allerdings war man sich klar, daß es ratsam sei, die Ausländer nur kurzzeitig einzustellen. Sie sollten auch keinerlei Kontrolle über die Unternehmen ausüben, sondern einzig ihr Wissen und Können an die japanischen Kräfte weitergeben. So rasch wie möglich sollten sich Japaner im Ausland die nötigen Kenntnisse aneignen und die weitere Führung der Betriebe und der Produktion übernehmen. Darüberhinaus plante man die Ausbildung einheimischer Kräfte in neu zu gründenden Schulen.

Der Technologietransfer der Jahre zwischen 1870 und 1885 muß daher unter drei Aspekten betrachtet werden:

A) Anstellung von ausländischen Ingenieuren, Technikern und Wissenschaftlern in Fabriken und Hochschulen;

B) Aussendung japanischer Studenten ins Ausland zum Studium an Hochschulen und in Betrieben;

C) die Ausbreitung eines gewerblichen Schulsystems.

3.2.4.1. Die ausländischen Arbeitskräfte

Die Anstellung von ausländischen Kräften war nichts absolut Neues in der Meiji-Zeit. Sie unterschied sich allerdings zahlenmäßig von früheren Bemühungen. Schon die ehemalige Feudalregierung hatte 1854 erstmals holländische Marine-Ingenieure angestellt, und nach 1860 kamen französische Militärs zum Aufbau einer Schiffswerft nach Japan. Auch einzelne Lehenstümer hatten für die Inbetriebnahme im Ausland gekaufter Maschinen die entsprechenden Techniker engagiert.

Die rund 200 Ausländer, die bereits vor 1868 in Japan angestellt waren, waren durchweg hochqualifizierte Kräfte, die von den jeweiligen diplomatischen Vertretungen empfohlen worden waren.

Nach der Meiji-Restauration stand das Industrieministerium im Mittelpunkt der Bemühungen, ausländische Kräfte nach Japan zu bringen. Grund dafür war, daß dieses Ministerium vornehmlich den Ausbau der Infrastruktur leitete und Eisenbahn- und Telegraphenlinien oder Leuchttürme errichten ließ, Hafenanlagen ausbaute und die Modernisierung der Montanindustrie vorantrieb (einen Überblick über die Leistungen dieser Fachkräfte gibt Nakamura 1965).

Die Zahl der von der Meiji-Regierung im Zeitraum zwischen 1868 und 1912 angestellten ausländischen Ingenieure, Techniker und Wissenschaftler beläuft sich auf etwas über 3000 Personen (Jones 1980:XV). Der größere Teil dieser Ausländer (nämlich 2299) war allerdings bereits in den Jahren zwischen 1870 und 1887 nach Japan geholt worden (aus England 928, USA 374, Frankreich 259, Deutschland 175, Holland 87 Personen) (Yunesuko 1975:493).

Die Mehrzahl der ausländischen Kräfte, die in dieser ersten Dekade der Meiji-Regierung angestellt worden waren, besaß keine herausragende Qualifikation. Selbst die wenigen Personen mit höherem Abschluß waren als "Generalisten" nach Japan geholt worden und arbeiteten häufig außerhalb ihres Fachgebietes. Ein Viertel der Arbeitskräfte kann als ausgebildet angesehen werden, etwa die Hälfte waren nur angelernte und wenig ausgebildete Kräfte (Jones 1980:39). Dieses Niveau reichte allerdings aus, grundlegende technische Kenntnisse in der Bedienung, Wartung und Reparatur von Maschinen und Anlagen, wie man sie damals aus Europa kaufte, an einheimische Kräfte zu vermitteln.

Einer breiteren Schicht der Bevölkerung wurden durch die Einrichtung von Pilotfabriken in einzelnen Branchen moderne industrielle Techniken bekanntgemacht. Vor allem die Schiffswerften und andere damit eng verbundene metallverarbeitende Betriebe waren oft Ausgangspunkt für die Verbreitung westlicher Technologie. In der Schiffswerft von Yokosuka z.B. führten französische Ingenieure und Militärs eine zweigliedrige Ausbildung ein: getrennt nach Führungskräften, meist aus der ehemaligen Samurai-Schicht, und Arbeitskräften (Jones 1980:32; Dore 1973:377-384). Hier wurde in erster Linie ein unteres und mittleres Stratum von Arbeitskräften mit der westlichen Technik, mit Arbeitsgängen und Verfahren sowie mit dem Umgang mit westlichen Maschinen vertraut gemacht. Nicht wenige der in dieser Schiffswerft Ausgebildeten wurden bald darauf Vorarbeiter oder Abteilungsleiter in anderen, neu gegründeten staatlichen Arsenalen, Werften und Fabriken. Die Schiffswerft Yokosuka mit ihrem training on the job war so wichtiger Ausgangspunkt für die Verbreitung westlicher Technologie in Japan (Levine 1980:141). Voraussetzung dafür war allerdings auch eine gewisse Bereitschaft zur Mobilität von seiten der Arbeitskräfte, die man jedoch mit ideologischen Anreizen von staatlicher Seite her unterstützte und förderte.

Neben solchen Pilotfabriken spielte für den wirtschaftlichen Aufschwung Japans auch die Einrichtung derartiger Anlagen im Textilbereich eine größere Rolle. Die große Nachfrage nach Seide führte dazu, daß man bereits 1873 in Tomioka, einem Zentrum der Seidenindustrie, eine Fabrik baute, französische Maschinen und Geräte importierte und eine größere Gruppe französischer Instrukteure (männliche wie weibliche) einstellte, die dort die japanischen Kräfte anlernen und unterrichten sollten (Zur Geschichte: Tomioka-shi 1977). Auch japanische ländliche Seidenfabrikanten aus weiter entfernten Landesteilen wurden animiert, sich selbst oder ihre Angestellten einem Training in dieser Pilotfabrik zu unterziehen. So gelang es, nicht nur lokal begrenzt Techniker und Arbeitskräfte an neuen Maschinen und in neuen Techniken der Seidenspinnerei auszubilden, sondern mit Hilfe eines Schneeballeffektes diese Techniken auch über das ganze Land zu verbreiten. Es kommt hinzu, daß die Regierung später noch den Ankauf moderner Maschinen finanziell unterstützte und so den Technologieimport direkt förderte.

1880 besaß der Staat dann drei Werften, fünf Munitionsfabriken, 52 andere gewerbliche Unternehmen und zehn Bergwerke (Allen 1966:34), nicht eingerechnet die Unternehmen zum Betrieb der Eisenbahn- und Telegraphenlinien, durchweg mit modernen, aus dem Ausland eingeführten Maschinen ausgestattet.

3.2.4.2. Auslandsstudien

In einem ersten, noch vor 1870 entworfenen Plan wollte man mit öffentlichen Mitteln japanische Studenten ins Ausland senden, darunter je 25 nach England, Frankreich und Preußen. Neben wenigen aus akademischen Kreisen kommenden Studenten wählte man Personen aus den staatseigenen Betrieben, aus Bergwerken, Werften, Gießereien und Maschinenbaubetrieben für ein Auslandsstudium aus, die nach ihrer Rückkehr sieben Jahre lang wieder in denselben Betrieben - gleichsam, um die Kosten für den Auslandsaufenthalt abzugelten - arbeiten sollten (Jones 1980:21-22).

Die hohen Aufwendungen ließen die Regierung jedoch bald an ihrem Tun zweifeln, wozu auch die geringen Erfolge der meisten im Ausland Studierenden beitrugen. In den wenigsten Fällen hatten die Ausgewählten über entsprechende Sprachkenntnisse verfügt, oft hatte man unqualifizierte, kaum mehr als Grundschulkenntnisse besitzende Kräfte ins Ausland gesandt. Allerdings gab es auch Ausnahmen. Einer der nach Deutschland gesandten, der aus Yamaguchi stammende Inoue Shōzō, hatte schon vor seiner Reise Deutsch gelernt, zuerst neben Preußen noch England besucht, sich aber dann entschlossen, eine Lehre bei einem Tuchfabrikanten im schlesischen Sagan anzutreten. Nach zweijähriger Lehre bescheinigte ihm 1875 der Fabrikbesitzer, zur Leitung einer Tuchfabrik befähigt zu sein. Nach Japan zurückgekehrt, bewarb er sich bei der zuständigen Regierungsstelle und erhielt 1877 den Auftrag, die erste Wollfabrik - die Erzeugung von Wolle war bislang unbekannt - in Tōkyō zu errichten. Mit deutschen Maschinen und unter Anleitung von fünf aus Deutschland geholten Arbeitskräften begann man Ende 1878 mit der Produktion. Dieses Unternehmen wurde zum Ausgangspunkt der Wollfabrikation in Japan (Miki 1980; Smith 1965:65). Ähnlich gute Ergebnisse erzielten Auslandsstudenten immer dann, wenn sie versuchten, sich neben theoretischen Kenntnissen auch praktische Fähigkeiten anzueignen, etwa als Lehrlinge oder Arbeitskräfte in Fabriken, was in größerer Zahl bei Studenten geschah, die in der zweiten Hälfte der 1870er Jahre ins Ausland gesandt wurden. Diese hatten meist schon eine höhere Schule in Japan abgeschlossen und waren so besser auf ihren Auslandsaufenthalt vorbereitet. Studenten, die etwa in Glasgow Schiffbau studierten, hatten dort die Möglichkeit, neben ihrem Studium, das sie in Abendkursen absolvieren konnten, tagsüber oder auch nur kurzzeitig als Arbeitskräfte oder Lehrlinge auf den Schiffswerften der Umgebung zu arbeiten (Checkland 1981:70-71). Diese Möglichkeit,

Theorie und Praxis an Ort und Stelle zu verbinden, war bis weit ins 20. Jahrhundert hinein attraktiv genug, um jedes Jahr eine Anzahl von Japanern zu bewegen, in Glasgow zu studieren.

Für die Regierung liefen allerdings hohe Kosten auf, und einzig dem Einfluß der ausländischen Berater war es zu verdanken, daß dieses Auslandsstudentenprogramm nicht gestrichen wurde. Sie argumentierten, daß ein Stop kurzfristig zwar eine Erleichterung für den Haushalt bedeuten würde, langfristig die Notwendigkeit der Anstellung ausländischer Instrukteure den Staat jedoch mehr kosten würde.

Wie viele Studenten in diesen Jahren ins Ausland gingen, kann nur vage angegeben werden, die Zahlen schwanken zwischen 600 und 1500 für den Zeitraum zwischen 1860 und 1900. Ab den 1880er Jahren ist eine Präferenz für Deutschland zu erkennen: mehr als die Hälfte der Auslandsstudenten studierte oder lernte in diesen Jahren in Deutschland, die Zahl erhöht sich dann im Zeitraum zwischen 1895 und 1912 noch erheblich (Jones 1980:23 u. 171).

Eindeutig können diese Studenten der höheren sozialen Schicht zugeordnet werden. Zwar hatte sich die Basis durch das öffentliche Schulsystem nach 1870 verbreitert, die führenden Kräfte auf technischem Gebiet kamen aber in der Meiji-Zeit fast durchweg noch immer aus den alten Eliten und bildeten so eine neue.

3.2.4.3. Das gewerbliche Schulwesen

Die dritte Facette ist im Ausbau des technischen und gewerblichen Schulwesens in Japan ab den 1870er Jahren zu sehen. Dieser war wichtig für langfristige Möglichkeiten des Technologietransfers, der ja immer auch darauf angewiesen ist, nicht nur Mittlerpersonen zu finden, sondern auch Personen, die die ausländische Technologie akzeptieren können.

Die Einführung einer allgemeinen Schulpflicht im Jahre 1872 war für Japan nichts wesentlich Neues. Bislang hatten die öffentlichen Schulen der Lehenstümer und der Feudalregierung für eine umfassende Ausbildung der Samurai, aber auch der Kaufleute gesorgt, waren private Schulen *(terakoya)* weit verbreitet, so daß man am

Vorabend der industriellen Revolution, also etwa in der Mitte des 19. Jahrhunderts, im Durchschnitt etwa die Hälfte der Bevölkerung als schriftkundig ansehen muß. Japan war demnach zu Beginn seiner Industrialisierung keineswegs ein illiterates Land.

Diese vor allem in den Städten vorhandene breite Bildung auch mittlerer sozialer Schichten erleichterte nicht nur die Rekrutierung von Arbeitskräften für die modernen Fabriken, sondern auch die Aufnahme ausländischen technischen Wissens selbst bei den Arbeitskräften, die nur einfache Tätigkeiten zu verrichten hatten.

Von daher ist es nicht verwunderlich, daß man bald nach 1868 daran ging, gemäß entsprechenden Modellen in Europa und Amerika Universitäten zu gründen, wobei man besonderen Wert auf natur- und ingenieurwissenschaftliche Fächer legte, da man der Ansicht war, diese seien für die Entwicklung des Landes und den Erhalt seiner Unabhängigkeit am wichtigsten.

Dennoch bildeten die ersten Universitäten eher theoretisch hochspezialisierte Kräfte aus, die für den praktischen Einsatz kaum geeignet waren.

Für den Technologietransfer und die Industrialisierung waren daher die vom Industrieministerium gegründeten Fachschulen und Ingenieurinstitute viel wichtiger. Unterricht in diesen Fachschulen gaben in den 1870er Jahren durchweg ausländische Lehrer, die nicht als Spezialisten, sondern als kompetente Instrukteure grundlegende Kenntnisse und praktische Fähigkeiten vermittelten (Jones 1980:38). Die Absolventen solcher Fachschulen sollten nicht nur in den Betrieben, sondern auch in den Schulen so rasch wie möglich die ausländischen Berater ablösen (Levine 1980:98).

Wie z.B. der Technologietransfer durch ausländische Ingenieure in der Praxis wie in der Schule vor sich ging, kann am Beispiel des Telegraphenverkehrs anschaulich gemacht werden: Nachdem 1868 die Entscheidung gefallen war, ein Telegraphennetz aufzubauen, lud das Innenministerium, das dafür zuständig war, eine Gruppe von englischen Technikern nach Japan ein, und Ende 1869 war die erste Linie zwischen Tōkyō und Yokohama gelegt. Die englischen Ingenieure leiteten und beaufsichtigten nicht nur die Baumaßnahmen, sondern lernten auch japanische Fachkräfte in der Bedienung der Geräte an. Von 1872 an arbeiteten fünfzehn ausländische Ingenieure am Ausbau des Netzes, und bis Ende 1874 war man im Süden in Nagasaki, im Norden in Aomori angekommen, womit praktisch das gesamte Land in das Telegraphennetz eingebunden war. Das Industrieministerium, das bald darauf die Anlagen übernehmen sollte, hatte bereits 1871 erste Kurse für das Bedienungspersonal eingerichtet, eine Fachschule für die weitere Ausbildung folgte, und die besten Absolventen sandte man wiederum nach England, um sie dort weiterstudieren zu lassen. Andere studierten in den neu geschaffenen Fach- und Hochschulen unter der Leitung englischer Professoren. Die so ausgebildeten Kräfte konnten nach 1879 in rascher Folge die englischen Ingenieure ersetzen. 1886 war kein ausländischer Ingenieur mehr im Telegraphendienst tätig. Innerhalb von weniger als 15 Jahren hatte sich so aus den ersten Anfängen eine eigene Industriebranche entwickelt und sozusagen "japanisiert". Dazu gehört natürlich auch, daß man schon in den 1870er Jahren begonnen hatte, amerikanische und später auch deutsche Telegraphenapparate nachzubauen und einzusetzen. Eine Reihe von Unternehmern hatten sich in dieser Branche engagiert; Unternehmer, die kaum zehn Jahre vorher erst ihre Ausbildung bei den englischen Ingenieuren erhalten hatten (Levine 1980:179-180).

Neben einer solchen Fachschule für den Telegraphenverkehr gab es eine ähnliche für die Wartung und Bedienung der Leuchttürme, daneben auch Schulen für die Eisen- und Stahlproduktion, für den Maschinenbau und speziell für weibliche Arbeitskräfte eine Fachschule für Handarbeiten usw.

In der Fachschule für Maschinenbau *(kōgakuryō)* z.B. lehrte der aus Glasgow stammende Henry Dyer, der besonderen Wert darauf legte, Theorie mit Praxis zu verbinden. Dies nannte er seine "Sandwich-Kurse". Die praktische Ausbildung wurde in der staatlichen Maschinenbau-Fabrik in Akabane *(Akabane seisaku-kyoku)* erteilt, wo Dyer ebenfalls als Instrukteur angestellt war und wo die Arbeitskräfte sowie Studenten der Fachschule lernten, nicht nur die Maschinen zu bedienen, sondern diese auch selbst zu fertigen (Checkland 1981:62).

Diese für Japan revolutionäre Art der Aneignung technischen Wissens hatte hier enormen Erfolg, und ein Katalog aus dem Jahre 1877 zeigt Hunderte von Maschinen und Maschinenteilen, die allerdings immer noch unter strikter Anleitung englischer Ingenieure und Hilfskräfte von den 320 japanischen Arbeitskraften dieser Fabrik hergestellt werden konnten (Checkland 1981:63).

Der Unterricht an diesen Fachschulen wurde immer intensiver, und manche davon gingen später als eigene Fakultäten in Universitäten auf. Aus diesem Grund begann man in den 1880er Jahren, Berufsschulen zu gründen, die dann vor allem in kurzen Kursen die Arbeitskräfte in den Arsenalen und anderen Rüstungsbetrieben mit der westlichen Technik vertraut machten (Levine 1980:99).

Zusammenfassend läßt sich sagen, daß technisches Wissen, technische Verfahren, Werkzeuge und Maschinen zwischen 1870 und 1885 nach Japan eingeführt wurden und vor allem in den öffentlichen Betrieben Anwendung fanden. Gleichzeitig mußten zahlreiche ausländische Fachkräfte in den Betrieben und Schulen die Arbeitskräfte in den neuen technischen Verfahren und im westlichen technischen Wissen unterrichten, sie in der Bedienung und Wartung, aber auch in der Konstruktion von Maschinen und Geräten unterweisen. Studenten, die im Ausland einen akademischen Abschluß erworben hatten, wurden nach ihrer Rückkehr in der staatlichen Verwaltung, in den Schulen und Universitäten eingestellt, viele aber wählten auch die Berufslaufbahn in privaten Unternehmen und lösten so langsam, aber stetig die ausländischen Ingenieure, Techniker und Instrukteure ab. Die hier in kurzen Strichen skizzierte Übernahme westlicher Technologie ging allerdings nicht so reibungslos vor sich, wie es den Anschein hat. So waren bei der Übernahme der fremden Technologie auch viele Fehlentscheidungen getroffen worden, wie auch der Einsatz der ausländischen Kräfte aufgrund mangelnder Kompetenz oft nutzlos blieb. Allerdings hat man in Japan aus solchen Fehlern relativ rasch gelernt und ging bald dazu über, die Auswahl der einzuführenden Technologie sehr sorgfältig vorzunehmen und vor allem die Bedingungen, unter denen die ausländische Technologie im Lande eingesetzt werden sollte, vor der Auswahl eingehender zu studieren.

Die Erziehungspolitik jener Jahre stand, vor allem was die technische Ausbildung betraf, in Gleichklang mit der industriellen Entwicklung. Während in dieser Zeit zwar nur wenig Anstrengungen gemacht wurden, eigene technologische Entwicklungen voranzutreiben, war das Potential an ausgebildeten Ingenieuren und Technikern bereits so groß, daß in vielen Branchen ein Nachbau ausländischer Geräte und Maschinen möglich wurde und mehr und mehr einheimische Fabrikate (gemeint sind dabei im Vergleich zu Europa immer noch einfachere Objekte) den Import fremder Produkte zum Teil unnötig machten.

Bei derartigem Nachbau kam zum erstenmal etwas ins Spiel, was die Geschichte der japanischen Industrialisierung wie ein roter Faden durchzieht. Natürlich hatten die Unternehmen der frühen Meiji-Zeit keine Lizenzen zum Nachbau ausländischer Produkte erworben, was sehr bald zu Differenzen mit den Erzeugerfirmen führte. Ein keineswegs umfassendes Gesetz zum Schutz von Erfindungen, Mustern und Warenzeichen wurde erst 1855 erlassen, es sollte allerdings nur japanische Erfindungen schützen und hatte keine internationale Bedeutung. Für die japanische Regierung standen selbstverständlich japanische Interessen im Vordergrund, und man tat wenig zum Schutz der Rechte der ausländischen Unternehmen. Westliche Erfindungen, Muster und Warenzeichen waren in der frühen Meiji-Zeit keineswegs gesetzlich geschützt und konnten von japanischer Seite praktisch frei verwendet werden. Bei den nach 1885 einsetzenden Patent- und Lizenzeinkäufen japanischer Unternehmen im Ausland standen deshalb Patentangelegenheiten und deren Schutz im Mittelpunkt der entsprechenden Kooperationsverträge. Erst nach 1899, als Japan die internationalen Vereinbarungen zum Schutz von Erfindungen, Mustern und Warenzeichen unterschrieb, war es auch für Ausländer möglich, Patente in Japan anzumelden.

3.2.5. Industrieller Aufschwung und Technologietransfer

Schon zu Beginn der 1880er Jahre änderte sich Japans Industrialisierungspolitik. Hatte bislang der Staat die Führung innegehabt, Firmen gegründet, Maschinen importiert, Techniker ausgebildet, so versuchte er nun, nach und nach - bis auf die militärisch notwendigen Arsenale, Werften und andere Rüstungsbetriebe - alle anderen Unternehmen an Privatleute zu verkaufen (dazu ausf. Kobayashi 1977). Damit zog sich der Staat zugleich aus dem Bereich der direkten Einflußnahme auf den Technologietransfer zurück und beschränkte sich nach 1885 darauf, Leitlinien für den industriellen Aufbau zu schaffen.

1884 legte die Regierung ein umfangreiches "Gutachten zur Förderung der Industrie" *(kōgyō iken)* vor, das den ersten Entwicklungsplan Japans darstellt (Inukai 1967). Mit diesem Plan rückte man von der allzu freien laissez faire-Politik der Jahre nach der Meiji-Restauration ab. Nun setzte der Staat die Richtung der Industrialisierung wie auch die zu erreichenden Produktionsziele fest, nicht ohne gleichzeitig auch Möglichkeiten der Führung und Unterstützung auszubauen. Die Rolle des Importeurs ausländischer Technologie sollte von nun ab der Privatunternehmer ergreifen.

Käufer der staatlichen Unternehmen waren in vielen Fällen aus dem traditionellen Kaufmannsstand kommende Unternehmer, die man als Zaibatsu bezeichnet. Erst jetzt, zwanzig Jahre nach der Neuordnung des Staates und dessen ersten Industrialisierungsbemühungen, engagierte sich das traditionelle Element der japanischen Wirtschaft auch in der modernen Industrie. Die Auswirkungen dieses Engagements zeigten sich sehr rasch und führten zu der überragenden und alles beherrschenden Stellung dieser Zaibatsu bis 1945. Um nun zu verstehen, wie diese Zaibatsu beim Technologietransfer Bedeutung erlangt haben und welche Rolle sie dabei spielten, muß noch einmal auf die Struktur dieser Unternehmen eingegangen werden. Wie schon in Kap. 3.1.4. angeführt, bildeten in den 1880er Jahren die Zaibatsu bereits kleinere Unternehmensgruppen, die sich dadurch auszeichneten, daß sie durch ein Netzwerk formeller und informeller Natur verbunden waren. Im Mittelpunkt dieses Unternehmenskonglomerats standen entweder der Unternehmensgründer, dessen Familie oder später eine Holding-Gesellschaft; eine Institution jedenfalls, die als zentrale Macht diese Unternehmensgruppe koordinierend und kooperierend führte. Alle Aktivitäten innerhalb der Gruppe wurden zentral kontrolliert, wobei komplementäre Aktivitäten zwischen den einzelnen Gesellschaften ebenso geduldet wurden wie zwischen Mutter- und Tochterfirmen.

Zwei Punkte sind nun für solche Unternehmensgruppierungen und deren Technologieimport aus dem Westen wichtig: die meisten dieser Zaibatsu besaßen nach 1885

1) ein Handelsunternehmen, das Filialen im westlichen Ausland unterhielt und auch alle nötigen Einrichtungen für den Import bereitstellen konnte, und
2) Möglichkeiten, genügend große Mengen an Kapital aufzubringen, z.B. durch Banken, Versicherungsgesellschaften etc.

Nachdem sich die Zaibatsu durch den Kauf von staatlichen Firmen in der Industrie engagiert hatten, versuchten sie, horizontal wie vertikal in verwandte Bereiche vorzustoßen und neue Firmen zu gründen. Neue Firmen gründen hieß aber immer auch, Unternehmen mit westlichem Know how, mit westlichen Maschinen und westlichen Produktionsverfahren einzurichten. Zum Vorteil gereichten den Zaibatsu dabei ihre Handelsunternehmen und die Banken. Die Überseefilialen der ersteren wurden zunehmend mit Kräften besetzt, die bereits eine technische und oft sehr spezialisierte Ausbildung genossen hatten. Hier wirkte sich also die frühe Errichtung technischer Schulen positiv aus. Diese Spezialisten in den Handelsunternehmen suchten jetzt nicht nur nach Produkten in den Ländern, die man nach Japan importieren könnte, wie dies üblicherweise Aufgabe einer Import/Exportfirma war, sondern sie berieten die neu gegründeten Unternehmen der Zaibatsu-Gruppe beim Einkauf westlicher Verfahren, Patente, Geräte und Maschinen, die dann durch das Handelsunternehmen selbst an das neue Unternehmen geliefert wurden. Das heißt, die Handelsunternehmen informierten sich an ihren jeweiligen Standorten auch über die neuesten technischen Entwicklungen und gaben derartige Informationen an ihre Zentrale, an die Spitze der Zaibatsu-Gruppe weiter, wo die Entscheidungen getroffen wurden. Diese führten dann oft dazu, daß aufgrund solcher Kenntnisse wiederum neue Unternehmen gegründet wurden. Die Banken spielten dabei keine geringe Rolle, da für den Technologieimport und den Import von Maschinen auch damals bereits eine erkleckliche Menge Kapital nötig war (Yamamura 1976, Yamamura 1982).

Mit dem industriellen Engagement traditioneller Kaufleute oder Unternehmer, die sich der japanischen Tradition verpflichtet fühlten, trat eine langsame Überlagerung traditioneller Vorstellungen der Betriebsführung mit der westlichen Auffassung z.B. der Lohnarbeit ein, was schließlich zur Ausbildung des japanischen Systems der lebenslangen Anstellung führte. Dieser Punkt ist insofern von Wichtigkeit, als in den 1870er Jahren auch unter den ausgebildeten Arbeitskräften eine relativ große Mobilität herrschte, vor allem natürlich in den staatlichen Betrieben, was sich auf die Verbreitung technischen Wissens positiv ausgewirkt hatte. Bei der durch das langsame Umsichgreifen traditioneller Vorstellungen geringer werdenden Mobilität wurde es für die Unternehmen nun immer schwieriger, durch Abwerbung von Arbeitskräften aus modernen, mit westlicher Technologie arbeitenden Unternehmen ausländisches Wissen und die Kenntnis moderner Verfahren gleichsam zum Nulltarif einzukaufen. Die Unternehmen mußten neue ten der Fach- und Hochschulen ein und unterwarfen sie im eigenen Unternehmen einem training on the job. Die fähigsten Techniker wurden dann vielfach ins Ausland gesandt und blieben dort oft länger als ein Jahr. Rechnet man alle großen Zaibatsu zusammen, so wurden jährlich wohl an die hundert Angestellte ins Ausland geschickt (Yamamura 1982:233). Von Studienreisen und Fabrikbesichtigungen im Ausland, nicht weniger aber auch von den verschiedenen Weltausstellungen brachten die Ingenieure immer wieder Kenntnisse über die neuesten Entwicklungen nach Japan zurück.

Bei den Besuchen in den USA hatte man z.B. die ersten Wasserkraftwerke kennengelernt und mit Hilfe dieser amerikanischen Technologie 1890 in Kyōto das erste städtische Wasserkraftwerk errichtet (Arisawa 1960:3:103-107).

Kurz darauf wurde auch ein Straßenbahnsystem aufgebaut, ebenfalls nach amerikanischem Vorbild. Nicht anders verlief der Vorgang in der Ölindustrie, wo man bei Studienreisen in den USA die dortige Ölbohr- und Raffinerietechnik studierte und Maschinen einkaufte (Ohira 1957:511-414, Arisawa 1960:3:326-330).

Diese Vorherrschaft der amerikanischen Technologie war allerdings auf wenige Branchen beschränkt.

Viel stärkeres Gewicht im Rahmen der japanischen Industrialisierung kam der englischen sowie in zweiter Linie der deutschen und französischen Technologie zu. England war in der zweiten Hälfte des 19. Jahrhunderts in verschiedenen Branchen der führende Vertreter, und Japan verstand es, gezielt die besten und für Japan geeignetesten Technologien auszuwählen und zu importieren. Das bereits erwähnte System des Aussendens von japanischen Ingenieuren spielte dabei eine wichtige Rolle. Aus England kamen die Schiffbautechnik und ein großer Teil der Eisen- und Stahltechnologie, eine ebenfalls wichtige Rolle spielte die englische Technik im Bereich des Maschinenbaus. Englands starke Stellung in den 80er- und 90er Jahren vermochte Deutschland jedoch in einigen Branchen zum Wanken zu bringen, vor allem im Bereich der Hüttenindustrie, im Maschinenbau und in der Elektroindustrie, wo man dann allerdings auf starke amerikanische Konkurrenz stieß. Die Textilindustrie Japans stützte sich nach 1885 wiederum hauptsächlich auf Maschinen und Verfahren, die man aus England importiert hatte.

Diese beherrrschende Stellung wurde erst durch den Ersten Weltkrieg unterbrochen. An die Stelle Englands trat dann Amerika, das bereits während des Krieges begann, Spinnereimaschinen in großer Zahl nach Japan zu verkaufen und auch japanische Kräfte zur Einschulung nach Amerika holte (Ohira 1957:511).

Das war allerdings nur ein später, letzter Erfolg, denn kurz darauf war die japanische Industrie imstande, eine Vielzahl von Typen von Spinnereimaschinen selbst anzubieten, und die ausländischen Fabrikate verloren an Einfluß.

Die Zaibatsu engagierten sich nicht in allen Branchen mit gleicher Intensität, deshalb mußte z.B. der Staat in Einzelfällen wieder direkt in den Technologieimport eingreifen. So scheuten sich die Zaibatsu z.B., sich im Eisen- und Stahlbereich mit Kapital zu beteiligen, und aufgrund der großen Nachfrage nach Eisen- und Stahlmaterial, die praktisch nur durch Einfuhr zu decken war, beschloß der Staat 1896, ein neues integriertes Stahl- und Hüttenwerk zu bauen. Die Entscheidung, ob englische oder deutsche Technologie für dieses Hüttenwerk gewählt werden sollte, wurde von japanischen Ingenieuren, die in beiden Ländern studiert hatten, getroffen. Man suchte die Kooperation mit der deutschen Gutehoffnungshütte und anderen Firmen wie Siemens & Halske etc., so daß an die zwanzig deutsche Ingenieure und Techniker in leitender Stelllung beim Aufbau dieses Hüttenwerkes in Yawata, Süd-Japan, arbeiteten (Iida 1969:106-111). Die Verschiedenartigkeit des Rohmaterials (Eisenerz wie auch Kohle) von der in Europa bekannten Qualität führte zu großen Anfangsschwierigkeiten nach dem Betriebsbeginn von 1901. Erst zwei japanischen Ingenieuren, die an der Bergakademie in Freiburg ausgebildet worden waren, gelang schließlich der Durchbruch. Hier deutet sich bereits an, daß um 1900 Japans Forschung selbständig und unabhängig von ausländischer Hilfe zu arbeiten imstande war.

Eine ähnliche Konkurrenzsituation gab es nur wenige Jahre später, als man ein Stahlröhrenwerk zu errichten plante. Auch hier standen sich das englische Verfahren und das deutsche Mannesmann-Verfahren gegenüber.Die Wahl fiel schließlich auf Mannesmann, von wo man noch kurz vor dem Ersten Weltkrieg die Lizenz einkaufte und bei der Demag die Maschinen in Auftrag gab (Iida 1969:180).

Betrachten wir an dieser Stelle noch einmal die Weitervermittlung westlicher Technologie im Land selbst: Es war oft unmöglich, für derartig große Anlagen wie das Hüttenwerk etwa (dasselbe gilt aber auch für moderne Textilbetriebe etc.) auch genügend ausgebildete Arbeitskräfte zu finden. Die neue eingestellten Kräfte waren meist mit der ausländischen Technik noch kaum in Berührung gekommen und mußten erst langsam angelernt werden. Ausfälle, niedrige Produktivität etc. waren in den ersten Betriebsjahren die Folgen. Nicht weniger wichtig als der Technologieimport selbst waren daher die Schulen, die z.B. die Zaibatsu vor allem zur Ausbildung von Vorarbeitern, Werkmeistern und sonstigen mittleren Führungskräften einrichteten. Etwa 30 solcher Schulen vermochten um 1900 modernes technisches Wissen an die Arbeitskräfte der Zaibatsu-Unternehmen, manchmal auch an Arbeitskräfte von nicht mit den Zaibatsu verbundenen Unternehmen , weiterzugeben.

Solcherart ausgebildete Arbeitskräfte sorgten ihrerseits für die Verbreitung westlicher Technologie innerhalb der Unternehmen der *Zaibatsu*-Gruppe, da man sie nicht selten kurzfristig an andere Unternehmen der Gruppe auslieh oder für spezielle Aufgaben einsetzte. Beispiele, vor allem in der Werkzeugmaschinenbranche, zeigen, daß sich solche in den Rüstungsbetrieben wie auch den Zaibatsu-Unternehmen ausgebildeten Arbeitskräfte oft selbständig machten und eigene Betriebe gründeten. Auch das führte zu einer raschen Verbreitung westlicher Technologie. Von seiten des Staates halfen bei einer Verbreitung modernen technischen Wissens die für den sich rasch ausbreitenden Eisenbahnverkehr im ganzen Land notwendigen Reparaturwerkstätten.

Wichtig war auch die langsame Herausbildung einer Zulieferindustrie. Zwar waren die Bindungen zwischen den Großbetrieben und den Zulieferern oft informeller Natur, in vielen Fällen führte die technische Unterstützung aber zu einem, wenngleich relativ langsamen Anstieg des technischen Standards auf der Ebene der Kleinbetriebe. Eine formelle Unterstützung dieser Art trat dann erstmals im Ersten Weltkrieg zwischen Rüstungsbetrieben und Zulieferern auf, als auch durch eine zwangsweise Unterstellung einzelner Kleinbetriebe die Möglichkeit gegeben war, Maschinen und Geräte, wie auch moderne Verfahren an diese weiterzugeben (Kobayashi 1981:181).

Eine andere Art des Technologietransfers innerhalb Japans, speziell zwischen großen und kleinen Unternehmen, kann am Beispiel der Textilindustrie (Baumwollspinnerei) gezeigt werden. Nur die großen Unternehmen konnten es sich leisten, englische Ingenieure zur Unterweisung ihrer Arbeitskräfte nach Japan zu holen. Der enge Zusammenhalt der Unternehmer dieser Branche und der Zusammenschluß in lokalen und auch überregionalen Branchenverbänden verhalfen aber auch kleineren Unternehmen dazu, moderne westliche Technologie anzuwenden, ohne auf ausländische Berater angewiesen zu sein. Erleichtert wurde die Weitergabe von Kenntnissen dadurch, daß die Textilindustrie, vor allem die Baumwollspinnerei, zu fast 90 % mit Maschinen einer einzigen Firma, nämlich Platt Brothers (Oldham, England), ausgestattet war. Reger gedanklicher Austausch zwischen den großen japanischen Erzeugern und der englischen Firma ermöglichte darüberhinaus die technische Weiterentwicklung und Anpassung der Maschinen an japanische Verhältnisse (Saxonhouse 1976:116-117).

Das Schwergewicht beim Technologietransfer nach 1885 lag also auf dem Import von Maschinen und in geringerem Maße auf dem Einsatz von Ausländern. Deren Zahl war nicht nur geringer als früher, auch ihr Charakter hatte sich verändert. Waren anfangs "Generalisten" nötig, brauchte man jetzt "Spezialisten" für bestimmte Verfahren oder Maschinen. Mit Hilfe ausländischer Berater und Agenturen suchte man nach qualifizierten Kräften für eng begrenzte Aufgaben.

Nicht zu unterschätzen ist beim Import von Maschinen für den Technologietransfer allerdings auch die Weltmarktlage, die diesen sehr erleichterte. Die Jahre zwischen 1873 und 1896 waren für England, Japans wichtigstem Lieferanten an Investitionsgütern, die Jahre der "Großen Depression", verbunden mit einem Stillstand der Wirtschaft und sinkenden Preisen. Eine ähnliche Situation ergab sich im selben Zeitraum auch für die USA. Diese wirtschaftliche Situation zweier bedeutender Lieferländer wirkte sich für Japan positiv aus, da so der Preisindex für Maschinen und Anlagen auf dem japanischen Binnenmarkt relativ stabil blieb. Anstiegsphasen finden wir kurz nach 1885 ("take-off") und in den beiden darauf folgenden Kriegsperioden, die sich besonders im schwerindustriellen Bereich auswirkten. Deutlicher wird die Situation noch bei Betrachtung der Importpreise. Der allgemeine Preisindex für Importwaren zeigt bis 1885 fallende, anschließend bis 1914 nur langsam steigende Tendenz. Ein neu berechneter Index für Import-Fertigwaren, unter die Maschinen und Anlagen fallen, zeigt sogar eine fallende Tendenz bis 1895. Der Preisindex für importierte Maschinen, der aufgrund der von 1900 vorliegenden aufgeschlüsselten Einfuhrzahlen berechnet werden konnte, veränderte sich bis 1911 praktisch nicht und verdeutlicht so die günstige Situation für den Technologieimport (dazu Ōkawa 1973, Tab. 8, 18, 19 und 20).

Für den Technologietransfer war die Situation bis 1900 auf dem Weltmarkt wie auch in Japan selbst also besonders günstig; aber Japan verstand es, die Weichen seiner Entwicklung so zu stellen, daß auch nach 1900 kein Stillstand eintrat.

3.2.6. Industriebeteiligungen und Technologietransfer

Das Kapital für die Unternehmensgründungen vor 1900 war größtenteils im Lande selbst aufgebracht worden. Erst in den Jahren zwischen 1900 und 1914 war Kapitalimport wichtig für die japanische Wirtschaft, die vor allem dadurch in bestimmten Branchen ihre Technik auf Weltniveau heben konnte (Allen 1980:92).

Der Krieg mit China (1894/95) und der darauffolgende Sieg hatten in Japan ein wahres Unternehmensgründungsfieber ausgelöst, wobei erstmals der Kapitalmangel und der Mangel an verfügbarer moderner Technologie tatsächlich spürbar wurde. In diesem Punkt sollte die Schaffung des Goldstandards - mit Hilfe der Reparationen Chinas - für Japan Abhilfe schaffen und gleichzeitig den Anschluß an die Industrienationen bringen. Man erhoffte sich, wie sich zeigen wird mit Recht, durch die Stabilisierung des Finanzmarktes in Japan und den Anschluß an den Weltfinanzmarkt, dem Japan als Silberwährungsland nicht angehörte, die Beteiligung ausländischer Unternehmen an der japanischen Produktion. Bevorzugte Kooperationsbranche war die Elektroindustrie, wo amerikanische (General Electric, National Electric), holländische (Philips), englische (Sunbeam Three Stars) und deutsche (Siemens) Unternehmen konkurrierten.

Das erste Unternehmen dieser Branche, das in großem Umfang in Japan investierte, war Western Electric. Dieses Unternehmen stellte 1899 Kapital und Technologie zum Aufbau der mit Kapital von Mitsui gemeinsam gegründeten Firma Nihon denki KK. (Japan Elektro AG) zur Verfügung (Ohira 1957:438). Ein weiteres Unternehmen der amerikanischen Elektrobranche, General Electric, kooperierte ab 1905 mit Tōkyō denki KK. (Tōkyō Elektro AG) in Form einer Kapitalbeteiligung und durch Technologieimport, wodurch insbesondere neue Verfahren und Maschinen zur Fertigung von Glühlampen erstmals in Japan Anwendung fanden. Dasselbe Unternehmen investierte 1910 Kapital und brachte Technologie in die Firma Shibaura (ebenfalls ein von Mitsui beherrschtes Unternehmen) ein. Diese Firma (später aufgegangen in die Firma Tōshiba) war damals der größte Erzeuger von Elektrogeräten in Japan (Ohira 1957:439-442).

1916 gründeten Mitsui und General Electric ein weiteres Unternehmen zur Glühlampenfertigung, nämlich Ōsaka denkyū KK. Investiert wurde von amerikanischer Seite auch in der Tabakindustrie, in einem Gasunternehmen und in der Ölbranche, wobei jeweils Kapital und Technologie in das mit japanischen Partnern gemeinsam gegründete Unternehmen eingebracht wurden (Ohira 1957:515-516). Englische Unternehmen investierten 1907 in der Textilbranche wie auch in der Eisen- und Stahlindustrie. Bei letzterer beteiligte sich z.B. die Firma Vickers & Armstrong mit 45 % des Kapitals an der Gründung der Nihon seikō KK. (Japan Stahl AG) in Muroran in Nord-Japan (Iida 1969:179).

Diese Beispiele können durch zahlreiche weitere noch ergänzt werden, allerdings zeigt sich bereits deutlich, in welchen Bereichen man von seiten Japans, insbesondere natürlich der Zaibatsu , Kooperation suchte. Es waren die technologieintensiven Branchen,in denen Japan noch hinter dem Weltniveau nachhinkte. In anderen Branchen war eine Kooperation kaum nötig, wie etwa in einem Teilbereich der Textilindustrie, der Weberei. Hier gab es zu Beginn des 20. Jahrhunderts bereits dutzendweise Erzeuger, deren Maschinen den englischen nur wenig nachstanden, und gerade in dieser Branche, die ja Japans Exportwirtschaft trug, setzten auch die ersten frühen Schritte zur Befreiung aus der Abhängigkeit des Technologieimports ein. Ein automatischer Webstuhl, eine Erfindung von Toyoto Sakichi im Jahr 1902, konnte nicht nur in Japan, sondern auch in England, den USA, Deutschland u.a. Ländern zum Patent angemeldet werden (Tuge 1961:96-97).

Neben Kapitalbeteiligungen ausländischer Unternehmen, die gleichzeitig für Japan den Zugang zu moderner Technologie darstellten, erfolgte Technologieimport nach 1900 verstärkt auch im Einkauf von Patenten und Lizenzen. Leider ist gerade diese Art des Technologietransfers in den einschlägigen Firmengeschichten wenig behandelt und der Umfang in den Jahren vor 1920 deshalb kaum deutlich zu machen. Herausragend unter den Lizenznehmern war aber zweifellos die Chemiebranche (vergl. dazu Uchida 1972).

Mit dem Kriegsausbruch 1914 wurde Japan, das sich bis dahin immer auf die Möglichkeiten des ungehinderten Zuganges zu technischem Know-how im Westen verlassen hatte, von einem Großteil seiner Quellen abgeschnitten. Die Wege nach Europa waren praktisch geschlossen, einzig der nach Amerika stand noch offen. Mit dieser Situation konfrontiert, vollzog Japan eine Wendung um 180 Grad und gründete in rascher Folge

Forschungseinrichtungen, in denen man nun mit dem in den vergangenen Jahrzehnten akkumulierten Wissen das Abgeschnittensein von westlicher Technologie durch eigene Entwicklungen zu kompensieren suchte.

Die japanische Regierung hatte schon seit der Meiji-Restauration immer wieder einzelne wissenschaftliche Bereiche durch die Gründung von eigenen Forschungseinrichtungen zu fördern versucht. Aber erst die größere Zahl von Studenten, die aus dem Ausland zurückkehrten, machte es auch möglich, dies in größerer Breite zu tun.

Die Entwicklung der Forschungseinrichtungen im Laufe der hier angesprochenen Periode zeigt, wie stark der Anstieg dann kurz vor, während und nach dem Ersten Weltkrieg war (Yuasa 1952: 177-178).

	neu gegründet	gesamt
1868-1877	6	6
1878-1887	7	13
1888-1897	6	19
1898-1908	17	36
1909-1918	36	72
1919-1927	56	128

Ein Teil der hier aufgezählten Einrichtungen sind Forschungsinstitute der Hochschulen; doch sind es dann eher die unabhängigen Forschungseinrichtungen des Staates, die vor allem im technischen und chemo-technischen Bereich Arbeiten leisten, mit welchen Japan mehr und mehr vom Technologieimport unabhängig wurde.

Um 1920 hatte Japan so nicht nur den Schritt von der Agrar- zur Industriegesellschaft vollzogen, sondern auch Anschluß an den technischen Standard des Auslandes gefunden.

3.2.7. Zusammenfassung

Der vorliegende Überblick über die verschiedenen Formen und Perioden des Technologietransfers zwischen dem Ausland und Japan hat gezeigt, daß in Japan die Voraussetzungen zur Aufnahme westlicher Technologie bereits vor der Öffnung des Landes vorhanden waren. Die industrielle Entwicklung wurde somit nicht erst durch die Einfuhr westlicher Technologie n a c h der Meiji-Restauration von 1868 ausgelöst. Japan hatte bereits eine gewisse Anzahl von Personen vorzuweisen, die sich mit westlicher Technik vertraut gemacht hatten, bevor man 1850 erstmals zur Umsetzung der aus Büchern erworbenen Kenntnisse in die Praxis schritt. In den dabei entstandenen Fabriken wurde noch während der letzten Jahre der Feudalzeit westliche Technologie an einen größeren Personenkreis weitergegeben. Dieses Potential erleichterte dann nach 1868 die Aufnahme weiterer, jetzt in großem Umfang nach Japan einströmender westlicher Technologie. Viele der frühen "Techniker" gelangten in verantwortliche Positionen und halfen so bei den weiteren Industrialisierungsbemühungen der Meiji-Regierung mit. Ihr Einfluß auf die Ausrichtung der industriellen Entwicklung ist zweifellos bedeutend gewesen. Unterstützt wurde die staatliche Initiative zur Industrialisierung nach 1870 durch das nicht zu unterschätzende Erbe sozialer, politischer und ökonomischer Strukturen, die - zusammen mit den geistigen Grundlagen des Shintō, Buddhismus und Konfuzianismus - Wirtschaftswachstum, Technologietransfer und Industrialisierung begünstigten.

Differenziert man den komplexen Bereich des Technologietransfers nach seinen hauptsächlichen Trägern, nämlich Mensch, Maschine und Information, so lassen sich in den einzelnen hier besprochenen Perioden bestimmte Schwerpunkte erkennen. Vor 1850 gelangte technisches Wissen praktisch nur in Form von schriftlicher Information, nämlich durch Bücher nach Japan, deren praktische Umsetzung erstmals 1850 erfolgte. Auch zwischen 1850 und 1870 lag das Schwergewicht noch auf der schriftlichen Information. Erst in den Jahren zwischen 1870 und 1885 geschah der Technologietransfer in allen drei Formen, durch ausländische Ingenieure, Techniker und Instrukteure, durch in großer Menge eingeführte Maschinen und Verfahren sowie durch die schriftliche Information. In dieser Periode wurde bereits Japans Neigung zu ständigen Neuerungen ebenso wie die Bereitschaft zu einer langfristigen Planung des Technologietransfers deutlich. Das vorhandene Potential an Technikern ermöglichte, nicht gerade zur Freude des Westens, auch den Nachbau westlicher Erzeugnisse in größerer Anzahl. Diese relativ früh einsetzende und rasch wachsende Unabhängigkeit vom Import ausländischer Produkte war das Ergebnis auch der Anstrengungen, ein breit gefächertes und auch der praktischen Ausbildung dienendes technisch-gewerbliches Schulwesen zu schaffen. Initiator des Technologietransfers war in erster Linie der Staat.

Die Periode nach 1885 wurde beherrscht durch die Einfuhr von Maschinen und Anlagen, wobei die Situation auf dem Weltmarkt unterstützend wirkte. In dieser Periode gewann der Technologietransfer in Form von Lizenzen etwas an Bedeutung, die Wichtigkeit der ausländischen Ingenieure als Träger des Technologietransfers sank. Bedeutende Importeure westlicher Technologie waren die Zaibatsu-Gruppen.

Kooperationen, Kapitalbeteiligungen und Lizenzverträge gewannen nach 1900 erheblich mehr Gewicht für den Technologietransfer, insbesondere in technologie-intensiven Branchen. In anderen Branchen konnte Japan bereits zum Teil auf eigene Entwicklungen zurückgreifen und sich aus der Abhängigkeit vom Technologieimport zunehmend befreien. Um 1920 hat sich der Technologietransfer zwischen den Industrieländern und Japan der allgemein üblichen Form zwischen den Industrieländern angepaßt, was auch die neue Stellung Japans im Kreis der Industrieländer verdeutlichte.

In allen diesen Perioden des Technologietransfers während der industriellen Revolution wird deutlich, wie Japan zielstrebig und ausgerichtet auf den jeweiligen Entwicklungsstand seiner Industrie Technologie eingeführt hat. Es entwickelten sich schon früh effiziente Kanäle für die Beschaffung und Aufbereitung von Informationen als Grundlage für den Transfer. Auch die Möglichkeiten der Kommunikation und Weitergabe des Wissens innerhalb der japanischen Gesellschaft wurden intensiv genutzt. Diese Strukturen wirken sich bis heute positiv auf Japans technische Entwicklung aus.

Literatur

ALLEN, G. C.

1966 *A Short Economic History of Modern Japan, 1867-1937.* London

1980 *Japan's Economic Policy.* London

ARISAWA Hiromi

1960 *Gendai Nihon sangyō kōza* (Überblick über die japanische Industrie der Gegenwart), 7 Bde., Tōkyō

CHECKLAND, Olive

1981 "Scotland and Japan 1860-1914: A Study of technical transfer and cultural exchange", in: Ian Nish (Ed.): *Bakumatsu and Meiji-Studies in Japan's Economy and Social History. ICERD Studies* 1981/2:56-76. London

DORE, Ronald, P.

1973 *English Factory - Japanese Factory.* London

IIDA Kenichi (Hg.)

1969 *Tekkō* (Eisen und Stahl). *Gendai Nihon Sangyō Hattatsu-shi* (Geschichte der japanischen Industrie der Neuzeit) Band IV. Tōkyō

INUKAI Ichirou und Arlon R. TUSSING

1967 "Kōgyō Iken: Japan's Ten Year Plan, 1884"; in: *Economic Development and Cultural Change* 16/1:51-71.

JONES, H. J.

1980 *Live Machines - Hired Foreigners and Meiji-Japan.* Vancouver

KAGOSHIMA-KEN (Hg.)

1965 *Kagoshima-ken shi* (Geschichte der Präfektur Kagoshima). Kagoshima

KEENE, Donald

1969 *The Japanese Discovery of Europe, 1720-1830.* Stanford

KOBAYASHI Masaaki

1977 *Nihon no kōgyōka to kangyō haraisage* (Die Industrialisierung Japans und der Verkauf der öffentlichen Betriebe). Tōkyō

KOBAYASHI Tatsuya

1981 *Gijutsu-iten* (Technologietransfer). Tōkyō

KOYAMA Hirotake

1972 *Nihon gunji kōgyō no shiteki bunseki* (Historische Analyse der japanischen Rüstungsindustrie). Tōkyō

LEVINE Solomon B. und Kawada Hisashi

1980 *Human Resources in Japanese Industrial Development.* Princeton

MIKI Katsuhiko

1980 *Inoue Shōzō to Senju-seijūjo* (Inoue Shōzō und die Senjū-Wollfabrik). Tōkyō

NAKAMURA Takeshi
1965 "The Contribution of Foreigners", in: *Cahiers d'Histoire Mondiale* IX/2:294-319. Paris

NAKAYAMA Shigeru
1969 *A History of Japanese Astronomy - Chinese Background and Western Impact.* Cambridge, Mass.

NARUSE Yasushi
1926 *Satsu-han Kaigun-shi* (Geschichte der Marine von Satsuma), Bd. 1. Tōkyō (Nachdruck 1968)

OHIRA Keishi (Ed.)
1957 *Japanese Trade and Industry in the Meiji-Taishō Era.* Tōkyō

ŌKAWA Kazushi, SHINOHARA Miyōhei und UMEMURA Mataji (Ed.)
1973 *Bukka* (Preise). *Chōki keizai tōkei* (Langzeit-statistiken). Bd. 8. Tōkyō

SAXONHOUSE, Gary R.
1976 "Country Girls and Communication among Competitors in the Japanese Cotton-Spinning Industry", in: Hugh Patrick (Ed.): *Japanese Industrialization and its Social Consequences*: 97-126. Berkeley/ Los Angeles

SMITH, Thomas C.
1965 *Political Change and Industrial Development in Japan: Government Enterprises, 1868-1880.* Stanford (1955[1])

TOMIOKA-SHI (Hg.)
1977 *Tomioka seishi-jō-shi* (Geschichte der Seidenspinnerei Tomioka). Tomioka

TUGE Hideomi
1961 *Historical Development of Science and Technology in Japan.* Tōkyō

UCHIDA Hoshimi
1972 "Taishō-Shōwa shoki no kagaku-kōgyō ni okeru gijutsu-donyū to jishu kaihatsu" (Introduction and Development of Technology in the Chemical Industries at the Taishō and Early Shōwa Period), in: *Keiei Shigaku* (Japan Business History Review) 7/1:65-85. Tōkyō

UNESCO (Hg.)
1971 *Technological Development of Japan.* Paris

YAMAMURA Kozo
1976 "General Trading Companies in Japan - Their Origins and Growth", in: Hugh Patrick (Ed.): *Japanese Industrialization and its Social Consequences:* 161-200. Berkeley / Los Angeles

1982 "The Role of the Zaibatsu in the Adoption of New Technology and Creation of International Capital and Labor Markets in Meiji-Japan", in: L. Jörberg und N. Rosenberg (Ed.): *Technical Change, Employment and Investment:* 225-238. Lund

YUASA Mitsutomo
1962 *Kagaku gojū-nen* (50 Jahre Wissenschaft). Tōkyō

YUNESUKO *Higashi-Ajia bunka kenkyū sentaa* (Hg.)
1975 *Shiryō - O-yatoi gaikoku-jin* (Materialien zu den angestellten Ausländern). Tōkyō

ZAWA Tarōzaemon
1897 "*Zawa Tarōzaemon-kun keireki-tsuki roku hanashi*" (Sechs Gespräche über den Lebenslauf des Zawa Tarōzaemon), in: *Shidanzokkiroku 60*. Tōkyō (Nachdruck, Tōkyō 1972)

3.3. Ländliche Industrialisierung: Eine Fallstudie

Erich Pauer

3.3.1. Einleitung

Gesamtjapanische wirtschaftliche Entwicklungen (makro-level) prägen der lokalen wirtschaftlichen Entwicklung (mikro-level) den Stempel auf. Nur durch Beachtung der Interdependenz dieser beiden Ebenen, wie auch der historisch gewachsenen Strukturen läßt sich das Wesen der Modernisierung und die dabei eintretende Veränderung in Wirtschafts- und Sozialstruktur, der Wandel von der Agrar- zur Industriegesellschaft, konkreter fassen. Nicht einzelne lokale Erscheinungen sollen im Mittelpunkt stehen, sondern vielmehr soll aus einer Reihe von Einzeluntersuchungen der spezifische Charakter einer geschlossenen Landschaft erhellt werden, wobei die gesamtjapanische Problematik (die Fragestellung der Japanologie zielt ab auf die Erkenntnis der japanischen Kultur) im Hintergrund der Überlegungen zu stehen hat. Der in dieser Untersuchung geforderte Schwerpunkt auf einer Zwischenebene zwischen den Gemeindeforschungen (mikro-level) und den Aussagen über Gesamtjapan (makro-level) ist dabei jedoch nicht als ein fehlendes Glied zwischen diesen beiden Standpunkten aufzufassen, sondern als ein beide Standpunkte umfassendes Raster.

Der in den beiden vorangegangenen Abschnitten (3.1. und 3.2.) behandelte Prozeß der Industrialisierung sowie der damit in engem Zusammenhang stehende Technologietransfer waren in erster Linie ein die städtischen Zentren betreffender Vorgang. Aus Gründen der Verkehrsgünstigkeit standen Hafenstädte, in der Nähe von Tōkyō (etwa Yokohama) oder an der Inlandsee gelegen (Ōsaka, Hyōgo, das heutige Kōbe), aber auch kleinere Zentren wie Sakai, Hiroshima u.a. im Mittelpunkt von Industriegründungen. Das Fehlen von Überlandstraßen machte den Transport von Maschinen in vielen Fällen praktisch unmöglich, so daß man die ersten Fabriken fast immer nahe eines Hafens errichtete (Beispiele bei den Flammofenbetrieben bezeugen dies schon). Durch die raschere Ausbreitung des Eisenbahnverkehrs in den 1880er Jahren änderte sich diese Situation, und erst jetzt konnten auch im Inneren des Landes gelegene traditionelle Handels- und Gewerbezentren mit westlichen Maschinen bedient werden. Diese Jahre brachten dann ein schnellere Mechanisierung der ländlichen Industrie mit sich

Die ländliche Industrie ist für die frühe Phase der Industrialisierung insofern von Bedeutung, als noch 1884 rund 77 % aller Gewerbebetriebe in den ländlichen Gebieten lagen und sich erst ab den beginnenden 1890er Jahren in den städtischen Gebieten Industriezentren herausbildeten (vgl. Umemura 1965:281). Die Bedeutung dieser ländlichen Industrie in den 1870er- und 1880er Jahren liegt auch darin, daß sie zum Teil in der Lage war, das durch die Bevölkerungszunahme vermehrte Angebot an Arbeitskräften zu absorbieren.

Als engeres Untersuchungsgebiet wurden die beiden Präfekturen Shimane und Tottori ausgewählt. Gründe dafür waren einerseits das Vorhandensein eines relativ starken traditionellen Gewerbes (Baumwollproduktion und -verarbeitung, Eisenverhüttung), an dem sich der Einfluß der Industrialisierung zeigen läßt, zum anderen aber auch die geographische Lage (Abgeschiedenheit) dieser beiden Präfekturen, die ein unkontrolliertes Eindringen von Neuerungen erschwerte, so daß Industrialisierungsbemühungen als geplante Maßnahmen sich besser in den Quellen aufspüren ließen. Lagen beide Gebiete in der Edo-Zeit noch an den Schiffahrtsrouten, die von Nord-Japan in die Inlandsee führten, und hatten solche Schiffe die jeweiligen Häfen oft anlaufen müssen, so wurde die Bedeutung dieser Städte durch die veränderten Wirtschafts- und Marktbedingungen nach der Meiji-Restauration geringer. Zudem liefen ausländische Schiffe neben Häfen in Kyūshū nur mehr Städte an der Inlandsee bzw. in der Nähe von Tōkyō an. Shimane und Tottori konnten so nur schwer an der wirtschaftlichen Entwicklung des Landes partizipieren.

3.3.2. Die wirtschaftliche Situation in Shimane und Tottori gegen Ende der Edo-Zeit

Die Gebiete von Shimane und Tottori waren in der Edo-Zeit vorwiegend landwirtschaftlich geprägt. Die natürlichen Bedingungen erleichterten neben dem Anbau von Reis auch den von marktfähigen Pflanzen und die Herstellung von Waren, mit denen in anderen Gebieten gehandelt werden konnte. Marktfähige Pflanzen aus dem Raum Shimane (das waren die Lehensgebiete Matsue, Hirose, Mori, Hamada, Tsuwano sowie das direkt dem Bakufu unterstellte Gebiet des Iwami-Silberbergwerkes) waren Igusa (Tatami-Matten-Gras),

Ginseng, Indigo, Hanf, Baumwolle, Tabak, Papier-Maulbeerbaum, daneben auch Holz, Bambus und Gras. An gewerblichen Erzeugnissen dieses Gebietes sind zu nennen: Keramik, Papier, Wachs, Lack und Eisen (Naitō 1969:102-105). In der Regel erfolgten Ein- und Verkauf solcher Produkte durch Großhändler. In einigen Fällen - bei Eisen, Baumwolle, Hanf, Indigo und Tabak - wurden Produktion und Handel vom jeweiligen Lehensfürsten kontrolliert. Die Kontrolle hatte neben dem Zweck, aus dem Verkauf dieser Produkte gewisse Erträge für den Haushalt des Lehenstumes abzuschöpfen, auch eine weitergehende Wirkung, als man von seiten des Lehenstumes Hilfestellung für eine Produktionserhöhung bzw. Verbesserung der Qualität der Produkte gab, wodurch sich längerfristig auch größere Abgabensummen für den Lehenstumshaushalt erzielen ließen. Im Lehenstum Tottori konzentrierte man sich hauptsächlich auf die Herstellung von Eisen und Baumwolle, wobei auch hier Herstellung und Verkauf vom Lehenstum strikt kontrolliert wurden. Ebenfalls kontrolliert, seiner Bedeutung nach wegen der Notwendigkeit der Einfuhr des Rohmaterials aber geringer, wurde die Produktion von Papier. Im Zusammenhang mit der Eisenverhüttung in Tottori nahm das Kleineisengewerbe, insbesondere die Herstellung des Dreschkammes (*senba*), im 19. Jahrhundert einen raschen Aufschwung. Zusätzlich spielte auch die Herstellung von Wachs für die Wirtschaft dieses Gebietes eine gewisse Rolle (ausf. dazu Yamanaka 1972:127-140). Ausgehend vom Drechslerhandwerk, das von in den Bergen vazierenden Familien betrieben wurde (die sogenannten *kijiya*), etablierte sich als Kleingewerbe zu Beginn des 19. Jahrhunderts in Shimane auch die Herstellung des Abakus (Takahashi 1977:6-7), ebenfalls ein Gewerbezweig, der in der Zeit nach der Meiji-Restauration , wie auch das Kleineisengewerbe in Tottori, eine gewisse Bedeutung erlangen sollte.

Da die landwirtschaftlichen und handwerklichen Erzeugnisse dem Lehenstum nur Gewinn brachten, wenn sie außerhalb des Lehensgebietes auf den Markt gebracht wurden, spielten der Handel und mit ihm die Kaufleute im Rahmen der Wirtschaft beider Lehenstümer schon seit jeher eine gewichtige Rolle. Ende der Edo-Zeit war Sakai Minato der wichtigste Hafen für das Gebiet von Tottori und Shimane. Jährlich liefen rund 2000 Schiffe diesen Hafen an, der Umschlagplatz für Baumwolle, Eisen und Reis war. Auch Produkte, die aus anderen Provinzen angeliefert wurden, fanden in diesem Hafen ihren ersten Lagerplatz, bevor sie weiterverteilt wurden (Tottori-ken 1968:94).

Einflüsse der "holländischen Studien" auf eine früh-industrielle Entwicklung sehen wir in diesen beiden Gebieten in nur geringem Maße. Die Lehensfürsten von Matsue wie Tottori aus den Familien der Matsudaira und Ikeda waren beide eng mit der Familie des Militärstatthalters, den Tokugawa, verbunden. Aus diesem Grund hatten sie praktisch keinen Zugang zu solchem Wissen, dessen Verbreitung das Bakufu ja zu kontrollieren und zu kanalisieren versuchte. Offizielle Schulen und Unterricht in den westlichen Wissenschaften gab es daher in beiden Gebieten nicht, wenngleich immer wieder einzelne Personen sich derartige Kenntnisse anzueignen vermochten. Erste Umsetzungen westlicher technischer Kenntnisse erfolgten deshalb auch nicht auf Initiative der jeweiligen Lehensfürsten, sondern waren Unternehmungen einzelner privater Unternehmer. In Tottori vermochte so z.B. die Familie Takenobu in Mutsuo (heute Daiei-*chō*) in den 1850er Jahren einen Flammofenbetrieb nach westlichem Muster zu errichten und mehrere Jahre lang Geschütze zu produzieren und zu verkaufen; dies allerdings mit Wissen und Genehmigung, aber auch unter der Kontrolle des Lehensfürsten. Im Matsue scheint es Versuche gegeben zu haben, eine derartige Fabrik nach westlichem Muster zu errichten, doch sind diese Angaben dazu zu unsicher, um konkreten Aufschluß darüber zu erlangen. Gesamtjapanisch gesehen stellen diese Flammofenbetriebe zwar wichtige Vorposten der Industrialisierung dar, Auswirkungen auf die spätere Industrialisierung sind allerdings im Falle des Flammofenbetriebes von Tottori konkret nicht zu erkennen. Dazu war der Flammofenbetrieb zu klein, und außerdem gab es hier nach der Meiji-Restauration keine weiteren Bemühungen, das technische Potential dieses Betriebes zu nutzen, wie dies in anderen Fällen geschehen war. Die industrielle Lehrzeit Japans hatte also auf diese beiden Gebiete zunächst einmal aus politischen Gründen wenig Einfluß; einer Weiterführung der Betriebe stand die Ausrichtung der Industrialisierungspolitik nach 1868 entgegen.

3.3.3. Die wirtschafts-politischen Maßnahmen der Meiji-Regierung nach 1868 und der Ausbau der Infrastruktur in Shimane und Tottori

Nach der Meiji-Restauration bestanden die alten Lehenstümer als Territorialeinheiten noch eine Zeitlang weiter und wurden erst 1871 abgeschafft. Die einzelnen Lehenstümer wandelte man zunächst in Präfekturen um, als sich aber diese Verwaltungseinheit als zu klein erwies, vereinigte man oft mehrere der ursprünglichen Lehenstümer/ Präfekturen zu einer einzigen größeren Präfektur, in unserem Fall zu den Präfekturen Shimane und Tottori. Gebietsangleichungen, Abtretungen und Anbindungen folgten; 1876 wurde die ganze Präfektur Tottori der Präfektur Shimane zugeschlagen und konnte erst 1881 wieder die Unabhängigkeit erlangen. Zur ersten Tätigkeit der neuen Delegiertenversammlungen der Präfekturen gehörte die Neuordnung der Verwaltung, in erster Linie die Neugestaltung der Haushaltsregister. Diese waren bislang von den einzelnen Tempeln geführt worden. Aufgrund des 1871 erlassenen Haushaltsregistergesetzes wurde die Führung dieser Register den neu geschaffenen Gemeindeämtern übertragen. Die Meiji-Regierung verkündete bereits im Mai 1868 die Handels- und Gewerbefreiheit, womit eine wichtige Voraussetzung für einen wirtschaftlichen Aufstieg geschaffen wurde. Die bislang fast ausschließlich den Handel beherrschenden Gilden - die *Kabu-nakama* und *Nakama* - verloren ihre Vorrechte. Eine weitere Voraussetzung für den freien Handel waren die Aufhebung der Zollschranken (Juli 1869) und die Auflösung der dafür zuständigen Ämter, die gleichzeitig den Verkehr kontrolliert hatten. Die Wirtschaftspolitik der Meiji-Regierung war auf zwei wichtige Punkte ausgerichtet:

1) Importsubstitution
2) Außenhandelsförderung.

Durch die Importsubstitution sollte der Abfluß von Devisen ins Ausland verhindert, gleichzeitig aber die Produktion der entsprechenden Waren im Inland stimuliert werden. Die daraus folgende Politik der Förderung der produzierenden Wirtschaft durchzieht die Meiji-Zeit (1868-1912) wie ein roter Faden. Im Außenhandel sah Japan eine Möglichkeit, Gewinne auch für den Staatshaushalt zu erwirtschaften. Für die von den Zentren weit entfernt liegenden Präfekturen Shimane und Tottori war von einer derartigen Politik allerdings vorerst nicht viel zu erwarten. Sie hatten kaum Überseehäfen anzubieten, noch weniger für den Überseemarkt brauchbare Produkte. Der Ausbau der Infrastruktur (im weitesten Sinne des Wortes) war zwischen 1870 und 1885 besondere Aufgabe des Staates gewesen, der solche Aufgaben aber auch an die einzelnen Präfekturen delegiert hatte. Nach Einrichtung und Aufbau der Verwaltungs- und Präfekturämter folgten der Bau von Krankenhäusern, von Postämtern, Polizeidienststellen, die Förderung von

Bankengründungen , der Ausbau des Transportwesens und nicht zuletzt die Schaffung eines einheitlichen Schulsystems. Die Zahl der Schulen im Gebiet von Shimane belief sich zu Beginn der Meiji-Zeit nur auf 133, erhöhte sich aber bis 1876 auf insgesamt 937 Schulen. Obwohl die allgemeine Schulpflicht bereits durch Gesetz eingeführt war, konnten aber viele Familien das Schulgeld nicht aufbringen. So betrug die Rate der Schulbesucher im Jahre 1880 nur 36 %, stieg aber bereits 1883 auf 56 % an (Naitō 1969:152-153). Im Gebiet von Tottori war die Errichtung von 630 Schulen geplant. Aus Geldmangel mußten die Schulen aber oft auf eigene Gebäude verzichten, und der Unterricht fand in den Tempeln statt. Auch die Zahl der Lehrer reichte nicht aus, um alle geschaffenen Stellen zu besetzen. In aller Eile errichtete man im Jahre 1874 Lehrerausbildungsstätten, wo man in Drei-Monats-Kursen Grundschullehrer ausbildete (Tottori 1968:13). Auch in Tottori war die Schulbesuchsrate zu Beginn der Meiji-Zeit relativ niedrig gewesen (40 % bei den Jungen, 10 % bei den Mädchen), stieg aber kontinuierlich an und erreichte um 1900 90 %, während des ersten Weltkrieges dann 100 % (Yamanaka 1972:169). Die Ausbreitung der Schulbildung unterstützte die Industrialisierungsbemühungen auf dem Lande natürlich sehr. Der weitere Ausbau der Infrastruktur ging allerdings eher schleppend vor sich. So wurden erst relativ spät, nämlich zwischen 1877 und 1879 die Städte Tottori, Yonago, Sakai, Kurayoshi und auch Matsue ins Telegraphennetz miteinbezogen, also etwa zehn Jahre nach dem Beginn des Telegraphenwesens in Japan überhaupt (Tottori-ken 1968:12-13). Für eine Ausweitung des Handelsverkehrs und damit für die Förderung der Wirtschaft besonders wichtig war der Ausbau des Verkehrswesens. Verkehrsmäßig lagen die beiden Präfekturen Shimane und Tottori außerordentlich ungünstig. Landtransport war nur für leichtere und kleinere Waren möglich; große und schwere Stücke mußten immer auf den Flüssen bzw. auf dem Meer transportiert werden. Der Ausbau der Straßen wurde deshalb im Verlauf der einsetzenden Industrialisierung zu einem wichtigen Anliegen der Industrie. Die Präfekturverwaltung begann 1883 mit der Verbesserung und dem Ausbau des Straßen- und Wegenetzes, was 1886 beendet war. Die Gründung von Pferdewagen-Transportgesellschaften, die zumindest zum Teil dann den Warentransport innerhalb der Präfektur übernehmen konnten, wurde dadurch ermöglicht (Tottori-ken 1968:13). Wichtiger als der Straßenverkehr war allerdings vorerst noch der Transport gegliederten Küsten der beiden Präfekturen gab es nur wenige natürliche Häfen. In der Edo-Zeit war neben Hamada vor allem Sakai Minato ein bedeutender Hafen dieses Raumes gewesen, dessen Bedeutung auch in der Meiji-Zeit nicht nachließ. Behalf man sich zu Beginn der Meiji-Zeit noch mit den traditionellen Schiffen, die von den Kaufleuten betrieben wurden, eröffnete 1877 Mitsubishi erstmals eine regelmäßige Verbindung zwischen Ōsaka (über die Inlandsee und Shimonoseki) nach Hamada und Sakai Minato, stellte die Linie aber zwei Jahre später wieder ein. An die Stelle von Mitsubishi trat dann eine Ōsaka- Handelsschiffahrtsgesellschaft (*Ōsaka shōsen kaisha*), die eine Linie über Shimonoseki nach Sakai Minato und acht weiteren Häfen einrichtete und monatlich siebenmal die Strecke befuhr, wodurch die Verkehrsverbindung günstiger wurde. Diese Linie betreute bis 1922 den Verkehr auf dieser Strecke und verband das abgelegene Shimane mit dem Wirtschaftszentrum Ōsaka. Die lange Reisedauer von vier Tagen und die dadurch auflaufenden Frachtkosten standen aber einer weiteren Ausweitung der Handelstätigkeit im Wege. Nachdem 1889 die Tōkaido-Eisenbahnlinie ausgebaut war, änderte sich der Frachtweg nach Ōsaka. Man brachte die Waren zuerst nach Tsuruga, einem Hafen am japanischen Meer nördlich von Ōsaka, anschließend über Land zur nächsten Bahnstation Maizuru und dann per Bahnfracht nach Kyōto oder Ōsaka (Yamanaka 1972:173).

Die schlechten Verkehrsverbindungen ließen aber auch Privatinitiativen zum Eisenbahnbau wachsen. Schon 1891 war von den Betreibern der Eisenhütten in Ne'u, der Familie Kondō, die ein Handelskontor für Eisenwaren in Ōsaka besaß, die Initiative zum Bau einer Eisenbahnstrecke von Okayama über Tsuyama, Ne'u, Yonago nach Sakai Minato ausgegangen. Dabei standen natürlich wirtschaftliche Interessen im Vordergrund. Niedrige Frachtraten würden das einheimische Eisen auch gegenüber dem eingeführten Eisen wieder konkurrenzfähiger machen können. Mit Gleichgesinnten gründete man die Chūgoku Eisenbahn-Gesellschaft (*Chūgoku tetsudō kaisha*). Man konkurrierte aber zur selben Zeit mit den Plänen der Präfekturverwaltung, die eine andere Streckenführung entlang der Küste unter Einbeziehung der Präfekturhauptstadt Tottori befürwortete. Durch den chinesisch-japanischen Krieg wurden die Auseinandersetzungen noch in die Länge gezogen. Die Präfektur setzte sich schließlich durch und begann 1900 mit dem Bau der von ihr favorisierten Linie (Yamanaka 1972:173-174). Mit Hilfe einer hohen finanziellen Unterstützung von seiten der Präfektur Tottori konnte diese Bahnlinie dann bis 1909 fertiggestellt und in Betrieb genommen werden, wodurch sich die Verbindung zwischen dem östlichen Shimane und der genannten Präfektur Tottori und Ōsaka von 4 Tagen auf 27 Stunden abkürzen ließ. Kleinere Eisenbahnstrecken für den Nahverkehr wurden bereits früher eröffnet, so eine Verbindung zwischen Yasugi und Yonago im Jahre 1908. Diese Strecke wurde anschließend in westlicher Richtung ausgebaut und war 1922 bis Hamada fertiggestellt. Die Linie Kyōto-Shimonoseki über Shimane war allerdings erst 1931 durchgängig befahrbar. Die für die Eisenhütten wichtige Linie wurde erst während des Ersten Weltkrieges fertiggestellt, zu spät, um den Zusammenbruch der wirtschaftlich bereits schwer angeschlagenen Eisenhütten (s.u.) noch aufzuhalten. Für die Präfektur war die Verbindung zum Ōsaka-Markt unter Einbindung aller möglichen Anlieferstätten für Seidenkokons oder andere Seidenprodukte, wie auch sonstiger marktfähiger Erzeugnisse aus der Landwirtschaft (in erster Linie Obst) wichtiger als die Unterstützung der ländlichen Industriellen gewesen. Neben dem Verkehrswesen war auch die Energieversorgung ein wichtiger Aspekt der Industrialisierung. Eine öffentliche Elektrizitätsversorgung zum Zwecke der Beleuchtung gab es in Japan erstmals in der Innenstadt von Tōkyō im Jahre 1886. In anderen zentraleren Gebieten Japans war dann ab Mitte der 1890er Jahre die Stromversorgung allgemein üblich geworden. In Shimane und Tottori bot man elektrische Energie erst verzögert an. Die erste Elektrizitätsgesellschaft wurde in Shimane, in Matsue, 1895 gegründet. Ein kalorisches Kraftwerk erzeugte elektrische Energie. Ein erstes Laufkraftwerk wurde 1912 in Betrieb genommen (Kawasoe 1970:208). In Tottori erfolgte die Gründung einer Elektrizitätsgesellschaft noch später, nämlich 1906. Gründer war ein lokaler Zeitungsverleger, der allerdings die Bankfachleute zur Mitwirkung ermunterte. Kapital brachten einige Großgrundbesitzer ein, und 1907 konnte das erste, 100 Kilowatt Leistung erbringende Flußkraftwerk in Betrieb genommen werden. In den darauffolgenden Jahren wurden in verschiedenen Regionen von Tottori weitere lokale Elektrizitätsgesellschaften gegründet, die jeweils eigene Laufkraftwerke errichteten und in Betrieb nahmen. Diese Gesellschaften lieferten Strom an die Gemeinden, an die Geschäfte und die Häuser der Oberschicht und erst zuletzt an die gewerblichen Betriebe. Hier wird auch der Grund für die relativ späte Versorgung der Industrie mit Elektrizität deutlich: Die Gesellschaften dachten in erster Linie an die Versorgung mit elektrischem Licht und nicht an den Antrieb von Motoren in den Fabriken. Zudem wurde elektrische Energie ziemlich teuer angeboten, und viele kleinere Unternehmer arbeiteten deshalb in altbewährter Weise weiter (Tottori-ken 1968:107-108). Bei der Energieversorgung herrschte bis Mitte der 1880er Jahre das Wasserrad vor, das dann langsam von der Dampfmaschine abgelöst wurde. Erst kurz vor Beginn des Ersten Weltkrieges gingen die gewerblichen Unternehmen zur elektrischen Energie über, aber noch immer war das Leistungsangebot der Elektrizitätswerke vergleichsweise gering (in Tottori z.B. nur 1400 bis 1500 Kilowattstunden). Erst der Aufschwung während des Ersten Weltkrieges brachte hier eine Änderung. In diesen wenigen Jahren breitete sich der Einsatz der Elektrizität rasch aus. Eine Reihe weiterer Kraftwerke wurde in dieser Zeit in Betrieb genommen. Viele dieser kleineren Laufkraftwerke waren von Gesellschaften errichtet worden, deren Kapital zum großen Teil aus der Schicht der Großgrundbesitzer und ländlichen Industriellen kam, die Interesse daran hatten, die Elektrizität in ihren Unternehmen einzusetzen, aber auch die den Elektrizitätswerken nahe gelegenen Dörfer mit Strom und Licht zu versorgen. Dieses Interesse war anfänglich kaum zur Kenntnis genommen worden, weshalb die Unternehmer nun, in der Zeit der Prosperität, zur Selbsthilfe griffen. Bis 1922 war so eine über 90 %ige Elektrifizierung der Präfektur Tottori erreicht worden. Ungefähr 1000 Elektromotoren waren in den verschiedenen Fabriken, den Mühlen, Sägewerken und anderen Betrieben eingesetzt (Tottori-ken 1968:127). Mitte der 1920er Jahre erfaßte eine Fusionierungswelle die kleinen Elektrizitätsgesellschaften, die zu einem regionalen Verbund zusammengeschlossen wurden (Tottori-ken 1968:160-61), der allerdings weit über die Präfektur hinausgriff und das gesamte Chūgoku-Gebiet erfaßte.

Neben dem Verkehrswesen und der Energieversorgung basiert ein zügiger Ausbau der Industrie aber immer auch auf einem einheitlichen Währungssystem und einem funktionierenden System des Geldverkehrs. Diese Voraussetzungen für eine ländliche Industrialisierung wurden in den beiden Präfekturen Shimane und Tottori ebenfalls erst relativ spät geschaffen. Für die 1868 neu ins Amt gekommene Meiji-Regierung waren das Vorhandensein der traditionellen Währungen (auf Gold-,

Silber-, Bronze- und Eisenbasis) und der auf die einzelnen Lehenstümer beschränkt gewesene Umlauf von Papiergeldanweisungen sehr problematisch. Ein neues Geldsystem trat mit einer Gesetzesveröffentlichung im Jahre 1871 in Kraft, wobei an die Stelle des alten Systems das neue Yen-Währungssystem trat. Ein Umtausch der alten Münzen wie des Papiergeldes, sollte in den jeweiligen Präfekturen möglichst bald abgeschlossen werden, in Tottori war dies z.B. bis Mitte 1873 erfolgt, wobei der Wechselkurs zu starken Verlusten beim Umtausch führte. Durch den Verlust beim Umtausch kam es anschließend auch in vielen Gebieten zu einem Mangel an Umlaufmitteln, was die Wirtschaft in Bedrängnis brachte. Der Mangel an Umlaufmitteln zwang die Präfekturen wiederum, in ähnlicher Weise wie früher, Papiergeld als Surrogat auszugeben, das bis 1875 in Umlauf war und dann eingezogen wurde (Tottori-ken 1968:21-22). Nach der Neuordnung des Währungswesens war der Ausbau des Bankensystems ein weiteres wichtiges Anliegen der Meiji-Regierung. Kurz nach der Regierungsübernahme hatten Handelshäuser wie Mitsui, Ono und andere den Geldverkehr in die Hand genommen und an verschiedenen wichtigen Handelsplätzen Wechselstuben eingerichtet. In Tottori hatte nach der Auflösung der traditionellen Wechselstuben die Präfektur auch selbst 1872 eine neue, bankähnliche Institution mit Namen *Kangyō-sha* (Förderungsgesellschaft) gegründet, die Zweigstellen in Tottori, Yonago, Sakai Minato, Kurayoshi und Ne'u, den fünf wichtigsten Wirtschaftszentren der Präfektur besaß. Zur Gründung vermochte man Händler und Großgrundbesitzer zu bewegen, wobei allerdings das gesamte Grundkapital dieser Gesellschaft von der Präfektur eingezahlt werden mußte und die Präfektur somit Einfluß auf die Organisation und Geschäftsführung behielt. Aber schon 1875 mußte diese Gesellschaft wieder ihre Tore schließen. Sie hatte sich als völliger Mißerfolg erwiesen (Tottori-ken 1968:38). Neben der *Kangyō-sha* hatte sich aber 1872 auch ein privates Geldinstitut, *Shimada-kumi,* in Tottori etabliert. Neben Geldwechseln und Geldverleih beschäftigte sich diese Gesellschaft auch mit dem Aufkauf von Reis und anderen Geschäften. Aber auch sie erwies sich als Fehlschlag und mußte 1874 bereits wieder ihren Betrieb einstellen. Die finanziellen Einbußen, die Teile der Bevölkerung, aber auch die Präfektur selbst, durch den Zusammenbruch hinnehmen mußten, waren nicht gering (Tottori-ken 1968:38). Das Vertrauen der Bevölkerung in die Geldinstitute war für längere Zeit geschwunden. Daneben existierten aber auch eine Reihe lokaler Institutionen in gegenüber der Feudalzeit nur wenig veränderter Form weiter (Tottori-ken 1968:39). Sie waren in den meisten Fällen für den lokalen Geldverleih zuständig, konnten aber wegen des nur in geringem Maße zur Verfügung stehenden Kapitals nur wenig Einfluß auf die Industrialisierung nehmen. Auch in der Präfektur Shimane hatte es in den frühen 1870er Jahren Gründungen bankähnlicher Institutionen gegeben. 1871 war eine sogenannte *Bussan kaisha* eingerichtet worden, die vor allem dem Handel Unterstützung geben sollte, aber nach kaum einem Jahr ihren Betrieb einstellen mußte. Nicht sehr viel besser ging es einem Institut mit dem Namen *Yūzū-kaisha*, das eine Gründung ländlicher Kapitalgeber war. Die Eisenhüttenbesitzer Tanabe, Sakurai und Itohara hatten das Grundkapital für dieses Unternehmen gestellt, zogen sich nach diesem Fehlschlag aber wieder aus dem Bankengeschäft zurück und gründeten erst ca. 20 Jahre später jeder für sich eine eigene "Hausbank" (*San'in gōdō ginkō* 1973:8). So blieb das Bankengeschäft in den meisten Fällen den Zweigstellen von Ono-gumi, Mitsui-gumi und Shimada-gumi vorbehalten. Weder die Präfekturverwaltung noch die ersten Unternehmer, die sich im Bankengeschäft betätigen wollten, brachten dazu die nötigen geschäftlichen Voraussetzungen mit. Die partnerschaftliche Geschäftsführung, die durch die Form der Anteilsgesellschaft, in der diese Institutionen meist gegründet worden waren, bereits erforderlich war, stand noch im Gegensatz zu bisher üblichen Geschäftspraktiken und mag ein bedeutender Grund für das Scheitern dieser frühen Gründungen gewesen sein. Nach der gesetzlichen Neuregelung der Banken von 1876 begann man aber auch in Shimane und Tottori wieder mit dem Gedanken an eine Neugründung zu spielen. Mit Hilfe der Staatsobligationen der Samurai wurde 1877 die 82. Nationalbank gegründet, wobei der ehemalige Lehensfürst von Tottori und drei seiner Vasallen die größten Anteilseigner waren. Das Grundkapital betrug 200 000 Yen. Bald war diese Bank in der Lage, innerhalb und außerhalb der Präfektur Zweigstellen einzurichten und ihre Geschäfte auszudehnen. Diese Bank schloß sich allerdings nach geringem Geschäftsgang 1896 dann mit der 3. Nationalbank zusammen, die gleichzeitig auch alle Zweigstellen übernahm. Die nur ein Jahr später gegründete 65. Nationalbank, ebenfalls zum größten Teil mit Kapital der Samurai errichtet, hatte noch weniger Geschäftserfolg. Von Anfang an mit innerbetrieblichen Organisationsschwierigkeiten kämpfend, übersiedelte diese Bank 1882 dann nach Kōbe. Eine weitere, ebenfalls 1877 von Samurai aus Tottori, allerdings in Tōkyō, gegründete 100. Nationalbank eröffnete bald darauf in Tottori eine Zweigstelle und leistete so ihren Beitrag zur ländlichen Industrialisierung durch Kredite, Wechselgeschäfte und Möglichkeiten des Sparens (Tottori-ken 1968:39). Derartige, mit Kapital der ehemaligen Samurai gegründete Banken gab es auch in der Präfektur Shimane. 1878 öffnete die 79. Nationalbank in Matsue ihre Pforten, nur wenige Wochen später erfolgte die Gründung der 53. Nationalbank in Tsuwano. In beiden Fällen standen zwar die Samurai als Kapitalgeber im Mittelpunkt, vielfach wurden sie in geschäftlichen Belangen aber auch von Kaufleuten beraten und unterstützt (*San'in gōdō ginkō* 1973:9, 12). Mit solchen Bankengründungen war allerdings auch eine größere Menge akkumulierten Kapitals abgeflossen und damit auch der ländlichen Industrie entzogen worden, das zu einem umfassenderen Aufbau dann fehlte. Dies bekam vor allem die Präfektur Tottori zu spüren, wo der Geschäftserfolg dieser frühen Banken sehr zu wünschen übrig ließ. Die Zahl der Bankengründungen nahm im ländlichen Raum erst nach einer neuerlichen Neuordnung des Bankensystems wieder zu. Voraussetzung dafür waren allerdings einige gesetzliche Maßnahmen, wie z.B. die Veröffentlichung des neuen Handelsrechtes (das die verschiedenen Unternehmensformen festlegte und möglich machte), sowie ein neues Bankgesetz aus dem Jahre 1888, wobei aufgrund von Differenzen in der Regierung beide Gesetze erst 1893 in Kraft treten konnten. Kurz darauf, nämlich bereits 1894, wurde dann in Yonago die erste ländliche Bank in der Präfektur Tottori in Form einer Aktiengesellschaft (Grundkapital 200 000 Yen) gegründet. Diese Bank, deren Kapital fast gänzlich von dem Unternehmer und Großgrundbesitzer Sakaguchi eingebracht wurde, war in erster Linie dazu bestimmt, als Hausbank für die Unternehmen seiner Familie zu dienen. Ein Zweck, dem auch die weiteren Bankengründungen huldigten. Nur kurz durch den chinesisch-japanischen Krieg unterbrochen, weitete die Yonago-Bank ihre Aktivitäten bald auf den Bereich der gesamten Präfektur aus. Unweit von Yonago, und nur drei Jahre später, gründete der Eisenhüttenunternehmer Kondō Kihachiro mit 38 Teilhabern die Ne'u-Bank, die mit einem Grundkapital von nur 30 000 Yen allerdings in ihren Ausmaßen wesentlich bescheidener war. Diese Bank sollte, wie schon die oben erwähnte in Yonago, in erster Linie zur Finanzierung der Familienunternehmen auch der Familie Kondō dienen. Aus einem bankähnlichen Institut (*Mikō KK,* 1880 gegründet) entstand im gleichen Jahr (1897) die *Sakai tsushō ginkō,* dem Namen nach also ein vor allem für den Handel zuständiges Bankinstitut. Zu dieser Gruppe von ländlichen Bankinstituten gehören auch noch Banken in Kurayoshi (gegr. 1887) und Wakasa (gegr. 1897).

In beiden Fällen waren die Gründer lokale Unternehmer. Fast als Familienunternehmen anzusprechen ist ein weiteres, bereits 1883 gegründetes Bankinstitut *Shōkei gōshi-kaisha,* das aus einem Handels- und Lagerhausgeschäft entstand, ähnlich wie die bereits obengenannte *Sakai tsūshō ginkō* (zus. gef. nach Angaben in Tottori-ken 1900:165-183). Die oben genannten Bankengründungen erfolgten in traditionell durch Handel und Gewerbe geprägten Gebieten: in Ne'u, dem Zentrum der Eisenverhüttung, und Yonago, einem alten Handelszentrum, sowie in Sakai Minato, dem seit langem wichtigen Hafen für dieses Gebiet. Doch auch in den anderen Gebieten in Tottori, die erst mit fortschreitender Seidenraupenzucht und Seidenindustrie eine stärkere wirtschaftliche Aktivität entfaltet hatten, war ein Kapitalmangel spürbar geworden, dem man durch Bankengründungen abzuhelfen trachtete (z.B. in Wakasa). Alle diese Banken waren gegründet worden, um das für den industriellen Fortschritt nötige Kapital zu beschaffen. In den meisten Fällen handelte es sich allerdings um Organbanken, das heißt, sie standen meist einer Gruppe von Familienunternehmen zur Verfügung, oder aber waren kleine ländliche Banken, die mit Hilfe von Kapital der Großgrundbesitzer gegründet worden waren, um deren eigene unternehmerische Ziele zu unterstützen.

Die hier für Tottori geschilderte Gründungswelle war eher schleppend. In Shimane zeigte sich dagegen ein erheblich lebendigeres Bild. So wurden in der Präfektur Shimane im Jahre 1897 fünf, im Jahre 1898 drei, 1899 zwei, 1901 sogar sieben Banken gegründet, womit diese Welle noch keineswegs gebrochen war, denn bis 1912 erfolgten fünf weitere Gründungen (*San'in gōdō ginkō* 1973:17). Ein großer Teil dieser Institutionen darf als ländliche Banken angesprochen werden, gegründet meist mit dem Kapital ländlicher Unternehmer und Großgrundbesitzer. Aus Kreisen der Unternehmer waren wiederum Eisenhüttenbesitzer wie Tanabe, Sakurai und Itōhara, aber auch Bokura und andere beteiligt. Hier zeigen sich auch deutliche Unterschiede zwischen den beiden Präfekturen, die sehr wohl historisch bedingt sind. Das ländliche Gewerbe war in Shimane noch in der Feudalzeit erheblich stärker gefördert worden als in Tottori, wo einzig die Gegend von Hino mit ihren Eisenhütten vom Lehensherrn besondere Beachtung gefunden hatte.

Die Aufschlüsselung des Grundkapitals und der Nennwert einer einzelnen Aktie der oben erwähnten Banken zeigen auch schon, für welche Kreise der Zugang zu diesen Banken als Gründungsmitglieder, Kapitalgeber bzw. Aktienzeichner möglich war:

Name der Bank:	Grundkapital (Yen):	Nennwert einer Aktie (Yen):	Mindestzeichnung (Yen):
100. Nationalbank (Tottori Zweigstelle)	400 000	100	300
3. Nationalbank (ehem. 82. Nationalbank)	200 000	50	60
Yonago-Bank	100 000	?	?
Sakai-tsūshō Bank	35 000	50	
Ne'u Bank	35 000	25	
Kurayoshi yūzū KK	25 000	nur sieben Aktionäre!	
Shōkei gōshi kaisha	7 490	} Kommanditgesellschaften	
Wakasa yūzū gōshi kaisha	10 000		

Bei einem durchschnittlichen Tageseinkommen eines Handwerkers (je nach Art des Gewerbes) zwischen 200 und 400 Sen, monatlich also zwischen 6 und 12 Yen, war es für diese Bevölkerungsgruppe praktisch unmöglich, Aktienbesitz zu erwerben. Die Kapitalbeteiligung selbst bei den kleinen ländlichen Banken, deren Aktien einen Nennwert von 25 Yen besaßen, blieb so vor allem den Großgrundbesitzern und ländlichen Unternehmern wie auch Kaufleuten vorbehalten. Allerdings war der Kapitalmangel um diese Zeit in Japan so groß, daß man von seiten der Regierung verschiedene Möglichkeiten anbot, um auch kleine und kleinste Kapitalien dem Geldverkehr zuzuführen. So waren sogenannte "Sparbanken" (*Chōchiku-ginkō*) eingerichtet worden, die bereits gegen geringe Beträge Sparbriefe ausgaben, bzw. Sparkonten und Sparbücher anlegten. 1898 lagen die Sparguthaben von ca. 5000 Sparern auf zwei Sparbanken in Tottori. Sie hatten zusammen einen Betrag von über 36 000 Yen angespart. Speziell der Unterstützung von Landwirtschaft und Gewerbe sollte eine sogenannte "Landwirtwirtschafts- und Gewerbebank" (*Nōkō-ginkō*) dienen, die entsprechend des 1894 erlassenen diesbezüglichen Gesetzes 1897 dann in Tottori gegründet wurde. Diese Bank wickelte bald darauf die Angelegenheiten der in Tōkyō beheimateten *Kangyō-ginkō* ab, einer Hypothekenbank, die speziell zu Zwecken der Förderung der Industrie ins Leben gerufen worden war (Tottori-ken 1900:194-195). Risikokapital wurde von keiner dieser Banken ausgegeben. So waren z.B. kleinere Bauern oder Pächter nicht in der Lage, für die Verbesserung ihrer Landwirtschaften Kredite zu bekommen. Abhilfe wurde von seiten der Regierung erst durch eine besondere gesetzliche Regelung 1901 geschaffen, als man gestattete, in den einzelnen Präfekturen auch Kreditgenossenschaften zu gründen, die speziell der Unterstützung von kleinen Bauern und Kaufleuten dienen sollten. Eine Gründungswelle dieser Art erfolgte zwischen 1907 und 1915 (Tottori-ken 1968:93-94). Der Unternehmensgründungsboom während des Ersten Weltkrieges, aber auch der, durch die Aussicht, rasche Gewinne zu machen, geförderte zügige Ausbau bereits bestehender Unternehmen zeigte anfangs positive Auswirkungen im Bankensektor. Viele Unternehmen hatten hohe Kredite genommen, damit Maschinen gekauft und Anlagen erweitert. Das Kriegsende wurde von den ländlichen Unternehmern bereits mit gemischten Gefühlen betrachtet. 1920 brach der Markt zusammen, und viele Kreditnehmer konnten ihre Kredite an die Banken nicht mehr zurückzahlen. Zuerst versuchten die kleinen ländlichen Banken, durch Kapitalerhöhungen der Krise zu entkommen. Als sich die Krise ausweitete, schlossen sich viele kleinere und mittlere Banken zusammen. Dieser Konzentrationsprozeß wirkte sich zwar stabilisierend auf das Wirtschaftsklima aus, eine echte Erholung trat aber während der gesamten 20er Jahre nicht mehr ein. Die gesamt-japanischen Krisen der 1920er Jahre schlugen auch auf die ländlichen Gebiete mit all ihren Folgen durch. Zwar sanken die Preise, aber die Löhne noch viel stärker. Neben den Banken waren viele andere, kleinere Unternehmen gezwungen, entweder zu fusionieren oder aufzugeben.

Das für eine rasche Industrialisierung zur Beschaffung von Kapital wichtige Bankensystem konnte, wie in diesem Abschnitt gezeigt worden ist, in Shimane und Tottori erst verspätet eingerichtet werden. Während in Shimane die Gründungen langsam, aber stetig vorankamen, blieb Tottori von Anfang an zurück. Selbst durch eine vermehrte Gründung von Banken im Jahre 1897 war der Vorsprung von Shimane nicht mehr aufzuholen. Insgesamt belief sich die Zahl der Banken (ländliche Banken, Sparbanken etc., ohne Nationalbanken) im Jahre 1912 dann auf zwölf in Tottori und dreiunddreißig in Shimane (*San'in gōdō ginkō* 1973:17). Festzuhalten ist, daß sich gerade im Bankensektor schon früh die traditionellen Unternehmer etablieren wollten, ein Vorteil, der sich in Shimane besonders auswirkte;in Tottori, wo es außer dem Bezirk Hino kein bedeutenderes gewerbliches Zentrum mit einer Unternehmerschicht gab, und nur noch der Hafen Yonago mit seinen Kaufleuten eine wirtschaftlich bedeutendere Rolle auch schon früher gespielt hatte, waren diesbezügliche Initiativen nur gering an der Zahl.

3.3.4. Von der Agrarwirtschaft zur Industrie

3.3.4.1. Landwirtschaft und Wirtschaftsförderung

Mit der Auflösung der feudalen Lehenstümer ging auch die Abschaffung aller Kontrollen und Einschränkungen in der Wirtschaft einher. Das bedeutete neben der schon erwähnten Gewerbefreiheit für das Handwerk dann ab 1871 auch die Freiheit der Wahl der Anbaufrüchte für die Bauern.

Für die Landwirtschaft brachte die Neuordnung der Wirtschaft aber auch eine Veränderung der Abgaben- und Grundbesitzregelung nach Verabschiedung des Gesetzes zur Neuregelung der Grundsteuer durch die Meiji-Regierung im Jahre 1873. Mit Hilfe von Grundbesitzurkunden und einer Katasteraufnahme wurden Besitzverhältnisse geklärt und aufgrund der Lage der Felder und der Qualität des Bodens ein bestimmter Grundstückswert berechnet. Von diesem Grundstückswert mußten drei Prozent als Steuer abeführt werden. Die Neuerung bestand nun vor allem darin, daß die Grundsteuer in Geld und nicht wie früher in Naturalien abgeliefert werden mußte, was viele Bauern in Schwierigkeiten brachte. Profitiert haben davon allerdings die Großgrundbesitzer, die oft schon früher einem Nebengewerbe nachgegangen waren und Marktkenntnisse besaßen. Sie besaßen immer auch genug Reserven, um den günstigsten Zeitpunkt für den Verkauf von Reis abzuwarten, was kleineren Bauern nicht möglich war. Die Vermarktung ihrer Produkte bereitete den kleinen Bauern bedeutende Schwierigkeiten. Findige Unternehmer gründeten deshalb z.B. 1882 eine erste Reisaufkaufsgesellschaft in Tottori. Da Reis nun mehr nach Qualität als nach Menge bezahlt wurde, setzte die Präfekturverwaltung alles daran, die Reisqualität zu verbessern. Zu diesem Zwecke richtete man an vielen Orten Reis-Verbesserungs-Genossenschaften ein, die neben Diskussionen und Beratung auch Lehrgänge mit Experten durchführten (Tottori-ken 1968:85).

Drei Punkte waren bei der Förderung der Landwirtschaft wichtig:

a) Qualitätsverbesserung

b) Produktionssteigerung

c) Einführung neuer Produktionszweige (Kawasoe 1970:201).

Um nun Neuerungen in der Landwirtschaft einzuführen, neue Techniken verbreiten zu helfen, wurde verstärkt auf die Möglichkeiten der Unterweisung, und zwar meist der persönlichen, bestimmter Gruppen zurückgegriffen. Landwirtschaftliche Ausbildungsstätten wurden vermehrt, herumreisende Lehrer für Vorträge, Unterweisungen und Besprechungen eingesetzt. Nicht nur bekannte Lehrer aus den beiden Präfekturen selbst, sondern auch aus weiter entfernten Gebieten holte man zur Erläuterung neuer landwirtschaftlicher Techniken. 1886/87 kamen die ersten überregional bekanntgewordenen Agronomen nach Shimane, darunter auch der mit der Technik des tiefen Pflügens mit dem Pferd vertraute Hayashi Onri aus Fukuoka (Kawasoe 1970:202). Konnte man so auf die Ausbildung in landwirtschaftlichen Kreisen einwirken, wurde auch für die bessere Kapitalversorgung eine Reihe von Einrichtungen geschaffen. So stand die Gründung einer Präfektur-Landwirtschafts- und Industriebank an erster Stelle, später wurden auch Kreditgenossenschaften wie gewerbliche Genossenschaften eingerichtet. Auf der Ebene der Präfektur, der Bezirke und der einzelnen Gemeinden gründete man Landwirtschaftsvereine und band sie in eine straffe Organisation ein. In diesen Vereinen wurden vor allem die Großgrundbesitzer in neuen landwirtschaftlichen Techniken unterwiesen. Für die große Gruppe der Pächter (um die Jahrhundertwende bereits mehr als 50 % der landwirtschaftlichen Betriebe) richtete man Förderungsvereine ein, wo man auch Auseinandersetzungen zwischen Pächtern und Grundherren besprechen konnte, ohne daß man dadurch aber einer umfassenderen Lösung dieses schweren Problems nähergekommen wäre (Naitō 1969:162). Dadurch, daß aber das Grundherren-Pächtersystem im Grunde genommen nicht angetastet wurde, gelang es auch, die Grundherren selbst zur Teilnahme an den verschiedenen Förderungsprogrammen zu gewinnen.

Erkenntnisse einzelner interessierter Bauern und Pächter, aber auch Ergebnisse der Studien der Präfektur-Forschungs- und Prüfungsstellen konnten so im Rahmen der verschiedenen Organisationen an die große

Masse der Bauern und Pächter weitergegeben werden und trugen zur Steigerung des Reisertrages bei. So war es möglich, den Reisertrag, der kurz nach der Meiji-Restauration bei etwa 1,14 *koku/tan* lag und in den ersten Jahren der Meiji-Zeit langsam bis auf durchschnittlich 1,30 *koku/tan* gestiegen war, durch die erwähnten Förderungsmaßnahmen auf einen Durchschnittsertrag von 1,78 *koku/tan* in den Jahren von 1912 bis 1918 zu steigern (vgl. die Zahlen bei Naitō 1969:166). Damit gelang es auch, trotz stark anwachsender Bevölkerung, eine ausreichende Nahrungsmittelversorgung sicherzustellen.

Vor dem Hintergrund der Steigerung der Nahrungsmittelversorgung, der Steigerung der landwirtschaftlichen Erträge sollen nun aber auch die Schwierigkeiten bei der Entwicklung der ländlichen Industrie aufgezeigt werden. Am besten dargestellt werden kann dies durch die Betrachtung einerseits der Seidenraupenzucht und der Seidenspinnerei - als eine in der Meiji-Zeit aufstrebende Branche - und andererseits durch die traditionelle Eisenindustrie, die in dieser Zeit Rückschläge hinnehmen mußte, bis zum völligen Zusammenbruch in den 1920er Jahren. Andere Branchen, wie die Baumwollindustrie, aber auch die kleingewerbliche Produktion von Holz- und Eisenwaren und Papier sollen die Entwicklung der ländlichen Industrie abrundend beleuchten. Die Wirtschaftspolitik der neuen Meiji-Regierung war von dem Motto bestimmt: "Förderung der produzierenden Industrie", aber der Einfluß der staatlichen Politik auf die ländliche Industrialisierung im Raume Shimane-Tottori war vor allem mangels geeigneter Verkehrsgelegenheiten vorerst nur gering. Zwar wurden Anstrengungen auch von den verantwortlichen Behörden in dieser Richtung unternommen (s.o.), aber schon die erste Aufgabe, die Förderung der wirtschaftlichen Aktivitäten der Samurai, die Eingliederung dieser Gruppe von Arbeitskräften in die Wirtschaft erwies sich als schwierig und zum Teil als Fehlschlag. Noch 1877 lag der Anteil der landwirtschaftlichen Produkte an der Gesamtproduktion der beiden Präfekturen bei über 90 %. Seidenspinnerei und Teeproduktion - zwei Branchen, die sich in anderen Gebieten wegen der Möglichkeit der Ausfuhr als außerordentlich gewinnbringend erwiesen hatten - waren in Shimane und Tottori praktisch noch kaum vorhanden. Andere Produkte wie Ginseng, Baumwolle, Seidenkokons etc. wurden zwar hergestellt, ihr Anteil an der Produktion war aber nicht bedeutend. Hier entschloß sich 1877 die Präfektur Shimane, durch Unterstützung der Landwirtschaft, aber auch des Gewerbes und des Han-

dels, die Produktion dieser marktfähigen Erzeugnisse zu fördern. Erster Schritt dazu war die Einrichtung einer landwirtschaftlichen Versuchsanstalt 1877 und der praktische Unterricht der Bauern in Anbau und Verarbeitung solcher Erzeugnisse. Zur Verbreitung bestimmter Techniken wurden Sachverständige in einer Organisation zusammengefaßt (1878), der bald (1884) eine ähnliche zur gewerblichen Förderung und Ausbildung nachfolgte. Mit Mitteln der Präfektur sollten diese Kräfte die Seidenraupenzucht, die Herstellung von Hanf und Papier, die Verarbeitung von Tee und die Technik des Fischfanges etc. verbessern helfen (Kawasoe 1970:201). Zur Unterstützung dieser Politik wurden auch die ursprünglich zur Förderung des Reisanbaues gegründeten Landwirtschaftsvereine herangezogen. Bis 1887 hatte sich dann der Anteil solcher marktfähigen Produkte bereits erhöht (der Anteil von Reis, Gerste etc. war auf 80 % gesunken), und zu Beginn der 90er Jahre war die Produktion von Seidenkokons wie auch von Tee in der Landwirtschaft weitgehend verbreitet. Ginseng erlebte zwar noch einen Boom um das Jahr 1877 herum, und 1882 bestanden 23 Betriebe, die sich mit dem Verkauf von Ginseng beschäftigten. Der vermehrte Anbau hatte aber auch ein starkes Absinken der Qualität der Ware mit sich gebracht, und die Ausfuhr nach Cina nahm rasch ab. Dies führte fast zum Zusammenbruch dieser Branche in den sich anschließenden Jahren. Gleiches ereignete sich auch in der Papierbranche, wo qualitätsmäßig schlechte Produkte den Markt ruinierten und man das eingeführte westliche Papier dem im Lande produzierten vorzog. Ähnlich war der Vorgang bei der Eisenindustrie, deren Erzeugnisse durch die mengenmäßig große Einfuhr von ausländischem Eisen stark zurückgedrängt wurden, und die auch in Preis und Qualität nicht konkurrieren konnten (dazu Naitō 1969:154-156).
In den Jahren zwischen 1877 und 1887 wurden also die bislang bedeutendsten Produkte dieses Gebietes: Ginseng, Baumwolle, Papier und Eisen von den Seidenkokons und vom Tee verdrängt. Weiteren Aufschwung sollten diese beiden Branchen dann durch einen Wirtschaftsplan, der 1895 von der Präfektur Shimane initiiert wurde, nehmen. Hinter diesem Plan stand auch der Wunsch, zur Verwirklichung des von der Meiji-Regierung propagierten Schlagwortes *fukoku-kyōhei* (reiches Land - starke Armee) auf lokaler Ebene mehr beizutragen. Die hohen Anforderungen, die während des chinesisch-japanischen Krieges an die einheimische Wirtschaft gestellt worden waren, hatten die Mängel und den ungenügenden Ausbau der Industrie, vor allem der ländlichen Industrie, klar zutage gebracht. Der ideologische Impetus, der nach dem Sieg das Land erfaßte, schlug

sich auch in den Förderungsmaßnahmen einzelner ländlicher Regionen nieder. 1895 beschloß die Präfekturverwaltung dann, zur Förderung der regionalen Wirtschaft einen 10-Jahres-Plan zu verwirklichen. Inhaltlich gesehen war dieser Plan kein Industrialisierungsprogramm. Hilfestellung wurde in erster Linie dem primären Sektor, also der Landwirtschaft, zuteil. Durch eine bessere Schulung und Ausbildung der landwirtschaftlichen Bevölkerung, durch den Zusammenschluß in Genossenschaften, sowie durch öffentliche Förderungsmaßnahmen (Kapitalhilfe etc.) sollte eine Erhöhung der landwirtschaftlichen Produktion erzielt werden. Im Vordergrund standen dabei Reis, Weizen und Gerste, Seidenraupen, Baumwolle, Hanf, etc., wobei die Produktion von marktfähigen Pflanzen sich natürlich auch auf dem sekundären Sektor auswirkte, etwa in der Spinnerei und Weberei. Anstelle von Baumwolle und Hanf, die durch die Einfuhr billigerer indischer Baumwolle oder Manila-Hanf aus den Philippinen kaum mehr auf dem Markt zu verkaufen waren, rückte aber bereits die Produktion von Seidenkokons und auch verschiedener Gemüsesorten stärker in den Vordergrund (Kawasoe 1970:202). Daneben war beabsichtigt, auch die Papier- und Eisenerzeugung zu fördern. Diese Maßnahmen zur Förderung der Industrie waren allerdings nachrangig (vgl. den Plan in Shimane-ken 1967:2:414; bzw. auch Naitō 1977:143-146). Kritisiert wurde dieser Plan schon zu Beginn unter dem Gesichtspunkt, daß eine Veränderung der Landwirtschaft von der Selbstversorgung zur Produktion für den Markt nicht einfach durch eine Verbesserung der Ausbildung und landwirtschaftlichen Organisation und Kapitalhilfe allein zu erzielen sei, wenn nicht gleichzeitig auch Maßnahmen zur Förderung der Industrie und des Handels, sowie bestimmte, damit in Zusammenhang stehende strukturelle Maßnahmen getroffen würden. Die Kritik erscheint im Nachhinein berechtigt, da alle gesteckten Ziele weit verfehlt wurden. Beim zweiten 10-Jahres-Plan, der 1909 gestartet wurde, lag das Schwergewicht ebenfalls auf dem primären Sektor, jetzt aber mehr auf technischem Gebiet: d.h. nicht die Organisationsbildung stand im Vordergrund, sondern die durch diese verschiedenen landwirtschaftlichen Vereinigungen vermittelbaren technischen Neuerungen, seien es Methoden des Anbaues oder neue landwirtschaftliche Geräte, seien es neue Erkenntnisse der Viehzucht oder der Seidenraupenzucht.

Die weitgesteckten Ziele dieses zweiten Planes wurden allerdings auch nicht erreicht. Beachtliche Produktionsfortschritte gab es anschließend nur in der Seidenraupenzucht wie auch bei der Seidenspinnerei, ob diese jedoch auf den 10-Jahres-Plan zurückzuführen waren, ist schwer nachweisbar (vgl. die Zahlen in Shimane-ken 1967:2:431-432).

Als Gründe für den Fehlschlag auch dieses zweiten Förderungsplanes werden folgende Punkte genannt:

1) ein ständiger Personalwechsel in der Leitung des Planes verursachte auch einen ständigen Wechsel in den Förderungsschwerpunkten;
2) dieser ständige Wechsel hatte auch Auswirkungen auf die verschiedenen Institutionen und Organisationen, die dadurch verunsichert wurden;
3) Institutionen und Organisationen entsprachen keineswegs den Erfordernissen der Wirtschaft der Präfektur;
4) das Fehlen begleitender Maßnahmen zur Förderung der industriellen Unternehmen (Weiterverarbeitung) (nach Shimane-ken 1967:2:432).

Erst der dritte, 1918 gestartete Plan, versprach bessere Aussichten. Eine Industriekommission aus 117 führenden Persönlichkeiten wurde geschaffen, unter ihnen Vertreter aus der Landwirtschaft, Seidenraupenzucht, Viehzucht, Forstwirtschaft, Fischerei, Papier- und Keramikerzeugung, Färberei, Brauerei, und anderen Gewerbezweigen (namentlich genannt in Shimane-ken 1967:2:433-435). Im Gegensatz zu den beiden früheren Plänen stand jetzt die Förderung der Industrie im Vordergrund. Während der vorangegangenen Kriegsjahre hatte man bemerkt, daß die Präfektur Shimane erheblich im Rückstand auf industriellem Gebiet war und man vor allem traditionelle Industrien besaß. Moderne Industrien anzusiedeln, Wissenschaft und Maschinen einzusetzen, Arbeitskräfte auszubilden und moderne Technik anzuwenden, die Qualität der Produkte zu verbessern, Marktmöglichkeiten zu untersuchen, Produktion und Verkauf gleichzeitig zu fördern und die Produktion von Rohmaterialien innerhalb der Präfektur zu erhöhen; diese sechs Punkte standen bei der Ausführung des Plans im Mittelpunkt (Shimane-ken 1967:2:436). Richtlinien zur Durchführung des Planes wurden über die einzelnen Verwaltungsebenen bis zu den kleinen Gemeinden weitergegeben; aber auch innerhalb der Präfekturverwaltung mußten die finanziellen Maßnahmen, die dieser Plan erforderte, mit den Möglichkeiten des allgemeinen Haushaltsplanes in Übereinstimmung gebracht werden. Eine Besonderheit dieses Planes, neben der schon erwähnten Betonung des sekundären Sektors, war auch der Versuch, die Mechanisierung und Verwendung von Maschinen nicht allein auf diesen Sektor beschränkt zu sehen, sondern auch in der Land- und Forstwirtschaft die maschinellen Möglichkeiten zu nutzen, dabei aber auch die aus der Industrie kommenden neuen betriebsorganisatorischen Errungenschaften auf die traditionellen Bereiche der Wirtschaft zu übertragen.

Eine weitere Neuerung gegenüber früheren Plänen bestand darin, daß man nicht 10-Jahres-Ziele festlegte, sondern die gesteckten Ziele jährlich neu formulierte und so ad hoc Änderungen in den Plan einbringen konnte. Zudem wurde ein umfassendes Netz von Verantwortlichen gebildet, die von allen Verwaltungseinheiten die notwendigen Daten lieferten, gleichzeitig aber auch für die Weitergabe von Zielen verantwortlich waren. Dieses Netz von Verwaltungsbeamten war nur für die Zwecke der Plandurchführung geschaffen worden und sollte einzig dieser Aufgabe vorbehalten bleiben.

Dieser dritte Plan brachte erheblich mehr Erfolg als die beiden übrigen, wohl auch aus dem Grund, daß kurz vor dem Start dieses Programmes die Verkehrsverbindungen per Eisenbahn besser geworden waren und so auch dem Handel nun erheblich mehr Bedeutung zukam. Er führte praktisch nahtlos in den 1928 gestarteten vierten Plan hinein, der mehr noch als der dritte den sekundären und tertiären Sektor zu fördern trachtete. Die kurz darauf auch über Japan hereinbrechende Weltwirtschaftskrise vereitelte die Ausführung dieses Planes fast vollständig (zusammengefaßt nach Naitō 1977:149-152).

Allen diesen Förderungsplänen ist eines gemeinsam: Sie wurden unter dem Eindruck des wirtschaftlichen Aufschwunges anderer Gebiete begonnen. Es war dies so, als man nach dem chinesisch-japanischen Krieg den ersten Plan initiierte, nach dem russisch-japanischen Krieg den zweiten und, schon bei Beendigung des Booms während des Ersten Weltkrieges, den dritten. Man plante also in der Abschwungphase der jeweiligen Entwicklung. Darüberhinaus wurde versäumt, den sekundären Sektor, die Industrie, zu fördern. Noch in den beiden ersten Plänen versuchte man, einzig durch die Förderung der Landwirtschaft wirtschaftliche Prosperität zu erlangen. Erst der dritte Plan brachte hier eine Änderung mit sich; zu spät, um sich noch an den Erfolg anderer Gebiete anzuhängen.

Die Förderung der Landwirtschaft durch den ersten und zweiten Wirtschaftsförderungsplan darf nicht zu dem Schluß verleiten, es habe keinerlei förderungswürdige Industrie in der Präfektur Shimane (und ich beschränke mich mangels vergleichbarer Wirtschaftsförderungspläne in Tottori auf die Präfektur Shimane) gegeben. Von einem Fehlen traditioneller oder moderner Industrie kann so pauschal nicht gesprochen werden. Nach der Auflösung der Lehenstümer (1871) wurden die früher vom Lehenstum betriebenen Fabriken, es handelte sich um eine Wachsfabrik und eine Fabrik zur Verarbeitung von Ginseng, an private Unternehmer, meist Händler und Großgrundbesitzer, verkauft (Kawasoe 1970:198). Die an die Stelle der Lehenstümer tretende Präfektur zog sich aber nicht zur Gänze aus der Wirtschaft zurück. So wurde in Hamada zur Hälfte mit Mitteln der Präfektur, zur anderen Hälfte mit Mitteln aus privater Hand, eine Fabrik zur Herstellung von Papier gegründet, die ihren Betrieb 1875 aufnehmen konnte (Kawasoe 1970:198).

Will man industrielle Schwerpunkte in der Meiji-Zeit aufzeigen, so muß man in der frühen Meiji-Zeit, also bis 1880/85 etwa, auf die Eisenindustrie und die Papiererzeugung hinweisen; von diesem Zeitpunkt an liegt das Schwergewicht aber eindeutig auf der Seidenspinnerei. Erst mit Abstand folgen dann Erzeugnisse der Baumwollweberei und schließlich andere wie Papier, Tatami-Matten, Tonwaren, Ziegel, Lackwaren, Achate, Konserven, Zündschnüre, Stein und Steinerzeugnisse, Wachs und Kerzen, Kupfer- und Eisenerzeugnisse, Sake, Soyasauce, etc. (Angaben in einem Verzeichnis aus 1910; nach Shimane-ken 1967:2:653). Die Eisenindustrie erlebte in diesen Jahren allerdings nur zu Kriegszeiten einen gewissen Aufschwung (s.u.). Einen Eindruck dazu vermittelt die Tabelle 2, die für drei ausgewählte Jahre einen diachronischen Schnitt durch die wirtschaftliche Situation zeigt: Die starke Bedeutung der Seidenspinnereien und -webereien geht daraus ebenso klar hervor wie die kurzfristig starke Stellung der Eisenindustrie zur Zeit des russisch-japanischen Krieges. Die Zahl der neu gegründeten oder bestehenden Unternehmen läßt sich für die Meiji-Zeit nur schwer feststellen. Das liegt zum Teil daran, daß für neue Unternehmen zwei Begriffe geprägt wurden: einmal der Begriff *kaisha*, der in den meisten Fällen für Handels- und Dienstleistungsunternehmen verwendet wurde (allerdings auch nicht ausschließlich!), sowie der Begriff *kōjō*, der Unternehmen des produzierenden Gewerbes bezeichnete. Eine weitere Schwierigkeit bei der Interpretation aller Untersuchungen der frühen Meiji-Zeit besteht darin, daß oft nicht festgelegt wurde, ab welcher Beschäftigtenzahl Unternehmen zu zählen waren. Sehr oft fielen kleinere Unternehmen mit einer Beschäftigtenzahl von unter fünf aus den Zählungen heraus.

Eine erste Auflistung von neu gegründeten Unternehmen im Gebiet der Präfektur Shimane ist aus dem Jahre 1879 erhalten geblieben. Insgesamt werden 51 Unternehmen unter der Bezeichnung *"kaisha"* aufgeführt, darunter 13 Unternehmen der Ginsengverarbeitung, 20 Unternehmen im Fisch- und Geflügelhandel, sechs Geldverleiher, drei Baumwollspinnereien,

Tabelle 2: Zahl der Industriebetriebe in drei ausgewählten Jahren in der Präfektur Shimane (nach Kawasoe 1970:208)

Jahr	1893		1905		1915	
Zahl der Arbeitskräfte	über 10	über 50	über 10	über 50	über 10	über 50
Seidenspinnerei und -weberei	6	12	20	16	25	13
Bergwerke	2	3	7	5	7	3
Eisenhütten	10	1	28	-	4	1
Wachs	-	2	-	-	-	-
Papier	-	-	-	-	2	-
Ziegeleien Töpfereien	-	-	2	-	-	-
Druckereien	-	-	2	-	-	1
Schiffswerften	-	-	2	-	-	-
Konserven-fabrik	-	-	3	-	2	-
Sonstige	2	1	5	1	17	1

ein Lagerhaus, eine Seidenspinnerei, eine Eisengießerei, ein Hut- und zwei Papierverkäufer, eine Weberei und ein Transportunternehmen (Shimane-ken 1967:2:105). Bis 1882 erhöht sich die Zahl nicht unerheblich auf insgesamt 82, wobei allerdings in der erhalten gebliebenen Aufstellung nur 62 enthalten sind. Trotzdem kann man aus dieser Liste deutlich einige Schwerpunkte der Gründung von Unternehmen erkennen. Tabelle 3 zeigt die Zunahme im Jahre 1874 und dann noch einmal 1882, also einmal kurz nach der Bekanntgabe der Gewerbefreiheit und dann nach den Depressionsjahren um 1880; kennzeichnend aber die für diese Zeit und Region typische relativ niedrige Kapitalausstattung (Tabelle 4). Zwei Drittel der Unternehmen arbeiteten mit einem Grundkapital von unter 3000 Yen.

Eine Analyse der Statistik aus dem Jahre 1910 (Tabelle 5), die insgesamt 106 produzierende Unternehmen erfaßte, zeigt deutlich auch den gegenüber anderen zentraleren Regionen verspätet einsetzenden wirtschaftlichen Aufschwung. Die Jahre um 1885 bilden eine erste kleine Spitze, gefolgt von einer zweiten rund 10 Jahre später. Ein eigentlicher Unternehmensgründungsboom setzt aber erst um 1905 ein. Beteiligt sind dabei insbesondere die Seidenspinnereien. Eine Untersuchung der Zahl der Beschäftigten in den jeweiligen Unternehmen zeigt, daß mehr als die Hälfte der Unternehmen (nämlich 57) mit nur bis zu 20 Beschäftigten arbeiteten, das produzierende Gewerbe also zumeist kleinstbetrieblicher Natur war. Von diesen 57 Unternehmen sind allein wiederum 54 Seidenspinnereien. Größere Betriebe mit über 90 Beschäftigten gab es in der Präfektur Shimane im Jahre 1910 insgesamt nur fünf an der Zahl. Ein Mangel an dieser statistischen Aufnahme besteht darin, daß Unternehmen mit einer Beschäftigtenzahl bis neun, von denen es viele gegeben haben muß, hier überhaupt nicht erfaßt wurden.

3.3.4.2. Die Eingliederung der Samurai in das Wirtschaftsleben

In eine schwierige Lage gerieten vor allem die Samurai und ihre Familien nach der Etablierung der neuen Meiji-Regierung und der Abschaffung der alten Lehenstümer. Ein Teil der ehemaligen Samurai konnte natürlich in die Verwaltung der Präfektur übergeleitet werden, ein weiterer Teil wurde als Lehrer oder als Polizist übernommen, der größere Teil versuchte, mit den von der Regierung gezahlten Pensionen ein Auskommen zu finden. Diese Pensionszahlungen aus der Staatskasse

Tabelle 3: Gründungsjahre von 62 Betrieben ("*kaisha*") in der Präfektur Shimane nach einer Aufnahme aus dem Jahr 1882 (Shimane-ken 1967:2:106-107)

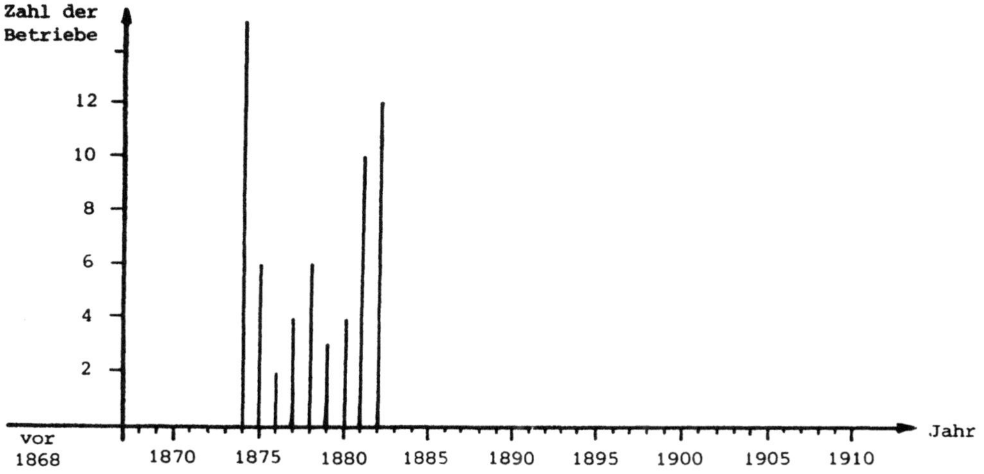

Tabelle 4: Kapitalausstattung von 62 Betrieben ("*kaisha*") in der Präfektur Shimane nach einer Aufnahme aus dem Jahr 1882 (Shimane-ken 1967:2:106-107)

Grundkapital in Yen	bis 500	501 1 000	1001 3000	3001 10000	10 000 50 000	über 10 000	ohne Angabe
Anzahl der Betriebe	9	14	20	11	6	1	1

Tabelle 5: Gründungsjahre von 106 Betrieben ("*kōjō*") in der Präfektur Shimane sowie die in diesen Betrieben beschäftigten Arbeitskräfte (ohne Hilfsarbeiter) aus einer Aufnahme im Jahr 1910 (Shimane-ken 1967:2:654-659)

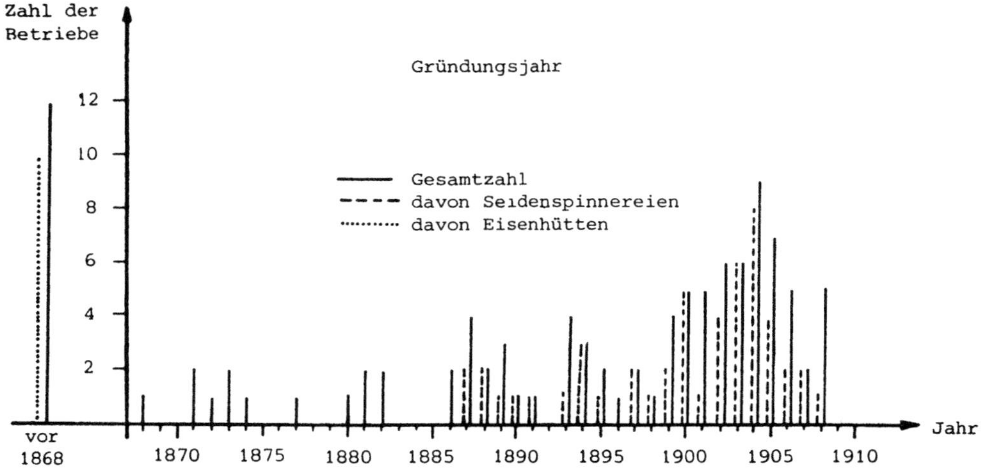

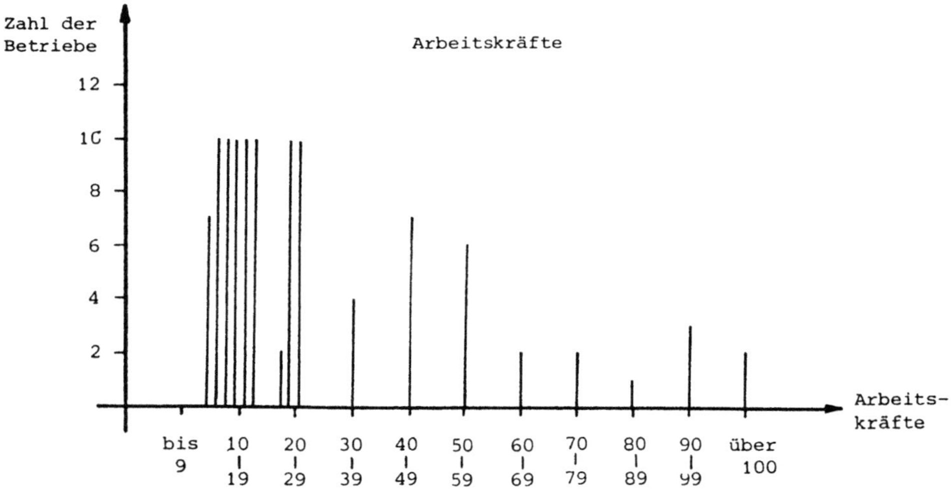

waren allerdings eine starke und ständige Belastung, der sich die Regierung nach Möglichkeit zu entziehen versuchte. Der erste Schritt zur Lösung dieses Problems auf gesamtjapanischer Ebene war der Versuch, die Samurai zu einer Kapitalisierung ihrer Pensionen zu bewegen. Das Kapital sollte allerdings nicht in bar ausgezahlt werden, sondern in Form von Staatsobligationen. Die Samurai sollten nur die Zinsen ausgezahlt bekommen. In Tottori z.B., wo man 1881 6.144 Samurai-Familien mit insgesamt 25.559 Personen gezählt hatte (Yoshimura 1979:79), nahmen rund 70 % das Angebot der Meiji-Regierung an. Im Stadtgebiet von Tottori, wo der größere Teil der Samurai-Familien lebte, war der Anteil noch höher. Nur 20 % hatten ihre Pensionsansprüche nicht kapitalisieren lassen (Tottori-ken 1968:34). In vielen Fällen reichten die ausgezahlten Beträge allerdings kaum aus, den bisher gewohnten Lebensstandard aufrechtzuerhalten. Viele Samurai, die sich ja jetzt nur noch durch ihren früheren, nun wertlos gewordenen Rang von den übrigen Einwohnern unterschieden, mußten versuchen, zusätzlich Geld durch die Ausübung eines Berufes zu verdienen. Die Meiji-Regierung ermunterte die Samurai, die Obligationen als Kapital in neu zu gründende Betriebe einzubringen und durch die Führung solcher Betriebe selbst ihren Lebensunterhalt zu verdienen. Vor allem in Gebieten wie Tottori und Shimane, wo im Gegensatz zu anderen Wirtschaftszentren kaum neue, moderne Industriebetriebe vom Staat gegründet wurden, konnte man die Samurai jedoch nicht einmal als Führungskräfte schulen und einstellen. Von einzelnen Gewerbebetrieben (Weberei, Spinnerei, Glasfabrik, Zündholzfabrik, LW-Geräte-Erzeugung, Salzproduktion), die die Samurai in Tottori eingerichtet und gegründet hatten, sanken praktisch alle nach nur kurzer Zeit zur Bedeutungslosigkeit herab und mußten den Betrieb wieder einstellen. Einzigen Erfolg verbuchten die Samurai, die sich als Pfandleiher versucht hatten (Yoshimura 1979:83). Die Eingliederung der Samurai in das Wirtschaftsleben als selbständige Unternehmer war in praktisch keinem einzigen Fall gelungen. In den meisten Fällen mußten die Samurai als einfache Arbeitnehmer, oft wegen mangelnder Berufsausbildung sogar in untergeordneten Positionen, ihren Lebensunterhalt verdienen.

Nachdem 1882 in einer Zeitung in Ōsaka dann Berichte erschienen waren, die manche Samurai in Tottori dem Verhungern nahe schilderten, wandte sich die Präfekturverwaltung intensiver diesem Problem zu. Man stellte fest, daß überhaupt nur 4 % der ehemaligen Samurai mit ihrem Kapital und Besitz Überschüsse erwirtschafteten, dagegen 72 % völlig ohne

Arbeit auf niedrigstem Existenzniveau darbten. 17 % wurden als von der Hand in den Mund unsicher in den Tag hineinlebend geschildert. Ein Teil der Betroffenen sah eine Möglichkeit zum Überleben nur mehr in Raub und Diebstahl, oder darin, daß sie ihre Töchter verkauften. Eine ad hoc geschlossene Vereinigung, die bei den reichen Bauern in Tottori Geld sammeln wollte und einen Fond für die hilfsbedürftigen Samurai einzurichten trachtete, fand allerdings von seiten der Präfekturverwaltung keine Billigung (Tottori-ken 1968:35), denn kurz darauf unternahm die Präfekturverwaltung selbst erste Schritte, die den ehemaligen Samurai-Familien ein Auskommen geben sollten. Dieses Programm, unter dem Schlagwort *Shizoku jusan* (Berufsförderung der Samurai), war ab Mitte der 70er Jahre schon in anderen Präfekturen mit Unterstützung der Meiji-Regierung angelaufen. Es hatte allerdings bis dahin wenig Auswirkungen auf Shimane und Tottori gezeigt. Insgesamt sind nur drei Fälle bekannt, in denen die Meiji-Regierung mit Unterstützung für die Eingliederung der ehemaligen Samurai in das Wirtschaftsleben half. Im Vergleich mit anderen Gebieten ist dies eine sehr geringe Zahl (vgl. die Aufstellung bei Kikkawa 1972:Anhang). Ein erster Versuch war 1877/78 unternommen worden. Dabei hatte man versucht, 139 Samurai-Familien auf einem neu gerodeten Landstrich anzusiedeln und sie in der Landwirtschaft auszubilden. Von seiten der Meiji-Regierung waren 30 000 Yen an zinslosen Krediten mit einem Rückzahlungsaufschub von 30 Jahren bereitgestellt worden. Da dieser Landstrich aber kaum bewässert werden konnte, waren die Erfolge minimal, und nach nur zehn Jahren waren von den ursprünglichen Samurai-Siedlern nur 35 Familien noch an Ort und Stelle verblieben (Yamanaka 1972:165). In anderen Fällen waren Samurai-Familien dann mit finanzieller Unterstützung der Präfektur allein auf dem Land angesiedelt worden, mit ebenfalls nicht sehr großem Erfolg. Die Mißerfolge derartiger Ansiedlungen veranlaßten aber viele Samurai-Familien, ihr Glück in der Auswanderung in andere Präfekturen mit besseren klimatischen und landwirtschaftlichen Verhältnissen zu suchen oder aber den Aufrufen der Meiji-Regierung zu folgen und sich als Ansiedler auf die zur Erschließung anstehende nördliche Insel Hokkaidō zu melden. Als Neuansiedler und Bauern gingen 428 Familien, als Kolonialmiliz (*tondenhei*) 292 Familien nach Hokkaidō (Yamanaka 1972:166). So wurde durch eine derartige Binnenwanderung das Berufsproblem zumindest für einen Teil der Bevölkerung gelöst, wenngleich die in Hokkaidō für die Ansiedler entstehenden Probleme keineswegs geringer waren als an ihren ursprünglichen Wohnorten.

Unternehmensgründungen hatten nicht den erhofften Erfolg gebracht, ebensowenig die Versuche, die Samurai in die Landwirtschaft und in den Reisbau zu integrieren. Maßnahmen, die Samurai im Rahmen der Seidenraupenzucht einzusetzen, hatten dann aber bereits besseren Erfolg zu verzeichnen. Im Gebiet von Yonago wollte schon 1880 eine Gruppe von 89 ehemaligen Samurai zusammen einen Seidenraupenzuchtbetrieb einrichten und zu diesem Zweck eine Maulbeerbaumplantage mit mehr als 10 000 Maulbeerbäumen anlegen. Die drei Vertreter dieses gemeinschaftlichen Unternehmens beantragten dafür bei der Präfektur einen Zuschuß. Man hörte allerdings, daß rund 3500 solcher Anträge eingegangen seien (Matsuo 1979:31, nach einer Meldung der Asano shimbun), wodurch die Aussichten auf finanzielle Unterstützung durch die Präfektur nicht sehr groß waren. Allerdings gab es auch finanzielle Unterstützung für solche Projekte von seiten der Meiji-Regierung: 25 000 Yen zu 3 % Zinsen, mit einer Aussetzung der Rückzahlung von fünf Jahren und anschließender Rückzahlung in fünf jährlichen Raten wurden 1881 einer Gruppe von Samurai aus den fünf ehemaligen Lehenstümern Tottori, Matsue, Tsuwano, Hirose und Hamada gegeben, um in die Produktion von Seidenraupenkokons einzusteigen. Wie viele Samurai daran insgesamt beteiligt waren, wissen wir nicht genau; aus der verwaltungsmäßigen Abtrennung der Samurai aus Matsue, Tsuwano, Hirose und Hamada im Jahre 1882 geht aber hervor, daß 4.914 Samurai-Familien einen Anteil von 15 250 Yen an Krediten erhalten hatten (vgl. Kikkawa 1942:560 und 569). Der auf den Einzelnen entfallende Anteil war also relativ gering. Dieser Gruppe wurde 1884 abermals ein weiterer Kredit in Höhe von 30 000 Yen zu den schon erwähnten Bedingungen gewährt. Über die Erfolge ist nichts bekannt.

Im selben Jahr richtete man in Tottori auch eine Seidenspinnerei ein, in der 50 Töchter aus Samurai-Familien im Umgang mit den Haspeln angelernt werden sollten. Ein Zweigbetrieb wurde 1886 in Yonago errichtet, wo 25 Töchter aus Samurai-Familien angelernt werden konnten (Yamanaka 1972:166, Tottori-ken 1968:57).

Zeitungsberichte über die Armut der ehemaligen Samurai-Familien betrafen nicht nur die Samurai aus Tottori, auch über Samurai aus Tsuwano und anderen ehemaligen Lehenstümern des Raumes Shimane erschienen schon um 1877 Berichte in den Zeitungen. Programme zur Förderung des Einsatzes von ehemaligen Samurai in der Wirtschaft waren allerdings in Shimane bereits früher als in Tottori angelaufen; Erfolge zeigten sich aber erst nach Ablauf mehrerer Jahre. So hatte sich die Präfekturverwaltung schon

1875 für die Gründung von Unternehmen und Genossenschaften in der Seidenindustrie, die den Samurai Möglichkeiten der Beschäftigung geben sollten, eingesetzt. Die um 1877 bestehenden Unternehmen der Kokonzucht oder der Spinnerei in der Umgebung von Matsue waren dann schon durchweg Samurai-Betriebe. Vereinzelt gab es dabei auch Fälle, in denen man sich außerhalb der Präfektur Kenntnisse aneignete und diese, etwa in der Anwendung verbesserter Geräte, dann auch auf die einheimische Fertigung übertrug. Neben solchen Erfolgen standen aber auch zahlreiche, auf das Unvermögen mit Geld umzugehen, oder durch Schwierigkeiten mit der Betriebsführung ausgelöste Zusammenbrüche. Um auch den Familienangehörigen die Möglichkeit zu geben, zum Lebensunterhalt beizutragen, gaben der ehemalige Lehensfürst von Matsue sowie ein reicher Eisenhüttenbesitzer Kapital zur Gründung einer Hanf- und Nesselspinnerei und -weberei in Matsue (Shimane-ken 1967:2:100). Um die Weiterverarbeitung zu fördern, gründete daraufhin die Präfektur eine Färberei im Jahre 1878, die 1882 dann an einen ehemaligen Samurai weiterverkauft wurde. Eine zusätzliche, von der Präfektur 1881 eingerichtete Hanf- und Nesselweberei wurde ebenfalls nur ein Jahr später an einen privaten Unternehmer veräußert (Shimane-ken 1967:2:100). Die Wirtschaftspolitik der Präfektur ähnelt in Grundzügen also der Politik der Meiji-Regierung, die öffentliche Betriebe nach ihrer Gründung und kurzer Betriebsdauer an Privatunternehmer weiterverkaufte.

Die Gründe dafür, warum man die Samurai drängte, sich in der Textilindustrie zu engagieren, lagen einzig im relativ geringen Kapitalbedarf, den man zur Gründung eines derartigen Unternehmens brauchte. Andere Unternehmungen, wie sie in Shimane und auch Tottori möglich gewesen wären, etwa Bergbau, Landrodungen, Anbau von Ginseng etc. waren zu zeit- und kapitalaufwendig. Die Produktion von Kokons, die Spinnerei und Weberei versprachen schnelleren Erfolg: bei geringerem Aufwand erbrachte der gerade einsetzende Exportboom größere Erlöse. Zudem verhalf die Seidenkokonproduktion auf der einen Seite den männlichen Kräften zur Beschäftigung, die Verarbeitung dieser Produkte in den Spinnereien aber den weiblichen Mitgliedern der Samurai-Familien zur Arbeit, wodurch sich diese nun selbst unterhalten konnten.

Festzuhalten ist, daß die ersten Anstrengungen in Richtung auf eine ländliche Industrialisierung aus der Notwendigkeit der Arbeitsbeschaffung für die ehemaligen Samurai entsprangen. Daneben gab es aber auch größere Bestrebungen, private Unternehmer zur Gründung von Fabriken heranzuziehen.

3.3.4.3. Die Textilindustrie: Von der Baumwolle zur Seide

Baumwollanbau und -verarbeitung waren in der Edo-Zeit in den Küstenregionen am japanischen Meer, darunter auch in den Gebieten der späteren Präfekturen Shimane und Tottori, weit verbreitet gewesen. Der Ertrag der Felder war in diesen Gegenden aus klimatischen Gründen vergleichsweise hoch, die Baumwollspinnerei und -weberei eine geschätzte Industrie gewesen. Der Baumwollanbau wie auch die -verarbeitung verloren in der Meiji-Zeit aber zunehmend an Einfluß und Bedeutung.

Zu Beginn der Meiji-Zeit gab es noch rund 20 Händler, die die in dieser Region gefertigten Baumwollwaren, Garne, mehr noch aber Webwaren, zum größten Teil nach Kyōto und Ōsaka verkauften.

Die Baumwollspinnerei und -weberei war als Nebengewerbe in den bäuerlichen Haushalten noch weit verbreitet. Vor allem bei der Weberei war das Verlagssystem vorherrschend, wo neben den Webstühlen auch das Baumwollgarn von einem Verleger (*tonya*) ins Haus gebracht wurde. Vereinzelt hielten sich noch kleine Unternehmer, die aber oft bereits das Rohmaterial aus anderen Präfekturen einführen mußten. Eine einzige größere Baumwollweberei bestand in Shimane. Sie arbeitete mit etwa 10 Webstühlen und rund 50 Arbeitskräften. Zusätzlich hatte dieses Unternehmen aber weitere 65 Webstühle außer Haus, wo man also im Hausgewerbe Lohnarbeit ausführte (Shimane-ken 1967:2:677). Diese Webstühle waren natürlich Handwebstühle, deren Einsatz allmählich aus Rentabilitätsgründen zu einem Ende kam, womit auch diese Art des Nebenerwerbs für die meist bäuerlichen Familien wegfiel.

Auch die *kasuri*-Weberei, die zu Beginn der Meiji-Zeit noch einen gewissen Aufschwung genommen hatte, deren Verbesserung auch von der Präfektur unterstützt worden war, konnte bei zunehmender Mechanisierung mit dem Preis nicht mithalten und verfiel so rasch (Shimane-ken 1967:2:678). Zusammen mit der Gewerbefreiheit, der Abschaffung der alten Lehenstümer hatte man aber auch das für die Qualitätskontrolle früher zuständig gewesene Amt beseitigt. Nun traten zuviele Anbieter auf, und das vermehrte Angebot drückte den Preis. Die Anbieter konnten ihr Einkommen also nur dadurch halten, daß sie mehr produzierten, was der Qualität nicht zugute kam. Die schlechtere Qualität ließ nun langsam die Ware unverkäuflich werden, da qualitätsmäßig besseres, aus dem Ausland eingeführtes Rohmaterial in den städtischen Unternehmen besser verarbeitet werden konnte.

Tabelle 6: Gründungsjahr der "wichtigen" Baumwollspinnereien in der Präfektur Tottori und Zahl der jeweils beschäftigten Arbeitskräfte im Untersuchungsjahr (d.i. 1900); Gesamtzahl der "wichtigen" Baumwollspinnereien: 15 (Tottori-ken 1900:114-115)

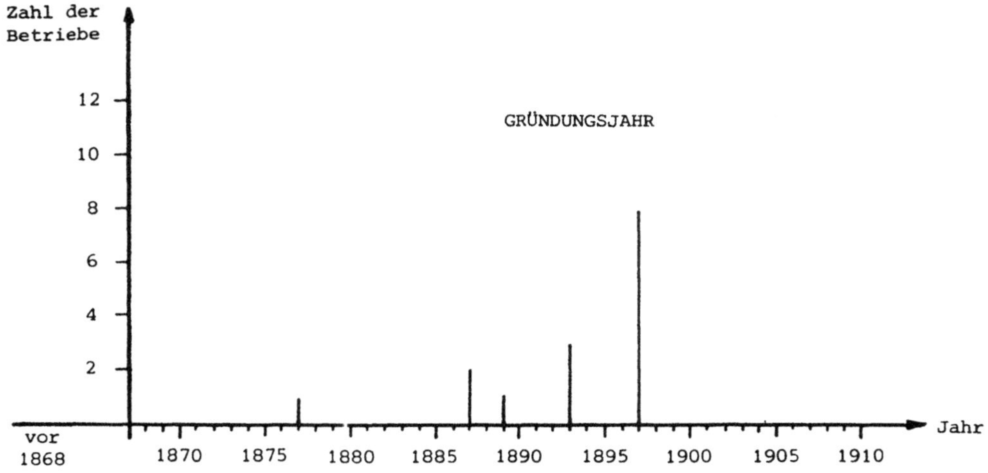

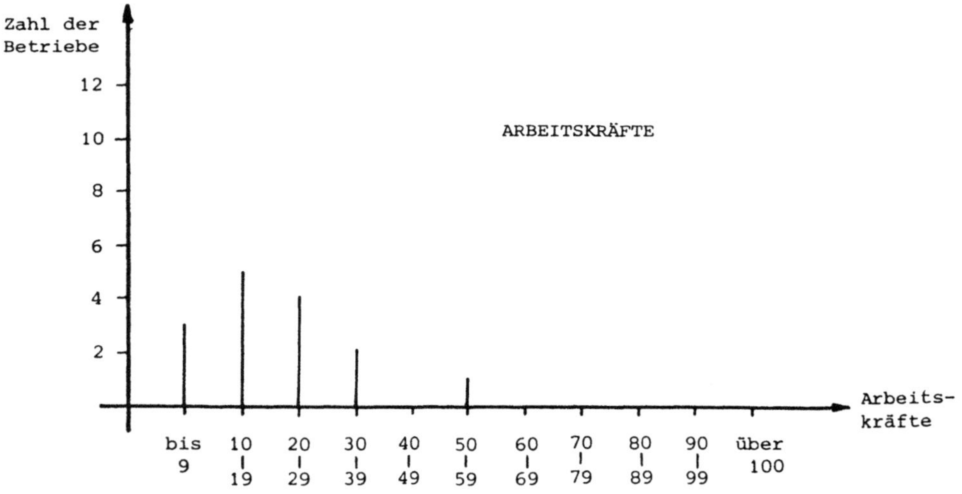

Man versuchte, den Niedergang der Baumwollindustrie durch die Einführung eines neuen Betriebssystems aufzuhalten. An die Stelle des Verlagssystems traten nach 1880 mehr und mehr die größeren Einheiten, nämlich Fabriken, in denen - von der Spinnerei angefangen, bis hin zur Weberei und Färberei - alle Arbeitsgänge an einem Ort durchgeführt wurden. Man beschäftigte in diesen Fabriken in erster Linie junge weibliche Arbeitskräfte aus den ländlichen Gebieten. Diese - wenngleich geringe - Zunahme an Fabriken schlägt sich auch in der in Tabelle 6 gezeigten Statistik nieder. Nicht nur in Shimane, auch in Tottori wurden in den 1880er Jahren einige wenige Baumwollfabriken gegründet. Die Einfuhr und Anwendung westlicher Methoden der Baumwollspinnerei und -weberei in den großen Fabriken in den städtischen Zentren der Pazifikküste Japans und die spätere Einfuhr ausländischen Rohmaterials brachten die Baumwollindustrie in den ländlichen Gebieten wie Shimane und Tottori nach 1885 zunehmend in Schwierigkeiten. Die Anbaufläche nahm rasch ab (vgl. Tabelle 7). 1889 war sie nur noch so groß wie die Fläche der rasch expandierenden Maulbeerbaumkulturen (Yamanaka 1972:171).

Tabelle 7: Gesamtanbaufläche von Baumwolle in Shimane (für fehlende Jahre keine Angaben!) (Shimane-ken 1974:151, 153)

Jahr	Fläche (*cho*)
1884	1693
1887	2177
1892	1724
1895	1304
1896	1161
1897	1173
1898	1237
1900	1009
1901	1061
1902	995
1903	774
1904	650
1905	540
1906	497
1907	360
1908	316
1909	198
1910	168
1911	168
1912	146
1913	110
1914	116
1915	111
1916	87
1917	56
1918	47
1919	50
1920	42

Schwer traf diese ländlichen Unternehmen dann auch die Abschaffung des Einfuhrzolls auf ausländische Baumwolle nach dem chinesisch-japanischen Krieg von 1894/95. Danach nahm vor allem die groß-betrieblich organisierte und von der maschinellen Ausstattung her auch am weitesten fortgeschrittene Baumwollindustrie einen Aufschwung und drängte die kleinen Betriebe in den Hintergrund (Tottori-ken 1968:90). Deutlich wird der Tabelle 5 auch, daß nach diesem Zeitpunkt in Tottori zwar eine Reihe von neuen Baumwollspinnereien gegründet wurden, allerdings mit Kapital, das aus den Wirtschaftszentren und nicht aus der Präfektur selbst kam. Ausschlaggebend für solche Fabrikgründungen war das in Tottori vorhandene, noch nicht ausgeschöpfte Potential an billigen, vorwiegend weiblichen Arbeitskräften (vgl. ähnliche Beispiele in der Seidenspinnerei).

Die Baumwollindustrie in Tottori und Shimane erlebte nach 1870 einen ständigen Niedergang, weil sie in ihrer Produktionsweise, als Hausgewerbe bzw. in Form von kleinbetrieblichen Unternehmen, den in den städtischen Zentren gelegenen, mit westlichen Maschinen und groß-betrieblicher Form arbeitenden Unternehmen konkurrenzmäßig nicht gewachsen war. Zudem bot sich die gewinnbringende Seidenraupenzucht als Alternative an, die zusätzlich auch durch die Wirtschaftspolitik der Meiji-Regierung wie der beiden Präfekturen noch gestützt wurde.

Die Zucht der Seidenraupen bzw. die Seidenspinnerei war in Shimane und Tottori um 1870 noch keineswegs weit verbreitet. Verbreitung fand sie in diesen Jahren in erster Linie durch die Förderung der Präfekturen, die diese den ehemaligen Samurai angedeihen ließen, um ihnen einen Lebensunterhalt zu verschaffen (s.o.). So war die Seidenraupenzucht anfangs also keineswegs eine bäuerliche Tätigkeit. Daraus erklärt sich auch, warum die Zentren der Seidenraupenzucht in diesen Jahren in der semi-urbanen Umgebung von Matsue bzw. Tottori lagen. Eine Verbreitung in ländlichen Gebieten und ein Aufgreifen der Seidenraupenzucht durch die Bauern und Großgrundbesitzer erfolgte dann erst um die Mitte der 1880er Jahre. Vorausgegangen war eine Untersuchung der Präfekturverwaltung im Jahre 1884, die die Möglichkeiten des Gewinns beim Anbau von Reis und der Seidenraupenzucht verglich, wobei letztere erheblich besser abschnitt und bei einer Verarbeitung zu Seidengarn noch höhere Gewinne versprach. Zudem konnte man die Maulbeerbäume auch auf schlechtem Boden mit minderwertigem Wasser, wo Reis nie gut gedeihen würde, anbauen. Diese Ausführungen bewogen einzelne Pioniere, in den ländlichen Gebieten Maulbeerbäume zu pflanzen und mit der Zucht von Seidenraupen zu experimentieren. In privater Initiative holte man sich Fachleute, richtete Schulungsstätten ein, und verschiedene Bürgermeister kleinerer Gemeinden animierten die Großgrundbesitzer, in dieses neue Geschäft einzusteigen. Nicht selten fuhren die Großgrundbesitzer z.B. nach Nagano, das damals als fortgeschrittenstes Gebiet der Seidenspinnerei galt, um die neuesten Techniken selbst zu erlernen.

Welche Wirkungen die Pilotfabriken (vgl. das Kapitel Technologietransfer), die von der Meiji-Regierung eingerichtet worden waren, auch in solchen entfernteren Gebieten hatten, wird aus einer Zeitungsmeldung aus dem Jahre 1883 deutlich: Von seiten der Präfektur Shimane hatte man ungefähr 20 Mädchen in die Seidenspinnerei nach Tomioka gesandt, wo sie in den neuen Techniken der Seidenspinnereien eine Ausbildung erhalten sollten (Tottori-ken 1968:36). So brachten also nicht nur die Unternehmer selbst, sondern auch die Arbeitskräfte neue technische Kenntnisse an ihren jeweiligen Arbeitsplatz mit.

Während die Präfektur auf der einen Seite die Hilfe für die traditionelle Eisenindustrie praktisch völlig einstellte, förderte sie auf der anderen Seite die Seidenindustrie kräftig. Ausschlaggebend dafür war der im Gegensatz zum Eisen immer stärker ins Gewicht fallende zu erzielende Gewinn in dieser Branche, vor allem im Exportgeschäft.

Nach dem Reis wurde die Seidenraupenzucht dann in den 1890er Jahren zum zweitwichtigsten Erzeugnis in den beiden Präfekturen Shimane und Tottori. Die rasche Zunahme der Fläche der Maulbeerbaumkulturen und der nur geringe Anstieg der Anbaufläche von Reis (Tabellen 8 und 9) verdeutlichen dies. Im Jahre 1891 gaben in der Präfektur Shimane bereits 18.113 Haushalte an, daß sie Seidenraupenzucht betrieben (Naitō 1976:22). Diese Zahl stieg in den nächsten Jahren weiter an. Die rasche Zunahme der Anbaufläche von Maulbeerbäumen fand natürlich auch ihren Niederschlag in der Produktion von Seidenkokons. So stieg die Produktion zwischen 1878 und 1887 rapide an; der Aufschwung in den nächsten Jahren bis 1897, der eine neuerliche Verzehnfachung der Produktion brachte, zeigt dann, wie stark diese Industrie das Wirtschaftsleben der Präfektur prägte (vgl. Tabelle 10).

Tabelle 8: Die Zunahme der Maulbeerbaumkulturen und die Zahl der mit der Seidenraupenzucht beschäftigten landwirtschaftlichen Haushalte im Vergleich zur Naßreisfläche (Quelle: Shimaneken 1974: Tabelle 46 und Tabelle 47; Flächenangaben in *chō* ha)

Jahre	Naßreisbaufläche	Fläche der Maulbeerbaumkulturen	Zahl der mit der Seidenraupenzucht besch. landw. Haushalte
1881	51 534		
1882	51 843		
1883	51 694		
1884	52 240		
1885	52 427		
1886	52 079		
1887	52 353		
1888	52 778		
1889	54 265	1 208	
1890	54 445	1 334	
1891	54 647	1 632	
1892	54 876	1 577	
1893	54 987	2 109	
1894	54 270	1 820	
1895	53 889	2 465	
1896	53 803	2 683	
1897	54 053	3 043	
1898	54 422	3 048	
1899	54 307	3 047	
1900	54 910	3 284	
1901	55 351	3 239	
1902	55 544	3 289	
1903	55 650	3 423	
1904	55 593	3 385	
1905	55 661	3 489	
1906	55 818	3 667	
1907	55 948	3 979	25 442
1908	55 822	4 168	27 686
1909	55 955	4 440	27 890
1910	56 100	4 604	32 747
1911	56 237	4 815	35 120
1912	56 298	4 990	31 643
1913	56 497	5 130	29 944
1914	56 502	5 159	36 108
1915	56 799	5 187	39 097
1916	56 843	5 524	42 218
1917	56 908	6 001	42 777
1918	56 873	6 491	42 701
1919	56 867	6 727	39 146
1920	56 813	6 849	38 100

Tabelle 9: Zunahme der Fläche der Maulbeerbaumkulturen in der Präfektur Tottori (Quelle : Tottori-ken 1900:59-60)

Jahr	Fläche (*chō* ~ ha)
1881	239,7
1884	638,2
1885	676,1
1886	764,1
1887	882,7
1888	940,0
1890	1 312,6
1891	1 161,4
1892	1 382,4
1893	1 565,1
1894	1 679,8
1895	1 823,0
1896	2 161,5
1897	2 835,2
1898	2 680,8

Tabelle 10: Produktionssteigerung von Seidenkokons in der Präfektur Shimane (nach Naitō 1969:169)

Jahr	Menge (in *koku*)
1878	111
1887	1.347
1892	9.297
1897	15.509
1902	13.971
1907	22.121

Die meisten Kokons wurden allerdings nicht in den landwirtschaftlichen Gebieten weiter verarbeitet, sondern an die von den Großgrundbesitzern und Händlern geleiteten kleinen Fabriken verkauft.

Die Meiji-Regierung hatte neben den Pilotfabriken auch einige weitere Betriebe entweder von den früheren Lehensfürsten übernommen oder auch neue eingerichtet. Von einer derartigen staatlichen Gründung einer Seidenspinnerei in Hiroshima animiert, versuchten 1878 einige Unternehmer in Yonago, die Meiji-Regierung zum Bau einer Seidenspinnerei auch in ihrer Nähe zu gewinnen, allerdings ohne Erfolg (Tottori 1968:37). Entscheidend für die negative Haltung der Regierung dürfte hierbei die Abgeschiedenheit des Gebietes von den wichtigsten Verkehrsverbindungen gewesen sein. Man hatte sich aber durch diesen Mißerfolg nicht entmutigen lassen und fand 1880 eine genügend große Zahl von Kapitalgebern unter den reichen Händlern und Großgrundbesitzern der Region, die zusammen dann den Plan einer Seidenspinnerei,mit 2000 Spindeln und französischen Maschinen ausgestattet, verwirklichten (Tottori 1968:37). In der Folge wurden weitere kleinere Fabriken gegründet; so z.B. in einem relativ abgelegenen Gebiet im östlichen Tottori, in Wakasa, wo 1885 erstmals eine kleine Fabrik mit mehr als 10 Kokonbecken eingerichtet wurde. 1886 setzte man in Tottori die erste Dampfmaschine in einer Seidenspinnerei ein. Damit begann unaufhaltsam auch die Ablösung der traditionellen Techniken. Schon Mitte der 1870er Jahre war die traditionelle *saguri*-Handhaspel durch ein wasserradgetriebenes Verfahren teilweise ersetzt worden; mit der Dampfkraft begann auch die Ablösung dieser Technik. Allerdings arbeiteten die kleinen Spinnereien oft noch bis zur Weltwirtschaftskrise von 1929 mit dem Wasserradantrieb weiter, danach wurde diese Methode jedoch endgültig aufgegeben (Tottori-ken 1968:91).

Der starke Aufschwung, den die Seidenindustrie um 1890 nahm, schlägt sich auch in der Zahl der Unternehmensgründungen nieder (vgl. Tabelle 11). Deutlich wird auch, daß es sich in den meisten Fällen noch um Kleinbetriebe handelt, nur drei der insgesamt 34 Spinnereien beschäftigten im Untersuchungsjahr (1900) mehr als hundert Arbeitskräfte. Der Aufschwung der Seidenspinnerei bricht damit aber keineswegs ab, und Ende der Meiji-Zeit findet man in der größten Spinnerei in Kurayoshi (Kurayoshi-san'in seishi) mehr als 700 Personen beschäftigt (Tottori-ken 1968:91).

Die Seidenwebereien (Tabelle 12) spielten gegenüber den Spinnereien eine vergleichsweise geringe Rolle. Hier wurde eine größere Zahl von Unternehmensgründungen um und nach 1895 vorgenommen. Es handelt sich dabei ebenfalls durchweg um Kleinbetriebe; dies zeigt auch die Analyse der Beschäftigtenzahl. Die Gesamtzahl an "wichtigen" Seidenwebereien (als "wichtig" empfand man vor allem die großen) fällt gegenüber den Spinnereien aber nicht ins Gewicht.

Nachdem im Jahre 1912 dann die Eisenbahnverbindung von Tottori durchgehend bis nach Kyōto und Ōsaka fertiggestellt war, erhoffte man sich durch diese Anbindung an den städtischen Markt eine Verbesserung der industriellen und landwirtschaftlichen Situation.

Während der Kriegszeit vergrößerte sich die Maulbeerbaum-Fläche um das Dreifache; die Kokonernte erfolgte jetzt zweimal im Jahr, im Herbst und im Winter. Auch die Verarbeitungsmenge stieg in gleichem Maße um mehr als das Dreifache. Der Grund dafür war, daß einerseits die kleinen, lokalen Spinnereien während des Krieges zügig ausgebaut worden waren, zum anderen aber auch die kapitalstarken, großen Spinnereien in Tottori Zweigbetriebe errichteten. Die Spinnerei des Unternehmers Sakaguchi, den wir ja schon bei einigen Unternehmen als Kapitalgeber gefunden hatten, beschäftigte nach dem Ausbau dann 1916/17 etwa 200 Arbeitskräfte. Durch den einsetzenden Preisverfall gegen Ende des Jahres 1917 kam aber dieses Unternehmen in Schwierigkeiten und mußte in den Monaten Dezember und Januar eine Fertigungspause einlegen. In der gesamten Präfektur lagen damals 48 Fabriken still, 4.271 weibliche und 197 männliche Arbeitskräfte waren arbeitslos geworden (Matsuo 1979:181-182).

Tabelle 11: Gründungsjahre der Seidenspinnereien in der Präfektur Tottori und die Zahl der jeweils beschäftigten Arbeitskräfte im Untersuchungsjahr (1900) (Tottori-ken 1900:68-72)

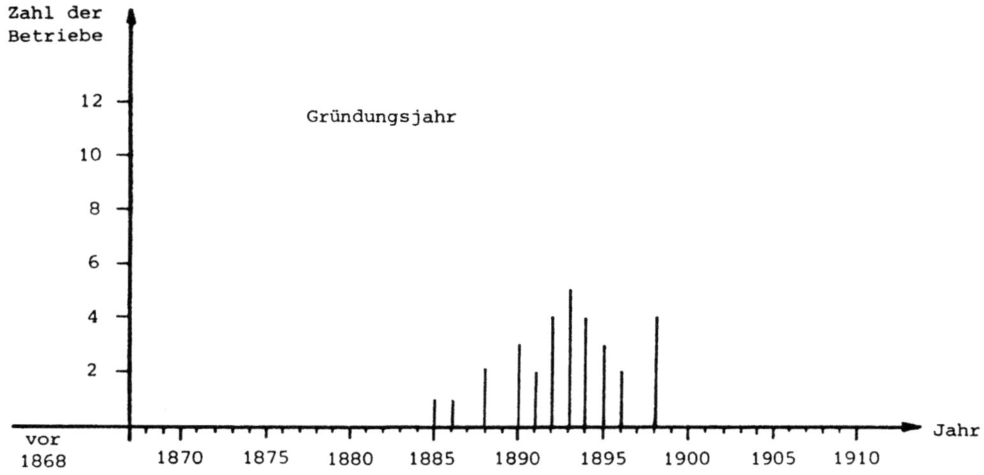

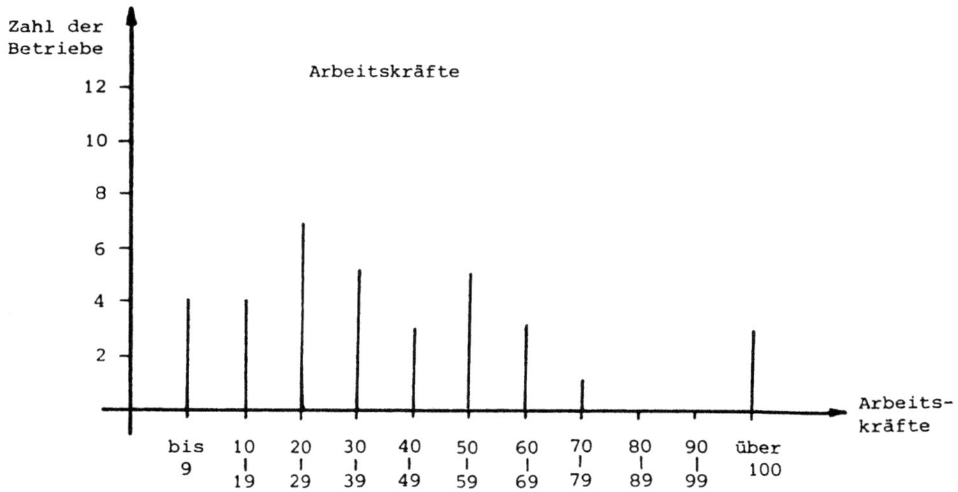

Tabelle 12: Gründungsjahre der "wichtigen" Seiden-Webereien in der Präfektur Tottori und die Zahl der jeweils beschäftigten Arbeitskräfte im Untersuchungsjahr (d.i. 1900); Gesamtzahl der "wichtigen" Seidenwebereien : 9 (Tottori-ken 1900:109-110)

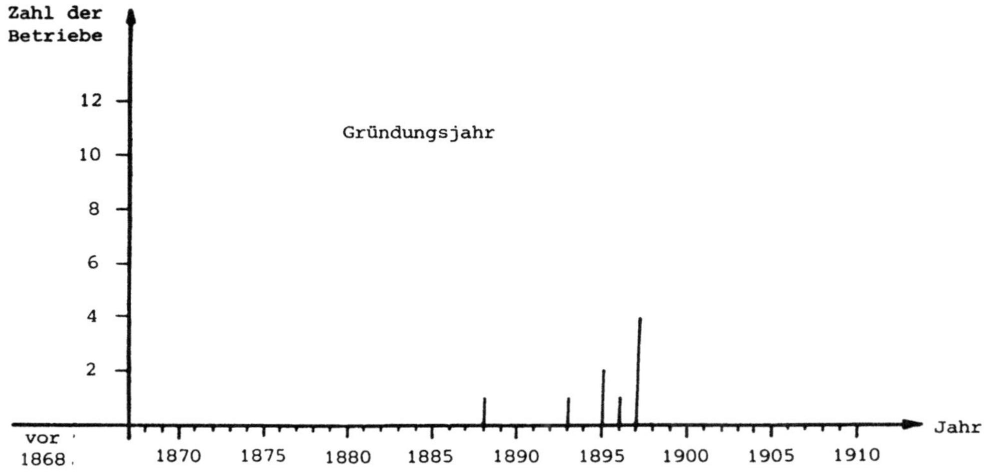

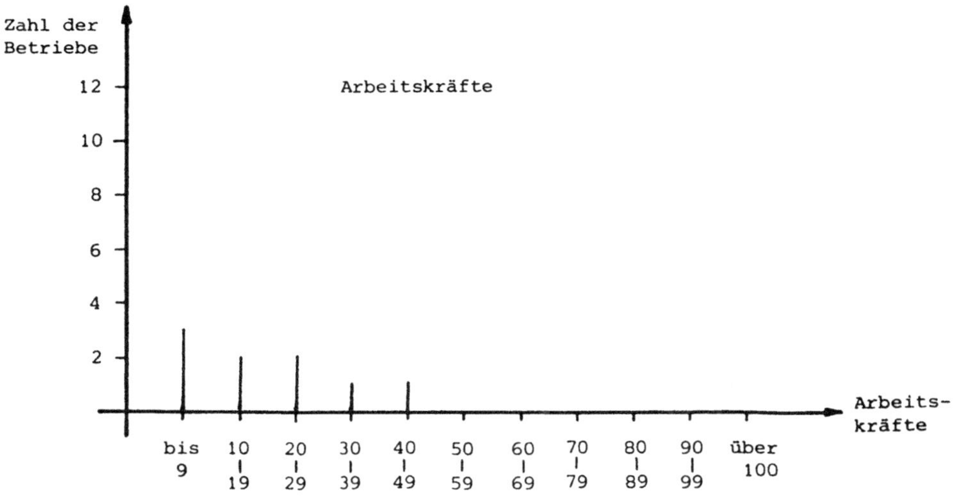

Der sich Anfang 1918 noch stärker abzeichnende Einbruch wirkte sich auf die kleinen Textilbetriebe in diesem Raum noch längere Zeit aus. Neben der Seidenspinnerei hatte auch die Baumwollindustrie 1920 mit großen Schwierigkeiten zu kämpfen. Im August 1920 mußte die in Kurayoshi angesiedelte San'in bōshoku KK (San'in Baumwollspinnerei und -weberei AG) ihren Betrieb einstellen. Die Arbeitspause war auf zwei Monate veranschlagt. 286 weibliche und 20 männliche Arbeitskräfte verloren ihren Arbeitsplatz. Bei der am selben Ort angesiedelten größten Seidenspinnerei (San'in seishi kaisha) wurde im selben Jahr ebenfalls der Betrieb eingestellt. Von den Vertretern der gesamtjapanischen Seidenspinnereien war ein 78-tägiger Herstellungsstop verkündet worden, dem sich die einzelnen Unternehmen unterwarfen. In Kurayoshi allein waren 700-800 Arbeitskräfte arbeitslos geworden (Matsuo 1979:204-205).

Besser als die genannten Spinnereien überstanden die Zweigbetriebe der Großunternehmen (z.B. Nihon seishi, Katakura, Gunze) die Krise. Diese Unternehmen hatten während des Krieges die sich in der Präfektur Tottori bietenden Möglichkeiten entdeckt. Hier war noch Land zu billigen Preisen zu erwerben gewesen und das Arbeitskräfteangebot, vor allem von weiblichen Arbeitskräften, relativ groß. So begannen diese Unternehmen nicht nur Zweigbetriebe einzurichten und die in Tottori erzeugten Kokons zu verarbeiten, sondern durch die bereits vorhandenen Verkehrsverbindungen war es auch möglich geworden, Kokons aus anderen Gebieten einzuführen und hier verarbeiten zu lassen. So entstanden Fabriken mit Beschäftigtenzahlen zwischen 700 und 800, zum Teil bereits mit Elektrizität ausgestattet. Die Krise nach Kriegsende wurde für organisatorische Änderungen genutzt. Einige Firmen schlossen direkte Verträge mit landwirtschaftlichen Genossenschaften ab, leisteten Vorschüsse zur Anpflanzung neuer Maulbeerbäume, zum Kauf von Dünger etc. gegen die spätere, vertraglich geregelte Ablieferung einer bestimmten Menge an Kokons. Um 1930 waren etwa die Hälfte aller Genossenschaften durch solche speziellen Verträge mit einzelnen Firmen gebunden. Das heißt in Zahlen ausgedrückt: 1.073 Genossenschaften und die damit verbundenen 16.498 landwirtschaftlichen Betriebe waren direkt mit den Seidenspinnereien verbunden (Tottori-ken 1968:120-121). Um 1930 waren 75 % aller Trockenfelder in Shimane mit Maulbeerbäumen bepflanzt und rund 61 % aller landwirtschaftlichen Betriebe auch in der Seidenraupenzucht tätig (Yamanaka 1972:171).

Eine ähnliche Entwicklung kann für die Seidenspinnereien in der Präfektur Shimane nachgezeichnet werden. Eine Mechanisierung der Seidenspinnerei hatte ab 1885 eingesetzt und die bis dahin verwendeten einfachen Geräte abgelöst. Erst mit Beginn der Mechanisierung werden kleine Fabriken sichtbar, wobei alle diese Unternehmen in den ländlichen Regionen praktisch in der Hand der Großgrundbesitzer waren. In den von den Großgrundbesitzern gegründeten Seidenspinnereien fanden in erster Linie natürlich Frauen eine Beschäftigung, darunter vor allem junge Mädchen, meist Töchter von Pächtern, die dadurch dem Haushalt geringe Geldmittel beizusteuern vermochten. Mit Hilfe eines von der Seidenspinnerei-Genossenschaft erarbeiteten Vertragsformulars wurde gewöhnlich mit der künftigen Arbeitskraft und einem Bürgen ein Arbeitsvertrag geschlossen. Ein Ausscheiden aus dem Vertrag war nicht möglich, wie auch der Lohn in diesem Vertrag nicht angegeben wurde. Die Arbeitskräfte standen in einem fast Leibeigenschaft-ähnlichen Verhältnis zum Fabrikbesitzer, die schlechten Arbeitsbedingungen in den Spinnereien taten zudem ein übriges, um die Gesundheit der jungen Mädchen zu untergraben. Waren die Mädchen zwischen 13 und 17 Jahre alt, wurde ein Vertrag über die Dauer von 5 Jahren geschlossen, bei 18- bis 20-jährigen mit vierjähriger und bei über21-jährigen mit dreijähriger Dauer. In den meisten Fällen arbeiteten die Mädchen bis zur Heirat am selben Ort. Die Mädchen hatten sich den Regelungen innerhalb der Fabrik zu beugen. Normalerweise gab es zwei Ruhetag im Monat: am 1. und am 15. Tag. Arbeitsruhe gab es sonst nur an Festtagen, an den drei Nationalfeiertagen und zu Neujahr. Die tägliche Arbeitszeit betrug 12 Stunden. Die Mädchen lebten in den meisten Fällen in Heimen in der Fabrik. Ausgang alleine war nicht gestattet, es mußten immer mindestens zwei Mädchen zusammen gehen. In einer Reihe von Fällen kam es nach 1897 aufgrund besonders schlechter Arbeitsbedingungen in den Seidenspinnereien zu Streiks (Naitō 1969:169-170).

1891 zählte man bereits 17 größere Fabriken in Shimane, 1907 war die Zahl solcher Fabriken allein in der Umgebung von Izumo und Hirata, dem Zentrum der Seidenraupenzucht, auf über 200 gestiegen (Naitō 1976:22-24). 1908 heißt es dann, daß etwa 60 % der Produktion maschinell in Fabriken mit Dampfmaschinenantrieb hergestellt werden, der Rest auf der traditionellen hand- bzw. auch fußgetriebenen *saguri*-Haspel.

Bei einer Zählung der Seidenspinnereien mit über 10 Becken (!) ergab sich folgendes:

Tabelle 12 a·

	Anzahl der Betriebe:	Anzahl der Becken:
Betriebe mit Maschinenantrieb	32	1.441
" " handgetriebenen *saguri*-Haspeln	17	376
" " fußgetriebenen *saguri*-Haspeln	28	332
insgesamt:	77	2.149

Fast 70 % der in der Präfektur Shimane erzeugten Kokons wurden um diese Zeit auch in der Präfektur selbst wieder verarbeitet, etwa 10 % an Großhändler in Yokohama verkauft und exportiert; der Rest ging vor allem in die Präfekturen Fukui und Ishikawa, geringere Mengen auch nach Tottori und Nagano, um dort verarbeitet zu werden (Naitō 1969:168-169). Die Angaben der einzelnen Präfekturen zeigen auch sehr deutlich, wie stark man von den Verkehrswegen abhängig war: bevorzugte Liefergebiete waren die Präfekturen am japanischen Meer, die man per Schiff erreichen konnte.

Obwohl sich in diesen Jahren die lobenden Erwähnungen des Seidengarnes aus Shimane vermehrten, gab es noch genug Probleme. Nicht nur die Sortenzahl, auch die Stärke und die Elastizität, aber auch die Färbung ließen teilweise noch zu wünschen übrig. Qualitätsmäßige Verbesserungen wurden erzielt, indem man Fachleute um Unterweisung bat. Trotzdem gab es durch die Unerfahrenheit in der Betriebsführung von seiten der Großgrundbesitzer immer wieder Verluste. 1910 gab es in Shimane 1932 Seidenspinnereien. Nach der Betriebsform aufgeschlüsselt, waren davon allerdings nur 13 Aktiengesellschaften, eine Kommanditgesellschaft, zwei offene Handelsgesellschaften und 32 Einzelunternehmen. Über die Betriebsgröße und maschinelle Ausstattung ist damit aber noch nichts ausgesagt (vgl. die obigen Angaben). Die übrigen mehr als 1000 Seidenspinnereien waren ein, meist in Form des Verlagssystems aufgebautes, von den Großgrundbesitzern geleitetes Hausgewerbe, das in vielen Fällen noch mit der alten *saguri*-Seidenhaspel arbeitete (Naitō 1977:148).

Der zweite 10-Jahres-Plan, den die Präfektur Shimane im Jahre 1909 ins Leben rief, betonte unter anderem auch die Förderung der Seidenindustrie, allerdings mehr von seiten der Landwirtschaft. Der Plan sah eine Erhöhung der Seidenkokon-Produktion um das Dreifache vor. Zu diesem Zweck sollten

1) in jedem Bezirk Fachleute bestimmt werden, die jährlich mindestens einmal über Fragen der Seidenraupenzucht referieren und Verbesserungen erläutern und verbreiten sollten. Dazu sollten in einem Ausbildungszentrum auch direkte Anleitungen für die Zucht gegeben werden;
2) ab 1910 dann in jedem Dorf ein verantwortlicher Fachmann bestimmt werden, der die Verbesserungen auf dieser Ebene beaufsichtigen und anleiten sollte;
3) für die Seidenspinnereien ebenfalls ein Fachmann bestimmt werden, der durch Besuche in den einzelnen Bezirken die Unternehmen in Verbesserungen anleiten sollte, und auch die in den jeweiligen Regionen vorhandenen Fachleute sollten verantwortlich Führungsaufgaben für Verbesserungen in der Seidenspinnerei in ihrem Gebiet übernehmen;
4) für die Erweiterung der Maulbeerbaumkulturen von der Präfektur finanzielle Hilfen geleistet werden, um damit neue Kulturen anzulegen;
5) eine von der Präfektur eingerichtete Raupenzuchtanstalt eine Verbesserung der Arten erzielen;
6) das landwirtschaftliche Ausbildungszentrum der Präfektur ausbildungswillige Kräfte sammeln und in der Seidenraupenzucht unterweisen;
7) Zweigstellen des Büros zur Verhinderung von Seidenraupenkrankheiten in den einzelnen Bezirken eröffnet werden, um so Krankheiten früh genug erkennen und abwenden zu können;
8) auf jährlichen Ausstellungen der Fortschritt in der Seidenraupenzucht und in der Seidenspinnerei vorgeführt werden (Shimane-ken 1967:2:659-660).

Zusätzlich zu diesen Maßnahmen sollte auch eine Steigerung der Seidengarnproduktion erzielt werden. Die maschinelle Produktion sollte um das Dreifache, die handwerkliche um das Siebenfache gesteigert werden. Erzielt werden sollte dies mit Hilfe der landwirtschaftlichen Vereine und Genossenschaften, die ein bessere Ausbildung vermitteln und den gemeinsamen Transport und Verkauf organisieren sollten. Keineswegs dachte man aber an die Verbesserung der Produktionsstruktur durch Förderung des Einsatzes von Maschinen und durch den Ausbau von Fabriken. Hierin wird die Problematik dieses zweiten 10-Jahres-Planes besonders deutlich. Er sah eine Verbesserung der traditionellen, bereits überholten Technik vor, nicht aber den Ausbau der maschinellen Fertigung. Der Plan rechnete damit, daß sich die im Hausgewerbe tätigen Arbeitskräfte an dieses Gewerbe binden ließen und dadurch eine Produktionssteigerung erzielt werden könnte. Allerdings fanden viele Arbeitskräfte gerade um diese Zeit entweder in der Fischerei oder in anderen Berufszweigen Arbeit, die besser bezahlt wurde als die Seidenspinnerei, wodurch der Erfolg dieses Wirtschaftsplanes in Frage gestellt war.

Die Wichtigkeit der Seidenindustrie veranlaßte die Präfektur erst 1912 , mit einem technischen Hilfsprogramm an die Verbesserung der Seidenspinnereien, der Ausbildung, aber auch der Einkaufs- und Absatzmöglichkeiten heranzugehen. Grund dafür war, daß es vor allem kleine, mit geringem Kapital ausgestattete Unternehmen in Shimane gab, die für eine Verbesserung und Erneuerung der Produktion kaum die Mittel selbst aufbringen konnten (Shimane-ken 1967:2:669). Viele Einzelheiten dieser 1912 gefaßten Beschlüsse, wie etwa die Verbesserung der Ausbildung der Arbeitskräfte, aber auch die Verbesserung der innerbetrieblichen Versorgung und Betreuung etc., gehen dann mehr oder weniger unverändert in den 3. Wirtschaftsplan ein, der ja erheblich stärker das Gewicht auf die Förderung der Industrie legte.

Zusammenfassend läßt sich über die Entwicklung der Textilindustrie in den Präfekturen Shimane und Tottori folgendes sagen: Die während der Edo-Zeit bedeutende Baumwollindustrie verliert nach 1868 zunehmend an Einfluß. Ersetzt wird sie durch die Seidenindustrie, deren Anfänge auf die Bemühungen, die Samurai ins Wirtschaftsleben einzugliedern, zurückgehen. Von den ersten Anfängen in dern 1880er Jahren an nahm die Seidenraupenzucht raschen Aufschwung und stand bald an erster Stelle beim landwirtschaftlichen Einkommen und verdrängte zum Teil dabei sogar den Reis. Die Bodenqualität wie auch das Klima waren für die Seidenraupenzucht in diesem Gebiet außerordentlich gut geeignet. Die Statistik verdeutlicht die Zunahme an Maulbeerbaumflächen wie auch die Zahl der mit der Seidenraupenzucht beschäftigten landwirtschaftlichen Haushalte. Zudem darf aber keineswegs vergessen werden, daß die Seidenraupenzucht Gewinn versprach, einen Gewinn, der beim Anbau von Reis auf keinen Fall erzielt werden konnte.

Diese Möglichkeit, Gewinne zu erzielen, ist Anlaß für die Großgrundbesitzer und Händler, Kapital zur Gründung von Seidenspinnereien zur Verfügung zu stellen. Ein Gründungsboom setzt - gegenüber den Wirtschaftszentren etwa um 8 - 10 Jahre verspätet, in den beiden Präfekturen erst nach 1890 ein. Die Schwierigkeiten für eine rasche ländliche Industrialisierung liegen einmal im Bereich der Kapitalbeschaffung - die Zahl der Banken ließ in den meisten Fällen noch zu wünschen übrig -, zum anderen aber auch in der Verkehrslage, die es erst spät erlaubt, Anschluß an den wichtigsten Markt, Ōsaka, zu finden.

Von seiten der Präfekturverwaltungen wurde für die Landwirtschaft zwar einiges getan, eine Förderung der ländlichen Industrie setzt allerdings spät, fast zu spät, ein. Erst mit dem Ersten Weltkrieg werden die Förderungsmaßnahmen konkreter. Die Jahre nach 1920, in denen durch die Schaffung von Verkehrsverbindungen auch die beiden Räume dem Einfluß des Weltmarktes ungehindert ausgesetzt sind, sind von den Krisen, die ganz Japan erschüttern, ebenfalls geprägt.

Die besondere Betonung der Seidenindustrie als einzige wichtige Industrie in Shimane wie Tottori führt dann auch nach der Weltwirtschaftskrise 1929, unter der vor allem die Seidenindustrie zu leiden hatte, zu schweren Problemen. Die Firmenzusammenbrüche und die damit verbundenen Entlassungen ließen die Arbeitslosenzahlen rasch anschwellen. Aufgrund der einseitigen Ausrichtung der industriellen Struktur dieser Gebiete ließ sich aber nur langsam Abhilfe schaffen.

3.3.4.4. Die Eisenindustrie: Der Niedergang eines traditionellen Gewerbes

Eisen wurde in Japan bis in das erste Viertel des 20. Jahrhunderts in Form von Sandeisen gefördert und verhüttet. Bis in die Mitte des 19. Jahrhunderts gab es keine andere Möglichkeit der Eisen- und Stahlgewinnung als die seit Jahrhunderten geübte Methode der direkten Reduktion mittels Holzkohle, deren Ergebnis qualitativ hochwertiger schmiedbarer Stahl war. Diese traditionelle Methode, *tatara* genannt, ruhte auf einem Gesellschaftssystem, in dem die Arbeitskräfte der Eisenverhüttungsbetriebe in strenger, fast leibeigenschaftlicher Abhängigkeit vom Hüttenbesitzer standen. Großgrundbesitz an Wald (nötig zur Gewinnung der für den Verhüttungsprozeß verwendeten Holzkohle) und Reisfeldern (Gewinnung von Nahrungsmitteln durch Eintreibung des Pachtzinses), wie auch der von den Feudalherren sanktionierte monopolartige Rechtsanspruch auf die Ausbeutung der Naturschätze durch einige wenige Hüttenmeister (*tatari-shi* genannt), sind typische Merkmale der Eisenindustrie in diesem Raum.

Im Chūgoku-Gebiet, also den Präfekturen Okayama, Hiroshima, Yamaguchi, Shimane und Tottori gab es in der Edo-Zeit rund 300 Eisenhütten. Größtenteils lagen sie in den Bergregionen, wo sich die Sandeisenlagerstätten befanden und man auch Köhlereien einrichten konnte. In Shimane waren die Eisenhütten im westlichen Teil (Iwami-Region) und der bergigen Region des östlichen Teils, dem Lehenstum Matsue, konzentriert. Im Raum Tottori war es vor allem das Gebiet des Hino-Bezirkes, wo es zahlreiche Eisenhütten gab. Dort waren in der Edo-Zeit von 72 Dörfern alleine 70 in irgendeiner Weise mit der Eisenindustrie verbunden und ihr Wirtschaftsleben von dieser Industrie auch mehr oder weniger abhängig (Kawasoe 1970:104-105). Mitte bis Ende des 18. Jahrhunderts waren Gewinnung und Handel mit Eisen unter die Kontrolle des jeweiligen Lehenstumes gestellt worden. Das Lehenstum kaufte das gewonnene Eisen auf und trieb von den Eisenhüttenbesitzern ein sogenanntes "Transportgeld" (*unjō-kin*) als Steuer ein. Absatzort für das vom Lehenstum angekaufte Eisen (meist Stahl, seltener Gußeisen) war meist der Ōsaka-Markt bzw. die dort ansässige Eisen-Gilde. In Tottori übernahmen den Transport, später auch den Aufkauf, Händler und Schiffseigner aus Sakai-Minato, wo auch das Aufkaufsbüro des Lehenstums eingerichtet worden war. Auch das Lehenstum Matsue bediente sich häufig dieses Hafens. Das in Iwami gewonnene Eisen (hier wurde im Gegensatz zu den anderen Gebieten mehr Gußeisen produziert) verschiffte man über den Hafen von Hamada. Bevorzugtes Absatzgebiet war damals bereits Kyūshū.

Die Notwendigkeit einer Erneuerung der traditionellen Eisenindustrie war schon vor dem Ende der Edo-Zeit klargeworden. Die von der Feudalregierung bzw. von den einzelnen Lehenstümern und privaten Unternehmern errichteten Flammofenbetriebe waren mit der Qualität des von den traditionellen Eisenhütten angelieferten Roheisens nicht zufrieden, weshalb man schon damals an die Verwendung von eingeführtem Roheisen dachte. Die Einfuhrmenge von ausländischem Roheisen, Halbzeug und Stahlwaren stieg nach der Meiji-Restauration rasch an. Dem traditionellen Hüttengewerbe erwuchs so eine scharfe Konkurrenz, vor allem, weil das aus dem Chūgoku-Gebiet stammende Rohstahlprodukt um fast 25 % teurer war als die eingeführte Ware. Zunehmender Preisverfall auf dem Inlandsmarkt führte dann dazu, daß die traditionellen Hüttenbesitzer erstmals 1877 mit Bitten um Unterstützungskredite und andere Hilfen an die Präfekturverwaltung herantraten (Bittschrift in Shimane-ken 1967:2:114-116). Trotz solcher Hilfen geriet ab 1880 ein Betrieb nach dem anderen in die roten Zahlen (Aufstellungen der Ein- und Ausgaben in Shimane-ken 1967:2:119).

Zusätzlich dazu hatten aber auch die gesetzlichen Veränderungen nach Auflösung der Lehenstümer im Jahre 1871 zu starken Belastungen der Hüttenbetriebe geführt. 1872 waren die Bodenschätze verstaatlicht worden. Jeder Abbau wurde genehmigungspflichtig, das Abbaugebiet besteuert. Dies wurde durch das ein Jahr später erlassene Bergbaustatut geregelt. Neben den steuerlichen Belastungen durch das neue Bergbaugesetz kamen weitere durch die Besteuerung von Acker-, Wald- und Weideflächen nach der Grundsteuerreform von 1873. Zwar war es vielen Hüttenbesitzern gelungen, sich den früher in Nutzung bewirtschafteten Wald als persönliches Eigentum zu sichern oder aber Wald-, bzw. auch Ackerflächen von den nun im Besitzrecht stehenden Bauern zu kaufen, die höhere steuerliche Belastung machte aber den Betrieben enorm zu schaffen (vgl. dazu Nohara 1970:70).

Dieser Niedergang eines traditionellen Gewerbes hatte erhebliche Auswirkungen auf die Wirtschaft des ganzen Gebietes. Mit der Aufgabe der Eisenhütten brach auch die Holzkohlengewinnung teilweise zusammen, nur aufgefangen durch die besseren Verkehrsmöglichkeiten, die bald die Anlieferung an die städtischen Zentren erlaubten und so diesem Zweig vorerst noch das Überleben sicherten. Betroffen waren aber vor allem die Bauern in der Umgebung der Hütten, die den Abbau des Sandeisens als Nebenarbeit in den Wintermonaten betrieben hatten. Diese Nebenarbeit hatte einen Teil ihres Lebensunterhaltes sichergestellt. Die Bauern verloren weitere Einkünfte, da nunmehr auch der Transport des gefertigten Rohstahls, der traditionellerweise auf dem Pferderücken bis zum nächsten Hafen erfolgt war, und damit eine weitere Einkommensquelle darstellte, wegfiel.

Eine kurzfristige Besserung in den 1880er Jahren trat durch den erhöhten Bedarf der japanischen Marine auf. 1883 war ein Marine-Ausbauprogramm beschlossen worden, wodurch der Bedarf an Eisen und Stahl bei den Arsenalen, Munitionsfabriken und Werften angestiegen war. So konnte die Produktion der traditionellen Eisenhütten zwischen 1887 und 1890 um fast ein Drittel gesteigert werden. Allerdings war die herkömmliche Technik den Anforderungen der modernen

Industrie nicht gewachsen, und von seiten der Marine wurden immer wieder Klagen über die schlechte Qualität des angelieferten Materials laut, bis hin zur Verweigerung der Annahme (vgl. Shimane-ken 1967:2:123). Es waren so auch technische Probleme, die in der Meiji-Zeit zu einem Verlust von Marktanteilen führten. Die schlechte Qualität des Stahls machte seine Verwendung in den mit modernen westlichen Maschinen ausgestatteten Fabriken schwer möglich. Qualität, die dem handwerklich arbeitenden Schmied genügte, war für den Industriebetrieb nicht ausreichend. Von solchen Mängeln gingen dann Anstöße für eine technische Erneuerung der traditionellen Hüttenbetriebe aus, die allerdings den Zusammenbruch nur noch um einige Jahre hinauszögern konnten. Im Laufe der Meiji-Zeit hatte die traditionelle Eisenhüttenindustrie praktisch nur in den jeweiligen Kriegszeiten einen gewissen Aufschwung genommen, war aber jedesmal danach in eine nur noch tiefere Krise gestürzt. Es waren dies - wie schon erwähnt - die Jahre nach 1885, als Japan große Rüstungsanstrengungen unternahm, desgleichen dann vor und während des chinesisch-japanischen Krieges, sowie in den Jahren des russisch-japanischen Krieges. Einen letzten Aufschwung erlebte die traditionelle Eisenindustrie dann während des Ersten Weltkrieges, brach aber anschließend völlig zusammen. Neben dem eingeführten Eisen machte auch die Produktionsaufnahme des staatlichen Hüttenwerkes in Yahata (1901) der traditionellen Eisenhüttenindustrie stark zu schaffen (Naitō 1969:167). Diese angedeutete Entwicklung läßt sich auch anhand der Tabelle 13 gut erläutern. Sichtbar wird die ansteigende Tendenz der Produktion von Eisen und Stahl in ganz Japan, wobei allerdings die traditionellen Hütten des Raumes Shimane und Tottori daran kaum beteiligt sind. Ihre Produktion ließe sich - vor allem aus technischen Gründen - kaum rasch erhöhen, die traditionellen Hütten waren sehr unelastische Betriebe. Besonders deutlich werden die durch die Rüstungsanstrengungen hervorgerufenen Produktionsspitzen im Falle von Shimane. Insgesamt ist aber die fallende Tendenz der Produktion trotz zeitweiliger Besserung nicht aufzuhalten gewesen. Allein die sinkende Zahl von Eisenhütten spricht hier eine beredte Sprache.

Da die technischen Möglichkeiten begrenzt waren, suchte man nach anderen Wegen der Rationalisierung. Einen Ausweg aus der Krise sah man 1899 in der Gründung eines neuen Unternehmens, das in erster Linie den Verkauf des in den traditionellen Hütten hergestellten Rohstahls übernehmen sollte. Gründungsmitglieder dieses Unternehmens waren drei Hüttenbesitzer aus Shimane und Tottori (Iejima, Bokura, Chie), ein Eisenhändler und Hüttenbesitzer aus Yasugi (Matsuura) sowie ein Bankfachmann der Yasugi-Bank (Yamamoto). Die vier Hütten der Kapitalgeber zu diesem Unternehmen arbeiteten durchweg noch in traditioneller Weise mit dem mit Menschenkraft betriebenen Blasebalg.

Neben den Erzeugnissen dieser Hütten bezog man aber auch Erzeugnisse aus den Hütten von Sakurai, Itōhara und Tanabe (vgl. die Karte 4). War es in erster Linie Aufgabe dieses Unternehmens gewesen, den gemeinsamen Handel der Erzeugnisse zu forcieren und zu vereinfachen, so war die Forderung nach Lieferung hochwertigen Stahls von seiten der Marine vor dem russisch-japanischen Krieg 1903 Anlaß zur Gründung eines neuen Werkes, das mit einem Dampfhammer ausgestattet war (1904 fertiggestellt). Die Arbeitskräfte wurden zum Teil von den Hütten in Tottori geholt.

Durch den Ausbruch des Ersten Weltkrieges wurde die Einfuhr von Eisen und Stahl aus Deutschland und Belgien gestoppt,und kurz darauf verboten auch England, Indien und Amerika den Export von Eisen nach Japan. Japan, das bei Roheisen zu 50 %, bei Stahl zu 70 % von der Einfuhr abhängig gewesen war, stand vor einem schwierigen Problem, das sich zum Teil insofern lösen ließ, als man verstärkt auf die traditionelle Hüttenindustrie zurückgriff und ihr dadurch wieder eine, nun letzte, Überlebenschance gab.

Zwischen 1914 und 1918 wurden in Shimane allein zehn neue Hütten eröffnet, fünf weitere waren in Bau oder Planung. Diese rasch eröffneten Hütten weckten aber schon zu ihrer Zeit harte Kritik, da man ihre Ausstattung als unzureichend empfand: mit Gas oder Öl betriebene Maschinen, die ohne Störung kaum einen dreißig-stündigen Betrieb durchhielten (Shimane-ken 1967:2:687). Andere angedeutete Mängel zeigen auf, daß diese neuen Hüttenbetriebe praktisch die jahrhundertelang tradierte Arbeits- und Betriebsweise ohne Änderung weiterführten.

Neben den traditionellen Hütten profitierte allerdings noch eine weitere Eisenhütte vom Kriegsboom. 1909 bereits war in Yasugi ein neues Stahlwerk mit Namen Yasugi Eisen & Stahl KG (Yasugi tekkō gōshigaisha) gegründet worden, an dem allerdings keiner der traditionellen Eisenhüttenbesitzer mehr beteiligt war (mit Ausnahme von Matsuura, der in erster Linie Händler war). Grund für die Nichtbeteiligung mag die mit 4000 Yen relativ hohe Kapitaleinlage gewesen sein, die die Hüttenbesitzer um diese Zeit (vgl. den Produktionsrückgang in diesen Jahren

Tabelle 13: Die Zahl der Hütten in der Präfektur Shimane sowie die erzeugte Eisen- bzw. Stahlmenge in den Präfekturen Shimane und Tottori im Vergleich zur gesamt-japanischen Produktion (Quelle: Nihon tekkō renmei 1973: Tabellen II-2/5 und II-2/6; Yanagiura 1971:51)

Jahr	Produktion Ges. Japan (t)	Produktion Tottori (t)	Produktion Shimane (t)	Hütten (Shimane)
1874	4 882			
1875	3 437			
1876	6 447			
1877	8 216			
1878	10 167			
1879	13 031		6 621	
1880	16 184		8 115	
1881	16 125	2 667	5 732	
1882	12 163	2 729	1 697	
1883	14 834	1 913	5 447	
1884	11 860	1 403	3 760	
1885	6 769	--	3 429	107
1886	13 759	2 036	4 530	98
1887	15 268	1 913	5 580	106
1888	18 194	3 253	7 319	114
1889	20 054	3 374	7 159	114
1890	21 013	3 566	7 409	114
1891	17 312	3 254	3 991	
1892	18 868	3 016	5 968	
1893	17 007	2 881	4 465	
1894	19 434	3 479	5 612	
1895	25 797	3 057	4 902	
1896	27 373	3 403	4 561	
1897	27 991	3 239	4 276	
1898	23 810	2 815	4 169	
1899	23 066	2 646	3 594	
1900	24 841	2 755	3 277	
1901	29 449	2 848	3 617	
1902	32 130	3 268	3 675	
1903	33 811	3 520	4 155	
1904	38 143	3 567	3 480	
1905	53 212	2 804	4 127	28
1906	50 302	3 238	3 916	28
1907	51 943	2 492	3 219	25
1908	45 395	1 586	1 870	30
1909	54 191	1 447	1 207	17
1910	67 217	1 667	1 357	16
1911	63 872	1 478	1 907	13
1912	69 364	1 860	1 876	12
1913	71 362	1 827	1 475	10
1914	89 890	2 104	1 307	10
1915	82 979	2 254	1 180	6
1916	101 134	2 525	1 764	6
1917	139 005	2 727	4 258	11
1918	199 774	21	46	
1919	221 448	15	21	
1920	179 715			

in Tabelle 13 , der natürlich auch mit einem Einkommens- und Gewinnrückgang verbunden war) nicht mehr aufbringen konnten. Diese neue Hütte begann mit einem Tiegelofen zur Herstellung hochwertigen Tiegelstahls, stellte aber auch bereits Überlegungen zum Einsatz eines Elektroofens an. 1915 begann man in Yasugi mit der Erzeugung von Elektrostahl.

Bemerkungen: Die in dieser Tabelle zusammengestellten Angaben über die Produktion von Eisen bzw. Stahl in Gesamt-Japan und in den beiden Präfekturen Shimane und Tottori sind den amtlichen Statistiken des Agrar- und Handelsministeriums entnommen und weichen von den Angaben in den Statistiken der beiden Präfekturen zum Teil ab. So sind die Zahlen z.B. für die Zeit des Ersten Weltkrieges, speziell für das Jahr 1918, erheblich von den in dieser Tabelle angegebenen Zahlen abweichend. Ein Grund dürfte darin zu finden sein, daß in den Präfekturstatistiken nicht die produzierte Menge, sondern die verkaufte Menge angeführt ist, und es selbstverständlich Zukäufe aus anderen Gebieten gab, die wohl so in die Statistik einflossen.

Vergl. dazu das Schaubild nach den Angaben in der Präfektur-Statistik von Shimane (nach Yanagiura 1971:56; Mengenangaben in *kan*, 1 *kan* = 3,75 kg)

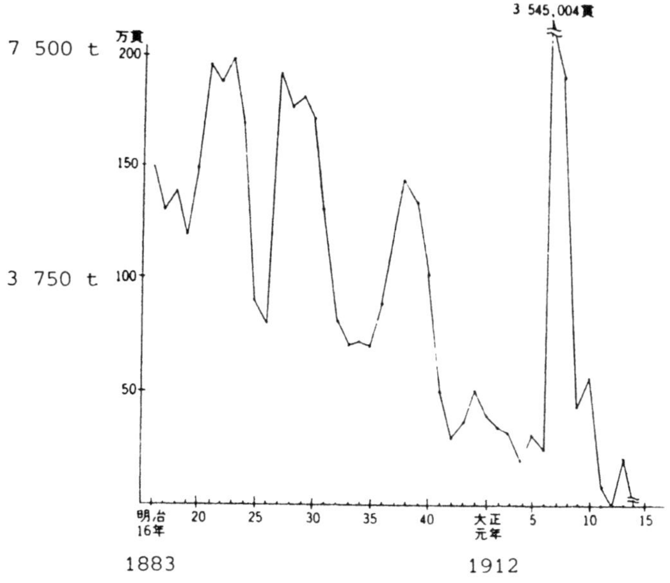

Karte 4: Die Präfekturen Shimane und Tottori (Hauptstädte Matsue und Tottori) und die Lage der Eisenhüttenbetriebe der Meiji-Zeit

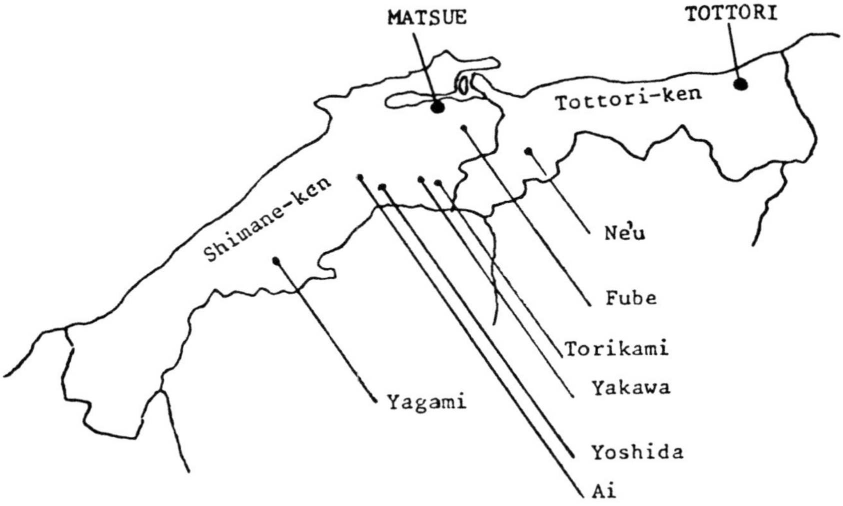

Shimane		Tottori	
Ort	Familie	Ort	Familie
Fube	Iejima	Ne'u	Kondō
Torikami	Bokura		
Yakawa	Itōhara		
Yoshida	Tanabe		
Ai	Sakurai		
Yagami	Miyake		

Die großen Investitionen erforderten eine Kapitalaufstockung und schließlich die Umwandlung dieses Unternehmens in eine Aktiengesellschaft (1916). Die um diese Zeit erreichte Zahl von Aktienzeichnern von 289 erhöhte sich im Laufe der nächsten beiden Jahre auf 569. Während des Krieges hatte das Unternehmen seine technischen Einrichtungen weitgehend ausbauen können und Zweigfabriken in Matsue, Torikami und Okutsu errichtet. Die Fertigung von Elektrostahl litt allerdings unter der unregelmäßigen Stromlieferung während der Kriegszeit und mußte zeitweise eingestellt werden. Die Flaute der Nachkriegszeit brachte aber auch dieses Unternehmen nahe an den Rand des Bankrotts. Nur durch Betriebseinstellung der Zweigfabriken und Kündigung von mehr als der Hälfte der Arbeitskräfte konnte das Unternehmen überhaupt weiterbestehen (zusammengefaßt nach Hitachi Kinzoku 1974:2-22).

Noch viel stärkere Auswirkungen hatte die Nachkriegsflaute auf die traditionellen Hüttenbetriebe. Mit dem Ende des Krieges und der Wiederaufnahme der Einfuhr ausländischer Eisen- und Stahlwaren sank der Eisenpreis rapide ab, und die Einkünfte der Hütten deckten bald nicht einmal mehr die Betriebskosten. Reihenweise schlossen die Hüttenbetriebe in Shimane und Tottori (Matsuo 1979:194) Wie schwer der Rückschlag war, zeigen die Zahlen aus der Präfektur Shimane. So hieß es in einer Zeitungsmeldung von Mitte 1920, daß die Zahl der wichtigen Fabriken (zu denen auch die Eisenhütten zählten) seit dem Kriegsende von 150 auf 129 zurückgegangen sei, also 21 Betriebe geschlossen worden waren. Am stärksten war an diesem Rückgang das Hüttengewerbe betroffen, das mit 18 Schließungen am deutlichsten beteiligt war (Shimane-ken 1967:2:688).

Nach diesem Überblick über den Niedergang eines traditionellen Gewerbes in den Präfekturen Shimane und Tottori soll zusätzlich aber auch am Beispiel des Hüttenbesitzers Kondō, in Ne'u, Tottori, aufgezeigt werden, wie sich Einkommens- und Produktionsverhältnisse konkret bis zum Zusammenbruch änderten.

Zu den größten Eisenhüttenbetrieben in Shimane und Tottori während der Meiji-Zeit gehörten Bokura in Torikami, Itōhara in Yagami, Tanabe in Yoshida, Sakurai in Ai (alle bisher genannten in der Präfektur Shimane) und Kondō in Ne'u (im Bezirk Hino, Präfektur Tottori (vgl. Karte 5). Alle diese Hütten konnten in der Meiji-Zeit auf den großen Waldbesitz der Hüttenbesitzer zurückgreifen. So war die Familie Tanabe mit einer Fläche von über 20 000 *chō* (≙ ha) einer der größten Waldbesitzer in der Präfektur Shimane, die anderen Hüttenbesitzern standen mit Flächen zwischen 5000 und 8000 *chō* aber nicht sehr weit nach.

Die Größe der Betriebe kann aus dem Vergleich in der folgenden Tabelle entnommen werden. Die Angaben stammen aus den Jahren 1904-05 (nach Iwanaga 1956:276).

	Kondō	Tanabe	Sakurai
Zahl der in den Eisenhütten beschäftigten Arbeitskräfte	1200	929	511
Anzahl der Eisenhütten	7	13	?
Naßreisfelder (*chō*)		330	120
Trockenfelder (*chō*)		115	?
Anzahl der Pächter		873	150
davon Leibeigenen-Pächter		305	

Diesen oben erwähnten Hüttenbesitzern gelang der Aufstieg während der Meiji-Zeit nur aufgrund ihres Besitzstandes, während andere, in der Edo-Zeit ebenso bedeutende Hütten bald nach der Meiji-Restauration zusammenbrachen. Viele dieser Betriebe - etwa im östlichen Shimane-, deren Besitzer Bauern waren, hatten zu wenig Besitzstand,und der Betrieb wurde durch den Zwang des Zukaufes von Rohmaterial und Nahrungsmitteln unrentabel. Die Hüttenbesitzer im westlichen Shimane, meist nicht nur Hüttenbesitzer, sondern auch Händler, vertrauten mehr auf ihr Kapital, mußten aber aufgrund der hohen Kosten beim Zukauf den Betrieb aus Rentabilitätsgründen aber ebenfalls bald stillegen.

Am konkreten Beispiel des Kondō-Hüttenbetriebes läßt sich an der sinkenden Zahl der Eisenhütten und Schmieden, in denen der gewonnene Rohstahlblock vor dem Verkauf noch zerkleinert werden mußte, die Entwicklung der traditionellen Hüttenindustrie zwischen 1868 und 1900 gut erkennen (vgl. Tabelle 14). Bis 1880 konnte dieser Betrieb die Zahl seiner Eisenhütten und Schmieden in etwa halten. Größere Veränderungen gab es erst mit dem Beginn der 1880er Jahre. Am Ende des 19. Jahrhunderts waren nur mehr 20 % der ursprünglichen Hütten in Betrieb. Einen kurzen Aufschwung erlebte Kondō dann noch einmal während des russisch-japanischen Krieges von 1904/05, wo mehr als die Hälfte der Eisen- und Stahlproduktion der Präfektur Tottori aus dem Kondō-Hüttenbetrieb kam.

Die Hüttenbetriebe waren durch den Produktionsbeginn des staatlichen Eisen- und Stahlwerkes in Yawata in ihrer Existenz zwar gefährdet, sie konnten aber teilweise durch ihre Spezialisierung eine Sonderstellung halten. Kondō z.B. lieferte Spezialstähle an verschiedene Rüstungsfabriken in Ōsaka und Tōkyō, an die Schiffswerft in Kawasaki, ja selbst an das Eisen- und Stahlwerk Yawata. Durch zunehmenden Preisverfall gerieten allerdings die Hüttenbetriebe um 1910 abermals in Schwierigkeiten. Beim Kondō-Hüttenbetrieb war die Produktion 1912 dann auf 30 % des während des russisch-japanischen Krieges erzielten Produktionsstandes von 2500 t / Jahr gefallen.

Einen letzten Aufschwung erlebte dieser Betrieb während des Ersten Weltkrieges. Das im Gebiet von Hino vorhandene gute Rohmaterial erlaubte die Herstellung von hochwertigem Stahl, den das Militär so sehr benötigte. Die Zahl der Hüttenbetriebe nahm zu, und nicht nur in den Bergen wurde Sandeisen abgebaut, sondern auch in den Flüssen und an den Stränden begann man mit der Gewinnung von Sandeisen.

Während des Ersten Weltkrieges waren von Kondō sieben Hütten in Betrieb gehalten worden, von denen allerdings nach Kriegsende sofort vier wiederum geschlossen wurden. 1921 mußten dann auch die drei letzten noch verbliebenen Hütten den Betrieb einstellen (Tottori 1968:123-124).

Die Möglichkeiten, durch eine Verbesserung und Modernisierung des Produktionsprozesses den traditionellen Hüttenbetrieben ein Überleben zu sichern, waren gering. Eine Produktionssteigerung konnte nur durch die Erhöhung der Produktion der Rohstoffe erzielt werden, aber verstärkter Sandabbau, wie auch erhöhter Ausstoß an Holzkohle war nur durch verstärkten Einsatz an menschlicher Arbeitskraft möglich. Beim Sandabbau wie auch bei der Holzkohleerzeugung bestand praktisch keine Möglichkeit eines umfassenden produktionstechnischen Fortschrittes, der Fortschritt konnte nur beim Verhüttungsprozeß und beim Schmiedeprozeß gesucht werden.

Technische Verbesserungen erfolgten nicht selten durch den Einfluß der Marine, die zu den größten Abnehmern der traditionellen Hüttenbetriebe gehörte und an einer Qualitätsverbesserung der gelieferten Stähle besonderes Interesse besaß. Eine erste Möglichkeit der Verbesserung wurde im Ersatz der bislang mit den Füßen getretenen Blasebälge in den Hütten durch hydraulische Windmaschinen, später durch Wasserräder, gefunden. Die meisten traditionellen Hütten des Chūgoku-Gebietes kamen aller-

Tabelle 14: Die Veränderung der Zahl der Eisenhütten des Kondō-Hüttenbetriebes in Ne'u, Hino, Tottori, in der Meiji-Zeit (zusammengestellt nach Unterlagen im Archiv der Familie Kondō)

Jahr	Zahl der Eisenhütten	Zahl der Schmieden
1869	28	18
1870	29	23
1871	30	23
1877	25	23
1878	25	23
1879	26	21
1880	28	24
1881	28	28
1882	27	27
1883	24	25
1884	18	15
1890	14	10
1891	11	7
1892	10	3
1893	6	2
1894	5	1

dings über die Verwendung des Wasserrades nicht hinaus. Im Gegensatz dazu versuchte Kondō, die Dampfmaschine schon früh in seinen Betrieben einzusetzen. Nachdem die Dampfmaschine in Tottori 1886 in einer Spinnerei erstmals eingesetzt worden war, installierte Kondō nur ein Jahr später eine Dampfmaschine in einer seiner Schmieden (Fukuoka seitetsu-sho) (Tottori-ken 1968:90).

Eine weitere Möglichkeit, den Produktionsprozeß zu verbessern, bestand im Einsatz von Holzhkohle-Hochöfen anstelle der traditionellen niedrigen Schachtöfen. Es ist bis heute nicht ganz geklärt, wie weit und in welcher Zahl solche Holzkohlehochöfen in den traditionellen

Hüttenbetrieben Verwendung fanden. Eine unsichere Quelle gibt zwar an, daß 1904 im Kondō-Hüttenbetrieb ein derartiger Holzkohlehochofen bereits in Verwendung gestanden hat, eigene Nachforschungen im Archiv der Familie Kondō bestätigten diese Angabe allerdings nicht. Erhalten geblieben ist aber ein Dokument des Ingenieurs Takenobu Kenji, der für Kondō tätig war, aus dem Jahre 1901 (*Seitetsusho setsuritsu ni kakaru chōsasho*), aus dem hervorgeht, daß man den Bau zumindest in Erwägung gezogen hat. Dies wird auch aus einer von Kondō Ka'ichirō, dem Sohn des damaligen Hüttenbesitzers, im selben Jahr verfaßten Schrift deutlich (Kondō 1963:210-211). Darin werden Überlegungen zum Bau eines Hochofens, wie auch Vorschläge zur technischen Verbesserung der Verarbeitungsanlagen gemacht. Bis zu diesem Zeitpunkt hatte man bereits neue Erkenntnisse bezüglich des traditionellen Verhüttungsprozesses aufgenommen, vergrößerte die bislang verwendeten Öfen in der Höhe von 1,20 m auf etwa 1,70 bis 1,80 m, und auf eine Länge von bis zu drei Metern, und einer Breite bis zu einem Meter, und änderte den Verhüttungsprozeß auch so, daß neben Holzkohle auch Kalk verwendet wurde. Dabei wurde so vorgegangen, daß man das Sandeisen "röstete" und in Brocken zusammen mit Kalk in den Ofen füllte, ein Vorgang, wie er auch beim späteren Holzkohle-Hochofen Verwendung findet. Die Verwendung dieser Technik wird aufgrund eines Berichtes des Marine-Technikers Satō Masaichi von 1913 deutlich. Dessen Bericht *Umpaku sentetsu seisaku genkyō shisatsu hōkoku* (Über die Eisenindustrie im Izumo und Hōki-Gebiet) wurde vom *Kōsan-kyoku* an verschiedene Hüttenbetriebe gesandt und ist im Archiv der Familie Kondō erhalten geblieben. In ihm finden wir nur die Angabe, daß der Hüttenbetrieb von Sakurai in Torikami in Shimane bereits zu diesem Zeitpunkt einen Holzkohle-Hochofen in Betrieb hatte, Kondō dagegen noch nicht. Der Bau eines solchen Hochofens muß aber kurz danach begonnen worden sein, da aus einem Dokument von 1918 hervorgeht, daß man ab 1916 einen Holzkohle-Hochofen in Betrieb hatte (*Nōshōmusho kōsan kyoku - seitetsu ni kansuru chōsa*). Der verwendete Hochofentyp ist ein sogenannter *kaku-ro*, ein rechteckiger Hochofen. Baupläne aus dem Archiv der Familie Kondō verdeutlichen aber auch, daß man noch 1920 einen Umbau und die Errichtung eines Hochofens mit rundem Querschnitt plante.

Selbst diese letzten geplanten Modernisierungsmaßnahmen kamen aber zu spät. Die Entwicklung der beiden letzten Dekaden vor dem Zusammenbruch der traditionellen Hüttenindustrie zeigt die folgende Tabelle 15.

Aus der Zusammenstellung wird deutlich, daß der Kondō-Familienbetrieb aus mehreren Quellen Einkommen bezog. Land- und Forstwirtschaft waren in all diesen Jahren eine wichtige Einkommensquelle gewesen. Das Einkommen aus den Eisenhütten, das 1901 noch 45 % des Gesamteinkommens ausgemacht hatte, sank im Laufe der nächsten 10 Jahre fast auf Null. Erst der Kriegsboom brachte eine rasch vorübergehende Besserung bis zum völligen Zusammenbruch 1921. An das Eisenhüttenwesen erinnert später dann nur mehr der Ōsaka-Eisenhandel, der immer noch zu einem erklecklichen Teil zum Einkommen auch nach 1921 beitrug. Wichtig nach dem Zusammenbruch der Eisenhütte wurde auch das Kapitaleinkommen. Kondō hatte sich schon früh an verschiedenen Industrie-, Bank- und Verkehrsunternehmen beteiligt, was ihm nun zugute kam. Nicht in dieser Zusammenstellung berücksichtigt sind die ebenfalls durch Kondō gegründeten Unternehmen, die nicht als Familienbetrieb geführt worden waren.

Hilfestellung für eine differenzierte Unternehmenspolitik hatte schon das 1893 in Kraft gesetzte neue Handelsgesetz gegeben. Dieses Gesetz, das die Form von Kapaitalgesellschaften regelte und letztlich die Gründung von Aktiengesellschaften unterstützte, gab auch den ländlichen Fabrikherren Möglichkeiten in die Hand, die im Falle von Kondō z.B. Auswirkungen auf die gesamte ländlich-industrielle Struktur des betreffenden Raumes hatten.

Die Entwicklungen auf dem inländischen Finanzmarkt, so auch die Liberalisierung in bezug auf die Gründung von Banken, hatten eine Vielzahl von Bankengründungen zur Folge. Im Chūgoku-Gebiet gab es ab 1894 eine rege Tätigkeit diesbezüglich (s. o.). Kondō Kihachirō gründete 1897 in seinem Wohnort die Ne'u-Bank als Aktiengesellschaft mit 38 Teilhabern, die bis auf wenige Ausnahmen aus der Umgebung stammten. Neben der Möglichkeit, Kapital nun günstig anzulegen, war es mit Hilfe dieser in der Bank zusammengefaßten kleinen Kapitalien möglich, Kredite aufzunehmen (in diesem Falle vom Bankengründer oft selbst in Anspruch genommen) und neue Investitionen durchzuführen. Neben dieser "Hausbank" vor Ort erwarb die Familie Kondō noch andere Bankbeteiligungen. Neben Familie Kondō waren praktisch alle anderen Hüttenbesitzer: Tanabe, Sakurai Itōhara und Bokura, ebenfalls auf dem Finanzmarkt tätig (zusammengestellt nach San'in-gōdō ginkō 1973).
Der Einfluß der Unternehmerfamilie Kondō auf die Infrastruktur des Gebietes rund um Ne'u war beträchtlich. Der Drang zur Modernisie-

Tabelle 15:

Entwicklung und Veränderung der Einkommensstruktur der Familie Kondō in der Meiji- und Taishō-Periode (zusammengestellt nach Unterlagen im Familienarchiv der Familie Kondō; Einkommen aus der Holzkohlenherstellung, Soyasaucenherstellung und andere geringere Einkommensquellen blieben unberücksichtigt; Angaben jeweils in Yen und % des Gesamteinkommens)

Jahr	Einkommen aus														
	Eisenhütte		Sandeisen-abbau		Ōsaka-Eisen-handel		Landwirtschaft		Forstwirtschaft		sonst. Grund-besitz		Kapitalien		Gesamt-einkommen
1898	4 040	30%	561	4%	854	6%	4 822	36%	1 839	14%	125	1%	970	7%	13 314
1901	10 424	45	1 631	7	2 310	10	5 631	24	1 081	5	905	4	354	1	23 413
1902	5 367	48	637	6	479	4	2 940	27	1 075	10	341	3	146	1	11 084
1903	6 040	52	668	6	432	4	2 678	23	1 291	11	355	3	109	1	11 687
1904	6 085	50	--		383	3	2 995	25	1 950	16	523	4	108	0,8	12 149
1905	7 755	59	954	6	158	1	3 709	24	2 145	14	681	4	122	0,7	15 723
1906	12 968	49	1 579	6	75	0,3	6 492	24	3 936	15	1 023	4	456	2	26 649
1907	10 583	44	1 035	4	111	0,4	8 034	33	3 336	14	763	3			24 021
1908	8 669	30	1 288	6	120	0,5	6 366	28	5 447	24	521	2			22 521
1909	50	0,2	763	4	95	0,5	5 764	31	11 187	16	598	3			18 564
1910	--		456	3	61	0,3	5 647	32	9 675	54	620	3			17 794
1911	480	3	255	2	102	0,6	5 203	33	8 108	52	740	5			15 742
1912	1 520	16			116	0,7	4 908	31	7 378	47	732	5			15 654
1913	1 650	9			338	2	6 876	38	7 356	41	704	4			18 068
1914	1 570	8			332	2	8 092	46	5 857	29	1 070	5			26 171
1915	2 191	8			2 671	9	13 205	46	7 265	26	1 275	4	61	0,2	28 446
1916	3 636	8			24 496	52	9 970	21	3 403	7	1 259	3			
1917	38 742	32			58 715	48	7 836	6	2 344	2	1 223	1	79	0,06	121 712
1918	100 412	58			52 538	31	9 542	6	6 638	4	1 732	1	86	0,05	171 901
1919	23 405	27			24 500	28	15 652	18	15 001	17	3 412	4	86	0,09	88 093
1920	15 752	15			11 250	11	25 673	25	42 644	42	3 296	3	25	0,02	102 231
1921	2 200	14			23 640	15	28 435	18	85 962	42	5 432	4	8 029	5	154 978
1924					9 600	9	22 671	22	48 143	46	4 866	5	5 238	5	104 788
1928					11 898	14	6 385	8	28 260	33	5 597	7	5 189	6	84 674

rung, zum Studium, ließ die Unternehmerfamilie eine Reihe von Möglichkeiten erkennen, wie die vorhanden Ressourcen, und das war in erster Linie Wald, genutzt werden konnten.

Der deutliche Abstieg des traditionellen Eisenhüttengewerbes nach dem russisch-japanischen Krieg von 1904/05 ließ Kondō ahnen, daß in absehbarer Zeit mit einem Ende dieser Branche zu rechnen sei. 1912 wurden dann Überlegungen angestellt, wie man den Forstbesitz, der bislang nur als Grundlage für die Erzeugung von Holzkohle für den Hüttenbetrieb diente, besser industriell nutzen könne. Das Ergebnis war die Errichtung einer Fabrik zur trockenen Destillation des Holzes, womit chemische Produkte wie Essigsäure, Methylalkohol, Azeton und Holzkohle erzeugt werden konnten (Matsuo 1979:168). Mit diesen Erzeugnissen als Ausgangsprodukt beschickte man eine weitere, 1916 errichtete chemische Fabrik.

Aber auch in anderen Branchen war Kondō tätig. Eine Anfang der Meiji-Zeit gegründete Lehrspinnerei wuchs unter der Leitung der Familie Kondō und beschäftigte 1925 70 Arbeitskräfte. Als Quarz in der Nähe der Sandeisenabbaustätten gefunden wurde, erwarb die Familie Kondō das Abbaurecht an diesen Funden. An der Errichtung eines Elektrizitätswerkes hatte die Unternehmerfamilie ebenfalls beträchtlichen Anteil, wie auch großes (wirtschaftliches) Interesse an der Errichtung der Eisenbahnstrecke von Okayama nach Yonago (an Ne'u vorbei!) bestand. Die Familie Kondō beteiligte sich an der *Chūgoku tetsudō kaisha* und konnte so ihren Einfluß geltend machen. 1918 war die Strecke fertiggestellt, was aber am Zusammenbruch der Eisenhüttenbetriebe, die durch Transportkosten ebenfalls stark belastet waren, und für die die Strecke eine Hilfe gewesen wäre, nichts mehr änderte (zusammengestellt nach Hino-gun 1926:2378-2382, 2469, 2504, 2507-10). Weitere Kapitalbeteiligungen an Druckereien, Sakefabriken etc. runden diese Aufzählung ab.

Dieser kurze Überblick über die Entwicklung des Eisenhüttenwesens im Chūgoku-Gebiet im allgemeinen, wie auch in einem konkreten Fall zeigt auf, welchen Schwierigkeiten das traditionelle Gewerbe bei der Modernisierung gegenüberstand. Trotzdem hat es der Kondō-Betrieb verstanden, neben frühzeitiger Anwendung neuerer Techniken, der Einstellung eines Technikers, der Schulung seiner Familienangehörigen, der Ausweitung des Handels, in das 20. Jahrhundert hineinzuwachsen. Kondō stellt den Prototyp eines modernen ländlichen Unternehmers dar, der aus Eigeninitiative heraus zur Modernisierung der Eisenhütte einen

Holzkohle-Hochofen errichtete (wobei er auf Erfahrungen anderer Hütten zurückgreifen konnte), in der Schmiede einen Dampfhammer einsetzte, zur besseren Rohstoffversorgung wie auch besserer Handelsverbindungen den Bau der Eisenbahnlinie vorantrieb, die Versorgung mit elektrischem Strom nicht nur für den Betrieb, sonder auch für die Bevölkerung bereitstellte. Der Zusammenbruch der Eisenhütten ließ sich aber trotz dieses Unternehmergeistes nicht aufhalten.

3.3.4.5. Die Veränderungen anderer traditioneller Industriezweige zwischen 1870 und 1920

Zu Beginn der Meiji-Zeit lassen sich neben der Landwirtschaft in den einzelnen Regionen der Präfektur Shimane auch bestimmte andere gewerbliche Schwerpunkte feststellen. So war im westlichen Teil, im Gebiet von Iwami, die Herstellung von Papier wichtigster Erwerbszweig gewesen: die Gebiete von Izumo, Tatenui und Kantō, also die an den Küsten gelegenen Landstriche, waren ein wichtiges Baumwollanbau- und -verarbeitungsgebiet, während in den Bergregionen das traditionelle Hüttengewerbe dominierte.

Zur Förderung der Papierindustrie hatte bereits 1872 die damals noch selbständige Präfektur Hamada (später mit Shimane vereinigt) die Gründung eines Unternehmens angeregt und auch einen beträchtlichen Teil an Kapital eingebracht. Das Unternehmen kann demnach als halböffentlich angesehen werden. Dieses Hamada-ken sanshi-kaisha genannte Unternehmen sollte in erster Linie den Verkauf des im Gebiet von Iwami erzeugten Papiers übernehmen (Shimane-ken 1967:2:105).

Die Papiererzeugung wurde zumeist als bäuerliches Nebengewerbe in der nicht so arbeitsintensiven Winterperiode betrieben. Damit waren aber auch alle Schwierigkeiten bei der Qualitätsverbesserung vorgegeben. Für die wenigsten bäuerlichen Nebenerwerbsbetriebe war es möglich, den auf dem Binnen-, wie auf dem Außenhandelsmarkt geforderten Qualitätsstandard zu erreichen, sei es aus natürlichen Gründen (wetterbedingt war das Angebot an Rohmaterial oft ungenügend und schlecht) oder aus technischen. Trotz vielfältiger Anstrengungen gelang es nicht, dem einheimischen Papier gegenüber dem eingeführten Papier einen Platz zu verschaffen. Die ländliche Papierindustrie dieser Region geriet sehr bald in die Krise, und viele kleine Betriebe mußten aufgeben.

Aber nicht nur in diesem traditionellen Zentrum der ländlichen Papierindustrie versuchten die Verwaltungsstellen der Präfektur unterstützend einzugreifen.

Als sich um 1890 auch in anderen Regionen Schwierigkeiten abzuzeichnen begannen, setzte man Fachleute ein, die die einzelnen Unternehmer und Arbeitskräfte in Verbesserungen unterweisen sollten. Wie auch bei den übrigen Erzeugnissen sollte neben einer Verbesserung des Rohmaterials, der Verbesserung der Fertigungstechnik und einer Qualitätskontrolle auch die Schaffung von Genossenschaften sowie die Unterstützung mit Kapital diesen traditionellen Gewerbezweig am Leben erhalten (Shimane-ken 1967:2:678).

Der Niedergang war allerdings nicht mehr aufzuhalten. Gab es innerhalb der Präfektur Shimane 1890 noch über 12 000 Papiererzeugungsbetriebe, so sank die Zahl innerhalb der nächsten 25 Jahre auf etwas über 3 000 herab (vgl. die Tabelle 16).

Tabelle 16: Zahl der traditionellen Papiererzeugungsbetriebe in der Präfektur Shimane (Shimane-ken 1974: Tab. 60)

Jahr	Zahl der Betriebsstätten
1890	12 363
1895	6 337
1900	7 105
1905	4 742
1910	4 317
1915	3 450
1920	2 678
1925	1 639
1930	1 147

Von den im Jahre 1916 gezählten Betriebsstätten waren allerdings nur 29 Unternehmen, die dieses Gewerbe nicht als bäuerliche Nebenarbeit ausübten (Shimane-ken 1967:2:678). Nach 1920 ist dann ein weiteres, rasches Absinken der Betriebszahlen zu bemerken.

Auch in Tottori gehörte die Papiererzeugung zum traditionellen Gewerbe, das seit dem 17. Jahrhundert im östlichen Teil der Präfektur beheimatet war. Auch hier versuchte die Präfekturverwaltung in der Meiji-Zeit, dieses Gewerbe am Leben zu erhalten und holte nach 1887 einen Papierfachmann aus der Präfektur Kōchi nach Tottori, ließ ein Ausbildungs-

und Schulungszentrum einrichten und förderte den Einsatz von Maschinen bei der Papierproduktion.

Angaben über die Zahl der Betriebsstätten zur Papiererzeugung fehlen zwar aus Tottori, doch zeigen die Produktionszahlen (Tabelle 17) einen stagnierenden Verlauf bis 1900. Auch in den späteren Jahren war kein Aufstieg zu verzeichnen.

Tabelle 17: Produktionsmengen für Papier in einigen ausgewählten Jahren für die Präfektur Tottori (Quelle: Tottori-ken 1900:131-132)

Jahr	Produktionsmenge (in t)
1878	147
1888	263
1891	154
1892	219
1893	183
1894	203
1895	163
1896	126
1897	106
1898	235

Die traditionelle Papierindustrie, einst ein wichtiger Gewerbezweig in den beiden Präfekturen, wurde durch die Einfuhr westlicher Papierwaren und die Fertigung von Papier nach westlichen Methoden völlig vom Markt verdrängt. Erhalten hat sich dieser Gewerbezweig nur mehr in Form eines lokalen Kunstgewerbes. Die Gewinnung des Rohmaterials, pflanzliche Faserstoffe, war der Punkt, an dem eine Modernisierung dieses Gewerbes scheiterte. Einer Steigerung der Produktion waren aus natürlichen Gründen Grenzen gesetzt, die nicht zu überwinden waren.

Von der Förderung des Teeanbaues versprachen sich die Präfekturverwaltungen von Shimane und Tottori gleichermaßen eine Verbesserung der Einkommensverhältnisse der Landwirtschaft. Tee stellte in der frühen Meiji-Zeit ein wichtiges und von den ausländischen Händlern gerne genommenes Exportprodukt dar, das neben der Seide gute Gewinne versprach. Die Förderung des Teeanbaues wirkte sich in beiden Präfekturen auf die Anbaufläche aus (vgl. Tabelle 18). Die Anbaufläche in Tottori vergrößerte sich rasch, allerdings blieb sie weit hinter der Gesamtanbaufläche von

Shimane zurück. Die Tee-Erzeugung wurde zum florierenden Nebenerwerb der landwirtschaftlichen Betriebe. Um 1900 gab es in Shimane ingesamt ca. 113.000 landwirtschaftliche Betriebe. Aus der Statistik geht hervor, daß rund ein Drittel von ihnen auch Tee anbauten und erzeugten.

Dieser wichtige Nebenerwerb der Landwirtschaft wird erst in der Zwischenkriegszeit in seiner Bedeutung etwas geringer.

Tabelle 18: Teeanbauflächen und Betriebsstätten in den Präfekturen Shimane und Tottori (nach Tottori-ken 1900:81; Shimane-ken 1974: Tab. 46)

Jahr	Anbaufläche in Tottori (*chō*)	Anbaufläche in Shimane (*chō*)	Betriebsstätten in Shimane
1881	23,7	186	204
1884	60,4	-	693
1887	80,6	-	-
1892	131,3	-	-
1894	127,1	668	30 098
1895	167,9	740	-
1896	82,5	738	33 360
1897	157,8	663	34 294
1898	154,1	670	-
1899		671	34 361
1900		689	9 271
1905		598	43 860
1910		621	40 497
1915		652	41 188
1920		666	41 477
1925		577	40 122
1930		312	-

Verschiedene andere traditionelle Gewerbezweige standen in Zusammenhang mit der Forstwirtschaft, darunter an erster Stelle die Produktion von Holzkohlen, die schon seit langem für die Eisenverhüttung in großer Menge benötigt worden waren.

Noch in der Feudalzeit war vom Lehenstum den jeweiligen Hüttenbesitzern zur Gewinnung von Holzkohle Wald zur Verfügung gestellt worden. Dabei rechnete man pro Hütte einen Flächenbedarf von rund 2700 *chō*, (1 *chō*= 0,992 ha), für je eine Schmiede 800 *chō*. Diese Flächen gingen nach 1868 zum größten Teil in den Besitz der jeweiligen Hüttenbesitzer über.

Durch den Niedergang der Eisenhütten nach dem Beginn der Meiji-Zeit war der Bedarf an Holzkohle zurückgegangen und auch dieser Gewerbezweig vom Untergang bedroht. In diesem Fall fanden sich allerdings neue Abnehmer, da auf den städtischen Märkten der Bedarf an Holzkohle zunahm. Für die Hüttenbesitzer und die zu ihrem Betrieb gehörenden Köhlereien bot sich hier eine neue Chance. Allerdings konnte die für den Hüttenbetrieb verwendete Holzkohle nicht einfach in die Städte transportiert und dort angeboten werden. Der städtische Markt verlangte im Gegensatz zu den Hüttenbetrieben nicht 'schwarze' Holzkohle, sondern 'weiße', die aus einem anderen Rohmaterial, nämlich Eichen, hergestellt war. Um 'weiße' Holzkohle herstellen zu können, war aber auch eine andere als die bisher geübte Brenntechnik nötig. Hier sprang die Präfekturverwaltung unterstützend ein und ließ aus Ōsaka im Jahre 1886 einen Fachmann kommen, der eine neue Technik des Brennens von Holzkohle an die Köhler der Präfektur weitergeben sollte. Zunächst sollte also nur die allgemeine Technik des Brennens verbessert, und erst in zweiter Linie das Brennen'weißer'Holzkohle vermittelt werden. 'Weiße' Holzkohle wurde außerhalb der Präfektur insbesondere von Gießereien, von Bäckereien und Restaurants gewünscht. Ein weiteres Mal holte die Präfekturverwaltung nach einem Produktionsrückgang dann 1911 aus Wakayama, südlich von Ōsaka, einen Fachmann zum Brennen von 'weißer' Holzkohle. Die Produktion nahm daraufhin wieder zu und erreichte als eine direkte Auswirkung im Jahre 1912 einen Höhepunkt (vgl. Tabelle 19), um dann allerdings wieder abzusinken und nur während des Ersten Weltkrieges noch einmal anzusteigen. Grund für den stetigen Rückgang, der an sich mit großem Gewinn zu verkaufenden 'weißen' Holzkohle war die geringe Zahl von Eichen, die nach einiger Zeit abgeholzt waren und natürlich nicht so schnell nachwuchsen (zusammengefaßt nach Naitō 1970:139-140).

Tabelle 19: Die Produktion von Holzkohle in der Präfektur Shimane in einigen ausgewählten Jahren (zusammengestellt nach den Präfekturstatistiken der jeweiligen Jahre; in Tonnen)

Jahr	Holzkohle für Hüttenbetriebe	"weiße" Holzkohle	"schwarze" Holzkohle
1899	19 260	15 802	6 675
1902	17 726	17 242	3 255
1907	10 762	6 446	13 072
1912	1 548	30 120	13 297
1918	7 143	12 611	32 872
1921	1 608	22 237	30 101
1925	--	16 421	45 570

Bemerkung: Holzkohle wird erstmals im Jahr 1899 in den Statistiken angeführt, in den folgenden Jahren fehlen zum Teil auch die Angaben dazu, so daß keine fortlaufende Statistik möglich ist.

So wurde in der Zwischenkriegszeit die Produktionsmenge an'schwarzer' Holzkohle wiederum größer. Holzkohle blieb bis weit nach dem Zweiten Weltkrieg ein wichtiges Erzeugnis der Präfektur Shimane und war für einzelne Hüttenbesitzer nach der Einstellung des Eisenhüttenbetriebes oft die einzige Möglichkeit, noch weiter zu wirtschaften. Bedeutenden Einfluß auf das Wachstum der Produktionsmenge an Holzkohle hatte natürlich der Ausbau der Eisenbahn. Das billige Massentransportmittel schuf die Voraussetzungen, daß die Holzkohle auf weiter entfernten Märkten angeboten und verkauft werden konnte.

Der Wald- und Holzbestand war aber in der Edo-Zeit auch Rohstoffquelle für die Drechsler *(kijiya)*, die vazierend in den Bergen Schalen, Teller und andere Holzgegenstände fertigten und diese Waren gegen Reis und andere Güter, später auch gegen Geld eintauschten und so ihren Lebensunterhalt fristeten. In der Edo-Zeit wurde das Recht dieser *kijiya*, in den Bergen nach Belieben Holz für die Fertigung diverser Gegenstände zu schlagen, kaum beschnitten. Die Meiji-Regierung, die den ehemaligen Lehenstum-Waldbesitz unter ihre eigene Verwaltung gestellt hatte, schritt aber dagegen ein,und damit fand das vazierende Drechslerhandwerk auch bald sein Ende. Zunächst mußten die Drechsler an ihrem zuletzt aufgesuchten Ort festen Wohnsitz nehmen, sollten dort Landwirtschaft betreiben und das Drechseln nur als Nebenarbeit betreiben. Zusammen mit solchen Maßnahmen löste sich die Ordnung der *kijiya* langsam auf. Viele wandten sich tatsächlich der Landwirtschaft zu, andere fanden Beschäftigung in der Forstwirtschaft oder in der Köhlerei (vgl. Ogiwara 1976:30). Aufschwung nahm das Drechsler-Handwerk in der Meiji-Zeit nur in geringem Maße. Der Ausbau der Verkehrswege erleichterte allerdings den Transport der hergestellten Waren, auch war das Bedürfnis nach weiterverarbeiteten, nämlich lackierten Holzwaren in der Meiji-Zeit gestiegen, so daß der Wert der produzierten Waren bis 1900 stark anstieg (vgl. die Zahlen in Tottori-ken 1900:140-141). Die mit fortschreitender Industrialisierung aber auch vermehrt angebotenen Metallwaren lösten die von diesen Drechslern erzeugten hölzernen und lackierten Gebrauchsgegenstände bald ab. Dies alles führte dazu, daß dieses traditionelle Gewerbe, ähnlich wie die Papiererzeugung, langsam aber sicher in die Rolle des Kunstgewerbes gedrängt wurde.

Darüberhinaus waren natürlich eine Vielzahl kleinerer Gewerbebetriebe tätig, die allerdings nur lokal größere Bedeutung erlangten.

An erster Stelle wäre hier die Produktion des Abakus (Rechengerät) zu nennen, die bereits für das frühe 19. Jahrhundert in der Bergregion von Shimane, konzentriert vor allem in Yokota, nachgewiesen werden kann.

Ein Zusammenhang besteht hier wahrscheinlich auch mit den oben schon erwähnten *kijiya*-Drechslern. Die Erzeugnisse dieser zunächst handwerklich arbeitenden, aber ab dem Beginn der Meiji-Zeit verstärkt auf die maschinelle Fertigung ihrer Produkte übergehenden lokalen Unternehmer wurden mit Wanderhändlern in ganz Westjapan und Kyūshū verkauft (vgl. die Ausführungen in Takahashi 1977). Noch stärkere überregionale Bedeutung erlangte für einen kurzen Zeitraum in der Geschichte der japanischen Industrialisierung nur noch die Produktion des *senba*-Dreschkammes. Der Dreschkamm, Ende des 17. Jahrhunderts erfunden, fand bald darauf als arbeitsparendes Gerät in der japanischen Landwirtschaft rasch Verbreitung. Wichtiger Bestandteil des Dreschkammes war der Zahnkamm aus Stahl. Die Eisenhütten, die das Ausgangsmaterial für diesen Kamm produzierten, zogen so die Fertigung des Dreschkammes während der Edo-Zeit in ihre Nähe. Zwei Zentren bildeten sich zuerst für die Herstellung der Zähne, dann noch in der ersten Hälfte des 19. Jahrhunderts für die Herstellung der kompletten Dreschkämme heraus. Ein Zentrum war Kurayoshi in der Präfektur Tottori, das andere war Kisuki in der Präfektur Shimane. Beide Orte, inmitten eines landwirtschaftlich wichtigen Gebietes gelegen, hatten auch leichten Zugang zum Rohmaterial Stahl. Die Erzeugung des Dreschkammes war schon gegen Ende der Edo-Zeit ein bedeutendes und gewinnträchtiges Gewerbe geworden, das allerdings wegen Kapitalknappheit in der Meiji-Zeit keine Ausweitung erfahren hatte. Erst der Zusammenschluß der Hersteller in Kurayoshi im Jahre 1898 schuf bessere Voraussetzungen für die Fertigung und Vermarktung. Um diese Zeit erfolgte die Produktion zum größten Teil noch in handwerklicher Form als Hausgewerbe (10 Betriebe in Kurayoshi, 6 Betriebe in Tottori). Nur ein Betrieb in Kurayoshi wurde als "Fabrik" geführt. Schon damals wurde das Rohmaterial Eisen allerdings nicht mehr aus der Umgebung bezogen, sondern aus Ōsaka eingeführt. Mit einer Pferdeladung Eisen (in diesem Fall knapp 124 kg) konnten 48 Dreschkämme hergestellt werden, die dann praktisch im ganzen Land, von Aomori im Norden bis nach Kyūshū im Süden verkauft wurden. Bis weit in die Meiji-Zeit hinein behielt man das Verkaufssystem durch Wanderhändler bei; nach einigen Unregelmäßigkeiten ging man aber dazu über, in den verschiedenen Gebieten nur mehr Großhändler zu beliefern und den Direktverkauf einzustellen. Die Gründung einer Erzeugergenossenschaft erleichterte eine derartige Umstellung auch der Verkaufsorganisation. Wurden im Jahre 1888 im Gebiet von Tottori über 47.000 Dreschkämme hergestellt, so steigerte sich die Produktion bis 1898 auf etwa 67.000 (zusammengefaßt nach Tottori-ken 1900:155-156).

Mit der Erfindung der Dreschtrommel im Jahre 1912 ging die Produktion des Dreschkammes langsam, aber sicher ihrem Ende zu. In den Jahren der Zwischenkriegszeit sank die Herstellung kontinuierlich ab.

Zusammenfassend läßt sich sagen, daß trotz einiger bedeutender traditioneller Gewerbezweige man im Laufe der Meiji-Zeit praktisch nicht imstande war, diesen Gewerbezweigen ein Überleben zu sichern. Allgemeine Veränderungen der Lebensweise, die natürlichen Voraussetzungen ebenso wie technische Veränderungen drängten einzelne Gewerbezweige mehr und mehr in den Hintergrund: Ausnahmen stellten nur die Tee- und Holzkohlenproduktion dar, die bis zum Zweiten Weltkrieg noch gute Erträge lieferten.

3.3.5. Zusammenfassung

Den großen Schritten der gesamtjapanischen Industrialisierung hatten die beiden Präfekturen Shimane und Tottori nur zum Teil folgen können. In gewissem Sinne waren sie von Anfang an mit einem Handicap versehen. Die starke Bindung an die Feudalregierung während der Edo-Zeit hatte kaum Spielraum für die Aufnahme westlichen Gedankengutes und westlicher Technik gelassen, und somit fehlten die Voraussetzungen, die für eine Modernisierung günstig gewesen wären. Die Präfekturen versuchten allerdings, den Bemühungen der Meiji-Regierung zu folgen. So wurden Maßnahmen für eine Industrialisierung in Shimane zum Teil schon in den 1870er Jahren in Angriff genommen, die Abgeschiedenheit des Gebietes verhinderte aber eine rasche Entwicklung. Das Fehlen der Verkehrswege, wodurch die Vermarktung von Erzeugnissen erschwert wurde, hemmte anfangs den Ausbau der Industrie.

Verspätet setzten daher erst die Gründungen von Seidenspinnereien ein, obwohl sich die Präfekturverwaltungen bereits seit Beginn der Meiji-Periode gerade von diesem Zweig besondere Erfolge versprochen hatten. Wichtig für den Beginn der Seidenindustrie war die noch in den 1870er Jahren erfolgte Förderung der Eingliederung der Samurai ins Wirtschaftsleben. Die von ihnen gegründeten Maulbeerbaumkulturen und die damit in Zusammenhang stehende Seidenraupenzucht waren auch die ersten Schritte für den späteren Erfolg.

Weniger Erfolg hatte ein anderer traditioneller Gewerbezweig, die Eisenhüttenindustrie. Sie konnte aus technischen Gründen mit der westlichen Hüttentechnik nicht konkurrieren und brach 1920 endgültig zusammen. Vielfach erlaubte der große Waldbesitz den Hüttenunternehmern auch nach dem Zusammenbruch ein Überleben entweder durch die Fertigung von Holzkohlen, oder aber durch die Verwendung des Rohstoffes Holz für die chemische Industrie. Nicht selten hatten sich diese Unternehmer aber auch kapitalmäßig in anderen Branchen bereits engagiert: Das Bankwesen war dabei ebenso gefragt wie das Engagement bei den Eisenbahnen.

Die Förderung anderer traditioneller Gewerbezweige (Baumwolle, Papier etc.) hatte jeweils nur kurzfristig Besserung gebracht.

So war der allgemeine wirtschaftliche Aufschwung, den Japan zwischen 1870 und 1920 erlebt hatte, an den Präfekturen Shimane und Tottori zwar nicht spurlos vorübergegangen; er hatte allerdings nicht jenen Erfolg gebracht, der in anderen Regionen erzielt worden war. Ein Vergleich der sektoralen Beschäftigung im Jahre 1920 zeigt das Zurückbleiben der Präfektur Shimane deutlich. Viel stärker als der gesamtjapanische Durchschnitt war Shimane noch landwirtschaftlich geprägt. Vor allem im industriellen Sektor hinkte die Präfektur weit hinterher (vgl. Tabelle 20).

Tabelle 20: Vergleich der sektoralen Beschäftigung Shimane/Gesamtjapan im Jahre 1920 (Kawasoe 1970:207)

Primärsektor		Sekundärsektor		Tertiärsektor	
Shimane	Gesamtjapan	Shimane	Gesamtjapan	Shimane	Gesamtjapan
68,9 %	53,6 %	11,3 %	20,8 %	19,7 %	25,6 %

Für das Zurückbleiben der Präfektur Shimane kann man vier wichtige Ursachen erkennen, die ja auch in der obigen Analyse immer wieder angesprochen worden waren (die Punkte gelten in gleicher Weise auch für die Präfektur Tottori):

1) Ungenügende Kapitalakkumulation der Präfektur: Obwohl sich auch in Shimane ein Großgrundbesitzertum etablieren konnte, war der Anteil dieser Gruppe im Vergleich zu anderen Gebieten klein. Zwei Drittel der landwirtschaftlichen Betriebe bewirtschafteten eine Fläche unter

1 Hektar. Nur 243 Betriebe hatten 1919 eine Bewirtschaftungsfläche von über 5 Hektar (vgl. Tabelle *21*).

Tabelle 21: Bewirtschaftungsfläche und Zahl der landwirtschaftlichen Betriebe im Jahre 1919 für die Präfektur Shimane (Quelle: Shimane-ken 1974: Tab. 41)

Jahr	Zahl der landwirtschaftlichen Betriebe mit einer Bewirtschaftungsfläche von					
	unter 0,5 ha	0,5 - 1 ha	1 - 2 ha	2 - 3 ha	3 - 5 ha	über 5 ha
1919	43.249	40.844	26.453	1.998	469	243

Einen Besitzstand von über 50 *chō* wiesen überhaupt nur 46 Großgrundbesitzer auf (Shimane kyōdō kenkyū kai 1969:148, Tab. 4-9). Der Anteil von Pachtland in beiden Präfekturen betrug nach 1885 bis in die 1920er Jahre immer über 50 % und war damit der höchste in ganz Japan. Dieser Anteil sagt allerdings so noch nichts über die Möglichkeiten der Kapitalakkumulation durch Pachteinnahmen in den Händen der Grundbesitzer aus.
Wie gezeigt wurde, war der Besitzstand der landwirtschaftlichen Betriebe durchweg relativ klein, die verpachteten Flächen waren so auch klein, und die Pachtzahlungen verteilten sich auf sehr viele Grundbesitzer. Dadurch waren auch die Möglichkeiten, sich mit Kapital in Handel oder Gewerbe zu beteiligen, nicht allzu groß. Und selbst von den wenigen interessierten Grundbesitzern engagierten sich nur wenige in der Seidenspinnerei oder im Bergbau (Eisenhütten, etc.). Vielmehr bevorzugten diese Kreise ein Engagement im Handel. Verdeutlicht kann dies an der Situation im Jahre 1914 werden. Tabelle *22* gliedert die in diesem Jahr bestehenden Unternehmern (*"kaisha"*) nach Industrie, Handel und Transport auf. Das Übergewicht des Handels ist dabei nicht zu übersehen.

Noch ein Punkt darf bei der Zurückhaltung gegenüber Investitionen ganz allgemein nicht übersehen werden: Propagiert wurden seit Beginn der Meiji-Zeit die Kapitalgesellschaften, insbesondere die Form der Aktiengesellschaft. Nicht nur die traditionellen Handelshäuser zeigten wenig Neigung, dieser neuen Unternehmensform ihre Unterstützung zu geben, auch die ländlichen Unternehmer und Kaufleute waren selten bereit, die Form der Aktiengesellschaft zu akzeptieren. Gerade in Shimane kann

Tabelle 22: Zahl der Unternehmen in Industrie, Handel und Transport aufgegliedert nach Unternehmensformen in den beiden Präfekturen Shimane und Tottori im Jahre 1914 (Shimane kyōdo kenkyū-kai 1969:150)

		AG	KG	OHG	Gesamt	eingez. Kapital (Yen)
Industrie	Shimane	14	10	10	34	907 892
	Tottori	19	14	13	46	1 379 506
Handel	Shimane	43	34	30	107	4 271 924
	Tottori	41	22	23	86	1 844 420
Transport	Shimane	3	3	2	8	113 100
	Tottori	2	5	1	8	48 210
Gesamt	Shimane	60	49	42	151	5 305 532
	Tottori	63	41	37	141	3 352 136

man eine Reihe von Fällen finden, in denen in den Familien- und Hausgesetzen direkt vor einer Beteiligung an Unternehmen in Form von Aktienbesitz gewarnt wurde: Sollte es nicht möglich sein, einer solchen Beteiligung auszuweichen, dann sollten pro Unternehmen nicht mehr als 10 Aktien erworben werden (vgl. Shimane kyōdō kenkyū-kai 1969:148). Die industrielle Beteiligung hatte so den Charakter eines sehr unsicheren Risikogeschäftes angenommen, sicherlich zurückzuführen auf die schlechten Erfahrungen, die man zu Beginn der Meiji-Zeit mit unerfahrenen, oft aus der Samuraischicht kommenden Geschäftsleuten gemacht hatte. Im Verlauf der Meiji-Zeit konnte dieses Mißtrauen langsam abgebaut werden, es war aber mit ein Grund für die verspätet einsetzende Industrialisierung in diesem Raum.

2) Geringe Ausbildung der Verbrauchermärkte innerhalb der Präfektur: Weder in Shimane noch in Tottori konnten sich größere Märkte etablieren, dazu fehlten die städtischen Zentren mit größeren Verbrauchergruppen. Weder Matsue noch Tottori als Präfekturhauptstädte konnten einen solchen Anspruch erfüllen, noch weniger die anderen urbanen oder semi-urbanen Regionen um die größeren Häfen, denn auch diese verloren ja im Laufe der Meiji-Zeit ihre ehemals große Bedeutung.

3) Abgeschiedenheit der Präfekturen von den Verbrauchermärkten in den Zentren (z.B. Ōsaka, Tōkyō): Der Schiffsverkehr, als einzige Verbindung zu diesen Zentren in der frühen Meiji-Zeit, war kaum in der Lage, einen wirtschaftlichen Aufschwung der Präfekturen zu unterstützen. Dazu war die Wegzeit zu lang,und auch die dadurch auflaufenden Transportkosten verteuerten die Waren vielfach so, daß sie auf diesen Märkten nicht mehr abzusetzen waren.

4) Schwierige Verkehrslage, kaum Ausbildung von Verkehrsmitteln: Dieser Punkt steht in engem Zusammenhang mit dem unter 3) Gesagten. Erst in den ersten beiden Dekaden des 20. Jahrhunderts erfolgte die Einbindung der beiden Präfekturen in den Eisenbahnverkehr, und dann auch nur schrittweise. Versuche von privater Seite, den Eisenbahnbau zu beschleunigen und nach wirtschaftlichen Gesichtspunkten auszurichten, waren gescheitert.

5) Mangelnde wirtschaftspolitische Einsicht der führenden Kräfte: Wie gezeigt wurde, lag die Betonung bei den ersten beiden Wirtschaftsplänen immer auf dem Primärsektor. Ein Ausbau des industriellen Sektors wurde nur mittelbar, durch Unterstützung bei der Ausbildung und Schulung von Kräften und ähnliches geleistet. Eine umfassendere und

direkte industrielle Förderung erfolgte erst im Rahmen des dritten Wirtschaftsförderungsplanes. Die lange landwirtschaftliche Tradition prägte offensichtlich auch die wirtschaftspolitischen Entscheidungen der jeweiligen Präfekturverwaltung. Gegen derartige Fehler und Nachlässigkeiten war auch die Kraft mancher dynamischer Unternehmer, die die Zeichen der Zeit sehr wohl erkannt hatten, machtlos.

Es sollte in diesem Abschnitt gezeigt werden, wie gesamtjapanische Entwicklungen auch die lokale wirtschaftliche Entwicklung beeinflußt haben und wie man auf lokaler Ebene auf die Anforderungen, die von den zentralen Regierungsstellen ausgearbeitet wurden, reagierte bzw. reagieren konnte. Lokale, historisch gewachsene Besonderheiten, klimatische und natürliche Bedingungen beeinflußten die Reaktionsmöglichkeiten auf lokaler Ebene sehr stark, und das konnte im Falle von Shimane und Tottori besonders deutlich gezeigt werden. Die ländliche Industrialisierung folgt auf lokaler Ebene eigenen Gesetzen, die stark vom jeweiligen Raum bestimmt werden und ist keineswegs eine Serie von Erfolgen. Auf Maßnahmen und Forderungen der Meiji-Regierung konnte in diesem Raum nur zögernd eingegangen werden. Änderungen der Wirtschaftsstruktur - etwa die Ablösung verschiedener traditioneller Gewerbezweige durch einen neuen - waren mit großen Schwierigkeiten verbunden. Die Entwicklung, wie sie hier gezeigt wurde, prägt den Raum von Shimane und Tottori in wirtschaftlicher Hinsicht bis heute.

Literatur

HINO-GUN jiji kyōkai
1926 *Hino-gun shi* (Geschichte des Hino-Distriktes) (Nachdruck *Meichō-shuppan,* Tōkyō 1972)

HITACHI KINZOKU KK (Hg.)
1974 *Yasugi kōjō nanajūgo-nen no ayumi* (75 Jahre Yasugi-Fabrik). Yasugi, Shimane

IWANAGA Minoru
1956 "Tatara seitetsu no seisankōzō" (Die Produktionsstruktur der Tatara-Eisen- und Stahlerzeugung), in: *Gendai chiri kōza* VII:267-294. Tōkyō

KAWASOE Hiroshi
1970 *Kyōdo-shi taikei* (Grundriß der Lokalgeschichte) Bd. 9. Tōkyō

KIKKAWA Hidezō
1942 *Shizoku jusan no kenkyū* (Studien zur Berufsförderung der Samurai). Tōkyō

KONDŌ Kōshirō
1963 *Kondō Ka'ichirō.* Ne'u, Tottori

MATSUO Shigeru
1979 *Tottori Meiji-Taishō-shi* (Geschichte von Tottori in der Meiji- und Taishō-Periode). Tōkyō

NAITŌ Seichū
1969 *Shimane-ken no rekishi* (Geschichte der Präfektur Shimane), *Ken-shi shiriizu* 32. Tōkyō

1976 *Shimane no kindai nōgyō* (Die moderne Landwirtschaft in Shimane). Matsue

1977 *Kindai Shimane no tenkai kōzō* (Entwicklungsstrukturen des modernen Shimane). Tōkyō

NIHON TEKKŌ RENMEI (Hg.)
1973 *Nihon no tekkō tōkei hyaku-nen* (Japanische Eisen- und Stahlstatistik der letzten hundert Jahre). Tōkyō

NOHARA Kenichi
1970 "Meiji-zenki wa-shiki (tatara) seitetsugyō no kiki - Izumo chihō o chūshin toshite" (Die Krise der traditionellen japanischen Hüttenindustrie (tatara) in der frühen Meiji-Periode - das Izumogebiet als Zentrum betrachtet), in: *Shakai keizai shigaku* 36/2:62-83. Tōkyō

OGIWARA Naomasa
1976 *Inpaku no kijiya* (Die Drechsler von Inaba und Hōki). Tōkyō

SAN'IN GŌDŌ GINKŌ (Hg.)
1973 *San'in gōdō ginkō shi* (Geschichte der San'in-gōdō Bank). Matsue

SHIMANE-KEN
1967 *Shinshū Shimane-ken shi - Tsūshi* (Revidierte Geschichte der Präfektur Shimane: Überblick). Matsue

1974 *Shimane-ken tōkei hyaku-nen-shi* (Hundert Jahre Shimane-ken in der Statistik). Matsue

SHIMANE-KYŌDO KENKYŪ-KAI (Hg.)

1969 *San'in no rekishi* (Geschichte des San'in-Raumes), *San'in bunka shiriizu* 8. Matsue

TAKAHASHI Ichirō

1977 *Un-shū soroban no konjaku* (Vergangenheit und Gegenwart des Abakus im Gebiet von Izumo). Matsue

TOTTORI-KEN naimubu dai yon-ka (Hg.)

1900 *Tottori ken kangyō enkaku* (Die Geschichte der Förderung der Wirtschaft in der Präfektur Tottori) (Nachdruck: *Meiji bunken shiryōkankō-kai* (Ed.): *Meiji zenki sangyō hattatsu-shi shiryō; hōkan* 61. Tōkyō 1972)

TOTTORI-KEN (Hg.)

1968 *Hyakunen no nenrin* (Die Jahresringe der letzten hundert Jahre). Tottori

UMEMURA Mataji

1965 "Agriculture and Labor Supply in Japan in the Meiji-Era", in: *Developing Economies* III/2:269-285.

YAMANAKA Hisao

1972 *Tottori-ken no rekishi* (Geschichte der Präfektur Tottori), *ken-shi shiriizu* 31. Tōkyō

YANAGIURA Fumio

1971 *Shimane no sanrin* (Der Wald von Shimane), *San'in bunka shiriizu* 38. Matsue

YOSHIMURA Bukotsu

1979 *Tottori-ken saichi hishi* (Geheime Geschichte der Wiedererrichtung der Präfektur Tottori). Tōkyō 1930 (Nachdruck Kokusho-kankō-kai, Tōkyō 1979)

4. SOZIALE FRAGEN DER ENTWICKLUNG

Regine Mathias-Pauer

4.1. Einleitung

Die rasche wirtschaftliche Entwicklung Japans von einem agarischen Land zu einer modernen Industrienation ist Gegenstand zahlreicher Untersuchungen in Japan, aber auch im Ausland gewesen, wobei Probleme wie Kapitalentwicklung, Rolle des Staates bzw. des Privatunternehmers oder Übernahme ausländischer Technologien im Vordergrund standen. Die Frage nach der Entwicklung einer Industriearbeiterschaft hingegen wurde zumeist nur am Rande gestreift, zum einen, weil die Quellenlage für derartige Untersuchungen schwierig ist, zum anderen aber auch, weil die Meinung vorherrschte, daß "die Bedeutung von 'Arbeit' in der japanischen Industrialisierung leicht zu übersehen (war), weil sie kein großes Problem darstellte" (Smith 1965:212).

Kein Problem deshalb, weil die japanische Industrialisierung immer als ein typisches Beispiel für eine industrielle Entwicklung mit unbegrenzten Arbeitskräftereserven angesehen wurde, wobei man oft übersah, daß das bloße Vorhandensein einer ländlichen Überschußbevölkerung noch nicht automatisch die ausreichende Versorgung der Industrie mit Arbeitskräften bedeutet. Erst in jüngerer Zeit wurden Fragen nach der Art des Übergangs von der Landwirtschaft in die Industrie und nach der Herausbildung eines Arbeitsmarktes vermehrt aufgegriffen, und dabei zeigte sich, daß die Entwicklung in diesem Bereich keineswegs so problemlos verlaufen ist, wie früher angenommen wurde. Einzelne Fall-Studien haben gezeigt, daß große regionale und branchen-spezifische Unterschiede bestehen und die Entwicklung der Lohnarbeit differenzierter verlief, als es das bisher allgemein verbreitete, stark marxistisch geprägte Entwicklungsschema erkennen ließ.

Bei solchen lokalen Fallstudien genügt es allerdings nicht, ein Dorf oder eine Fabrik zu untersuchen. Vielmehr muß die Interaktion zwischen den industriellen Zentren und den größtenteils in ländlichen Gebieten liegenden Arbeitskräftereservoirs in einem größeren regionalen Zusammenhang dargestellt werden. Nur so sind die konkreten Auswirkungen der Industrialisierung auf die ländliche Gesellschaft, die verschiedenen Formen des Übergangs von der Landwirtschaft zur Industriearbeit sichtbar zu machen. Gleichzeitig ermöglicht diese Betrachtungsweise es auch, die wirtschaftlichen und sozialen Zusammenhänge zwischen einzelnen Regionen zu verdeutlichen. Die nachfolgende Untersuchung versteht sich als eine solche Fallstudie, in der - ausgehend von einem Dorf in der Präfektur Hiroshima in Südwest-Japan - die Auswirkungen der Industrialisierung auf die ländliche Gesellschaft und die Abwanderung von Arbeitskräften in die Industrie dargestellt werden. Dem eigentlichen Untersuchungsbericht ist ein allgemeiner Überblick über die Entwicklung der Lohnarbeit in Japan vorangestellt, der den Hintergrund für die Fallstudie bildet.

4.2. Die Entwicklung der Lohnarbeit

Erste Ansätze einer Lohnarbeit sind in Japan nicht erst im Zuge der Industrialisierung entstanden. Schon während der zweiten Hälfte der Edo-Zeit (1600-1868) hatte die immer mehr um sich greifende Geldwirtschaft dazu geführt, daß Arbeitsleistungen nicht mehr nur durch Warenleistungen wie Verpflegung, Kleidung und Unterkunft abgegolten wurden, sondern auch durch Geld. Beispiele dafür lassen sich in der Landwirtschaft ebenso finden wie in bestimmten Gewerbezweigen. Von einer allgemeinen Verbreitung der Lohnarbeit kann man allerdings noch nicht sprechen. Es kam zwar in vielen Fällen zu einer Lockerung der persönlichen oder rechtlichen Abhängigkeitsverhältnisse im Rahmen der Feudalordnung, doch blieb diese Ordnung insgesamt bestehen und verhinderte das Entstehen einer persönlich-rechtlich freien Arbeiterschaft.

Erst nach der Meiji-Restauration (1868) schufen gesetzliche Reformen, besonders die Aufhebung des Ständesystems und die Garantie der Freizügigkeit und der freien Berufswahl grundlegende Voraussetzungen für die weitere Entwicklung der Lohnarbeit.

Die gesetzlichen Veränderungen allein bewirkten jedoch wenig, solange die industrielle Entwicklung erst anlief und die Nachfrage nach Arbeitskräften durch die Industrie und den tertiären Sektor noch relativ gering war. Erst der industrielle Aufschwung in den 80er Jahren des 19. Jahrhunderts brachte einen großen Bedarf an Arbeitskräften und führte zu einer allgemeinen Ausweitung der Lohnarbeit. Die wirtschaftlichen Hintergründe dieser Entwicklung sind in Kapitel 3.1. ausführlich dargestellt worden. Deshalb sollen an dieser Stelle vor allem die Veränderungen in der Beschäftigungsstruktur in den drei Wirtschaftssektoren geschildert werden.

4.2.1. Veränderungen in der Beschäftigungsstruktur

Da das statistische Material auf gesamtjapanischer Ebene für den Zeitraum vor dem ersten Zensus 1920 unzureichend ist, sind wir in dieser Zeit auf Schätzungen angewiesen. Eine der neuesten Schätzungen, die als zuverlässig gelten kann, wurde 1973 von dem japanischen Wirtschaftshistoriker Umemura Mataji (Umemura 1973) vorgelegt. Ihre Ergebnisse liegen den Angaben in Tabelle 1 und dem folgenden Überblick über die Veränderungen in der Beschäftigungsstruktur zugrunde.

Ein wichtiger Anzeiger für die zunehmende Industrialisierung eines Landes ist gewöhnlich die Zunahme der Arbeitskräfte im sekundären Sektor, meist verbunden mit einem Rückgang der Zahl der in der Landwirtschaft Tätigen. Nach Umemura arbeiteten 1880 noch über 15 Mio. Menschen in der Landwirtschaft, was einem Anteil von etwa 71 % aller Erwerbstätigen entsprach. Obwohl dieser Anteil im Vergleich zu regionalen Untersuchungen von 1872 nahezu unverändert war, wird aus verschiedenen lokalen Studien deutlich, daß in diesem Zeitraum die Nebenerwerbstätigkeit der Bauern stark erweitert wurde, was zweifellos bereits eine Reaktion auf die wirtschaftlichen Veränderungen darstellte.

Zwischen 1883 und 1906 weisen alle Wirtschaftsbereiche einen Anstieg der Beschäftigtenzahlen auf, doch bestanden große Unterschiede: Während die Zahl der in der Landwirtschaft Tätigen nur geringfügig zunahm, verzeichneten Industrie und Bergbau große Zuwachsraten, die allerdings noch übertroffen wurden vom Anstieg der Beschäftigten im Baugewerbe (Tab. 23). Als Folge sank der Anteil der in der Landwirtschaft Beschäftigten (1906:16.158.000 Menschen) auf rund 64 % aller Erwerbstätigen, während der der in Industrie und Bergbau arbeitenden (1906:3.173.000 Personen) im gleichen Zeitraum von knapp 9 % auf fast 13 % anstieg. Wahrscheinlich war der Anteil des sekundären Sektors sogar noch größer, da damlas, besonders in ländlichen Gebieten, noch keine klare Trennung zwischen Industrie und Handel bestand und viele industrielle Aktivitäten statistisch unter "Handel" subsumiert wurden. Die enorme Expansion der Bauwirtschaft zwischen 1883 und 1906 hatte ihre Ursachen zweifellos nicht nur im Wachstum der Städte, wie Umemura (1973:109) anführt, sondern auch in den zahlreichen Großprojekten (Eisenbahnbau, Bau von Hafen- und Industrieanlagen etc.), die damals durchgeführt wurden.

Tabelle 23: Veränderungen in der Beschäftigungsstruktur 1883-1930

(nach Umemura 1973:107, 112-155)

		Durchschnittliche Zu- bzw. Abnahme der Erwerbstätigen (in %)					
Wirtschaftsbereich	Gesamtzahl der Beschäftigten 1883 (in 1000)	1883 - 1906	1906 - 10	1910 - 15	1915 - 20	1920 - 25	1925 - 30
Primärsektor	16.006		- 2.4	- 4.7	- 8.1	- 2.3	4.2
Landwirtschaft	15.648	0.7	- 2.5	- 4.8	- 8.4	- 2.3	4.0
Fischerei	358	11.6	0.9	- 2.4	- 2.0	- 3.2	9.3
Sekundärsektor	2.398		12.1	19.6	27.8	0.6	- 2.0
Bergbau)	2.091	11.7	7.6	48.6	33.3	- 28.7	4.0
Industrie)			11.5	17.7	31.7	0.7	- 5.1
Bauwirtschaft	307	17.6	16.4	18.6	3.2	17.0	8.3
Gas-,Wasser-, Elektrizitätsversorgung	-		13.1	33.3	60.7	- 11.1	52.5
Tertiärsektor	3.673		11.3	13.9	17.7	20.6	13.5
Handel	2.007	3.7	15.1	17.6	9.2	25.4	15.1
Verkehr	-		13.4	9.1	41.1	7.0	1.8
Andere	1.672	7.4	- 6.4	3.3	31.7	19.0	20.7

Der wachsende Bedarf an Arbeitskräften im sekundären und tertiären Sektor, der in den großen Zuwachsraten zum Ausdruck kommt, wurde vor allem durch die Abwanderung von Teilen der ländlichen Bevölkerung in die Industrie gedeckt. Da jedoch die Zahl der in der Landwirtschaft Tätigen insgesamt zu dieser Zeit sogar noch anstieg, rekrutierten sich die Abwanderer offensichtlich weitgehend aus der ländlichen Überschußbevölkerung. Allerdings lassen diese gesamt-japanischen Durchschnittszahlen regionale Unterschiede unberücksichtigt. Wie Umemura nämlich an anderer Stelle zeigt (Umemura 1961:123 ff.), kam es vorwiegend in Nordost-Japan zu einer Ausweitung der Landwirtschaft, während in Südwest-Japan, besonders im Kansai-Gebiet und in den Regionen an der Inlandsee schon in dieser Zeit nicht nur der Anteil, sondern auch die absoluten Zahlen der in der Landwirtschaft Tätigen rückläufig waren.
In der zweiten Phase, zwischen 1906 und 1910, nahm erstmals auch im gesamt-japanischen Durchschnitt die Zahl der in der Landwirtschaft Beschäftigten ab. Allerdings wurde die Abwanderung der bäuerlichen Bevölkerung in die Industrie durch eine Verlangsamung der industriellen Entwicklung aufgrund einer nach dem russisch-japanischen Krieg - 1904/05 - in einigen Industriesparten einsetzenden Rezession gebremst.

Erst nach 1910 begann ein neuerlicher Aufschwung, der zwischen 1915 und 1920 in den Wirtschaftsboom des Ersten Weltkrieges mündete. Da die enormen Produktionssteigerungen in diesen zehn Jahren weitgehend durch eine Vermehrung der Arbeitskräfte erreicht wurden, kam es in dieser Zeit zu sehr einschneidenden Veränderungen in der Beschäftigungsstruktur: Die Zahl der in der Landwirtschaft Tätigen nahm drastisch ab. Hinter dem Rückgang von - 4,8 % und - 8,4 % in dieser Zeit verbirgt sich die Abwanderung von mehr als 2 Mio. Arbeitskräften (1,18 Mio Männer, 910.000 Frauen), die aus der Landwirtschaft in den Bergbau, die verschiedenen Industriebranchen, aber auch in den tertiären Sektor strömten.

Infolge dieses gewaltigen Transfers von landwirtschaftlicher Arbeitskraft in die Industrie sank der Anteil der landwirtschaftlich Tätigen an den Erwerbstätigen von 62 % auf 50 % (Tafel 4). Der Anteil der Arbeitnehmer in Bergbau, Industrie und Baugewerbe stieg im gleichen Zeitraum von 16 % auf 23 % und erreichte damit einen Stand, der bis in die Phase der Kriegswirtschaft (1937-1945) hinein praktisch unverändert blieb. Von daher kann man sagen, daß die rein quantitative Entwicklung der Lohnarbeit zumindest im industriellen Bereich um 1920 herum einen gewissen Abschluß gefunden hatte.

Tafel 4: Änderung der sektoralen Beschäftigungsstruktur zwischen 1906 und 1930 (Umemura 1973:112-117)

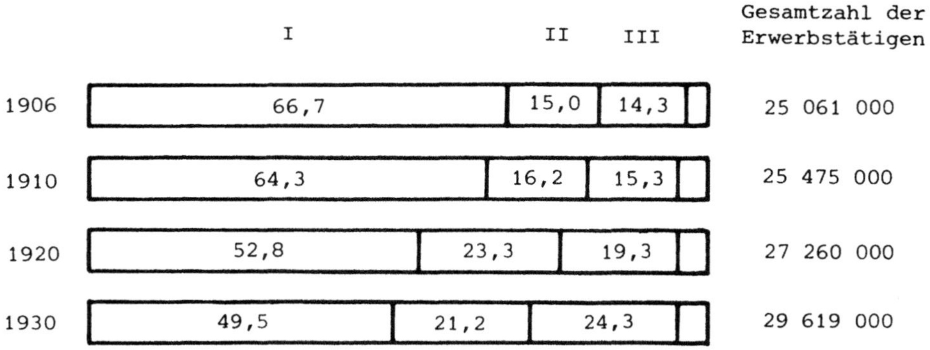

Der Zusammenbruch der überhitzten Konjunktur nach dem Ende des Ersten Weltkriegs leitete ein Jahrzehnt der wirtschaftlichen Instabilität ein, in dem es immer wieder zu Krisen und Rezessionen kam, bis hin zur Weltwirtschaftskrise von 1929/30. In dieser Situation verlagerte sich das Beschäftigungswachstum vom sekundären zum tertiären Sektor, Zwar konnte der sekundäre Sektor zwischen 1920 und 1925 noch eine geringfügige Zunahme der Beschäftigten verzeichnen, doch gab es im Bergbau und in einzelnen Industriesparten (Textil, Leder) erhebliche Einbrüche (Tab. 23). In der zweiten Hälfte der 20er Jahre weist der sekundäre Sektor dann insgesamt ein negatives Wachstum auf, obwohl einzelne Bereiche, wie z.B. der Bergbau wieder vermehrt Arbeitskräfte einstellten (Tab. 23). Die Zahl der im Dienstleistungssektor Beschäftigten hingegen nahm weiter zu und überflügelte nach 1925 erstmals den sekundären Sektor (vgl. auch Tafel 4).

Infolge dieser Entwicklung nahm die Zahl der in der Landwirtschaft Beschäftigten nach 1920 nicht weiter ab, sondern blieb bis zum Ende des Untersuchungszeitraumes, 1930, fast konstant. Zwischen 1925 und 1930 kam es offenbar sogar zu einer Rückwanderung in die Landwirtschaft, da die Zahl der Beschäftigten in diesem Zeitraum erstmals nach 1906 leicht zunahm. Allerdings war das wohl nur ein vorübergehendes Phänomen, denn 1935 lag die Zahl wieder bei 13,8 Mio und entsprach damit dem Stand von 1930.

Die Konstanz der in der Landwirtschaft Beschäftigten während der Zwischenkriegszeit ist zwar auffällig, aber sie darf nicht dahingehend interpretiert werden, daß die Abwanderung der ländlichen Bevölkerung in diesem Zeitraum zum Stillstand gekommen sei. Nach wie vor blieb die ländliche Bevölkerung ein wichtiges Arbeitskräftereservoir für Industrie und Dienstleistungen, doch beschränkte sich die Abwanderung nach 1920 weitgehend auf die Überschußbevölkerung, also auf die nicht erbberechtigten jüngeren Söhne und die Töchter, denen die Landwirtschaft keine Existenzmöglichkeit mehr bot. Diese Überschußbevölkerung entstand durch das sehr rasche Bevölkerungswachstum in jenen Jahren. Zwischen 1875 und 1935 hat sich die japanische Bevölkerung insgesamt fast verdoppelt: von 35 Mio auf 69,6 Mio. Noch zwischen 1920 und 1935 nahm die Bevölkerung jährlich fast um eine Million Menschen zu. Dieser natürliche Zuwachs an Arbeitskräften wurde offenbar fast ausschließlich vom sekundären und tertiären Sektor aufgesogen.

Aus dem bisher Gesagten geht hervor, daß die ländliche Bevölkerung das wichtigste Arbeitskräftereservoir für die industrielle Entwicklung Japans darstellte. Der Übergang von der Landwirtschaft zur Industriearbeit vollzog sich nach 1868 auf verschiedenen Wegen: von der Ausweitung der Nebenerwerbstätigkeiten über die Abwanderung der ländlichen Überschußbevölkerung bis hin zur Massenabwanderung der noch in der Landwirtschaft Tätigen zwischen 1910 und 1920. Die verschiedenen Formen und die mit ihnen verbundenen Hypothesen über die Herausbildung einer Lohnarbeiterschaft in Japan werden im letzten Teil dieses Überblicks noch ausführlicher behandelt. Zunächst soll jedoch die bisherige, rein zahlenmäßige Darstellung der Entwicklung inhaltlich etwas mehr konkretisiert werden.

Dabei beschränke ich mich auf die Entwicklung im sekundären Sektor. Das Bild der industriellen Lohnarbeit in der frühen Phase nach der Meiji-Restauration wurde vor allem durch die Situation in der Textilindustrie geprägt. Die Textilindustrie war von Anfang an eine Domäne der weiblichen Arbeitskräfte. Schon vor der Restauration hatten in den Seidenspinnereien fast ausschließlich Mädchen und junge Frauen gearbeitet. Nach der Restauration waren in den staatlichen Pilotfabriken wie Tomioka (vgl. Kapitel 3.2.) sogar viele Töchter aus verarmten Samurai-Familien tätig. 1882 waren die Seidenspinnereien, sowohl was die Zahl der Fabriken angeht als auch hinsichtlich der Arbeitskräfte, die bedeutendste Industriebranche in Japan. In mehr als 1000 Fabriken arbeiteten über 37.000 Menschen, unter ihnen fast 28.000 Frauen und Mädchen (74 %). Das waren mehr als die Hälfte aller im 4. Statistischen Jahrbuch genannten privaten Fabriken und rund 61 % aller im sekundären Sektor tätigen Arbeitskräfte (Sumiya 1973:33; dabei ist allerdings zu berücksichtigen, daß in den Statistiken nur Fabriken mit mehr als neun Arbeitskräften erfaßt wurden, die Kleinstbetriebe also nicht berücksichtigt sind). In den 1890er Jahren wurden im Textilbereich die Baumwollspinnereien und Webereien zunehmend wichtiger. Auch sie stellten fast ausschließlich weibliche Arbeitskräfte ein, die sich vorwiegend aus ländlichen Gebieten rekrutierten. Die Dominanz des Textilbereiches bis weit in das 20. Jahrhundert hinein hat dazu geführt, daß bis Ende der 20er Jahre die Hälfte der Arbeitskräfte im sekundären Sektor junge Frauen und Mädchen waren (die Hälfte zumindest nach den offiziellen Statistiken, wahrscheinlich aber etwas weniger, wenn man die in die Statistiken nicht aufgenommenen Kleinstbetriebe berücksichtigt). Die Arbeiterinnen in der Textilindustrie, vor allem in den Bauwollspinnereien und Webereien kamen vom Land und arbeiteten häufig nur einige Jahre in den Fabriken; danach kehrten sie (idealiter) wieder ins Dorf zurück und heirateten dort. Allerdings führten die harten Arbeitsbedingungen und die unzureichenden sanitären Einrichtungen in den Fabriken und Wohnheimen häufig zu Krankheiten wie z.B. Tuberkulose, an denen immer wieder Mädchen starben. Viele kehrten auch nicht zurück, weil sie sich in der Stadt bessere Verdienst- und Lebensmöglichkeiten versprachen als in ihren Heimatdörfern.

Die allein schon quantitativ gesehen große Bedeutung der Textilarbeiterinnen drückt sich auch in den vielen Studien aus, die über diesen Bereich der Lohnarbeit angefertigt wurden. Dennoch sollte man sich davor hüten, die Lohnarbeit in der Textilindustrie mit ihren spezifischen Bedingungen als tpyisch für alle Industriebranchen anzusehen. Neben die weiblichen (an)gelernten Arbeitskräfte der Textilfabriken trat seit Mitte der 1880er Jahre in zunehmendem Maße die große Zahl der ungelernten, meist männlichen Arbeitskräfte in den Bergwerken und im Baugewerbe. Auch sie stammten weitgehend aus ländlichen Gebieten und betrieben die Lohnarbeit zum Teil als Nebenerwerb zur Landwirtschaft. Doch gab es auch viele unter ihnen, die im Dorf keine wirtschaftliche Grundlage mehr hatten und ihren gesamten Lebensunterhalt durch die Lohnarbeit bestreiten mußten.

Gelernte männliche Arbeitskräfte und Facharbeiter, die auch mit den neuen, westlichen Techniken vertraut waren, finden wir zwar bereits in den frühen Werften und Fabriken während der industriellen Lehrzeit Japans, später - nach der Meiji-Restauration - dann auch in den Pilotfabriken der Regierung, doch fiel ihre Zahl zunächst noch nicht so ins Gewicht. Erst mit dem Aufschwung der Schwerindustrie und der chemischen Industrie in den 1890er Jahren erlangten sie auch zahlenmäßig zunehmend größere Bedeutung. Bei diesen Arbeitskräften waren die in den beiden ersten Gruppen bestehenden engen Bindungen an die Landwirtschaft meist nicht mehr vorhanden. Sie hatten eine Ausbildung im Betrieb oder einer der Gewerbeschulen erhalten und waren im ganzen Land sehr gefragt. Das führte zu einer großen Mobilität, die erst durch den allmählichen Ausbau des "typisch japanischen" Arbeitssystems mit lebenslanger Anstellung und Senioritätslohn eingeschränkt wurde.

Neben den bisher genannten drei Gruppen von Arbeitskräften, nämlich angelernte weibliche Arbeitskräfte, ungelernte männliche und weibliche Arbeitskräfte, gelernte männliche Arbeitskräfte und Facharbeiter, gab es noch die zweifellos zahlenmäßig große Gruppe der Arbeiter(innen) in der Heimindustrie und den Kleinbetrieben, über die wir allerdings im Vergleich zu den anderen Gruppen wenig wissen, da sie in den üblichen Quellen und Statistiken nur unzureichend erfaßt wurden.

Die erste Statistik, die auch Betriebe mit weniger als neun Arbeitskräften erfaßte, wurde 1930 erstellt. Aus ihr geht hervor, daß diese Kleinstbetriebe mehr als 90 % aller japanischen Betriebe ausmachten und in ihnen 55,7 % aller Erwerbstätigen beschäftigt waren.

Tabelle 24: Anzahl der japanischen Betriebe nach Betriebsgröße (nach Komiyama Takuji 1941:4)

Betriebsgröße	Anzahl d. Betriebe	Anzahl der Arbeitskräfte
1-Mann-Betriebe	665.437 (53,9 %)	665.437 (16,5 %)
1-9 Arbeitskräfte	541.715 (43,9 %)	1.581.203 (39,2 %)
über 10 Arbeitskr.	26.358 (2,2 %)	1.650.643 (41,0 %)
staatl. Betriebe	400 (0,0 %)	130.787 (3,3 %)
Gesamt	1.233.910 (100 %)	4.028.070 (100 %)

In all diesen vier Gruppen (diese Einteilung der Arbeitskräfte entspricht der bei Sumiya 1973:34) waren die Arbeits- und Lebensbedingungen der Lohnarbeiter unterschiedlich. Diese Unterschiede sind auch zu berücksichtigen, wenn man über die verschiedenen Formen des Übergangs von der Landwirtschaft in die Industrie spricht.

4.2.2. Der Übergang von der Landwirtschaft zur Industriearbeit

Wie bereits dargelegt, vollzog sich der Übergang von der Landwirtschaft zur Industriearbeit auf mehreren Wegen: durch die Ausweitung der Nebenerwerbstätigkeiten, durch die zeitweise Abwanderung oder die auf Dauer angelegte Abwanderung von Teilen der ländlichen Bevölkerung in die industriellen Zentren. Während in den ersten beiden Fällen die Landwirtschaft nach wie vor ein wichtiger Bestandteil der Lebensgrundlage war und die Beziehungen zu ihr und zum Heimatdorf relativ eng blieben, wurde im letzten Fall die Landwirtschaft meist vollständig aufgegeben, sofern vor der Abwanderung überhaupt noch Grundbesitz vorhanden war. Eine strikte Trennung dieser verschiedenen Wege ist allerdings in der Praxis schwierig, da in vielen Fällen eine kurzzeitige Abwanderung der vollständigen Abkehr von der Landwirtschaft vorausging, aber auch, im umgekehrten Fall, eine auf Dauer geplante Abwanderung bei wirtschaftlichen Schwierigkeiten u.U. wieder rückgängig gemacht werden konnte.

Nach Ansicht von Umemura (1965:280) und anderer japanischer Historiker war für Japan vor allem in der Meiji-Zeit (1868-1912) die Ausweitung der Nebenerwerbstätigkeit, durchaus auch verbunden mit einer zeitweisen Abwanderung quantitativ von größerer Bedeutung. Deshalb setzen die verschiedenen Hypothesen über die Herausbildung von Lohnarbeit in Japan auch bei diesem Punkt an.

Um die Rolle der Nebenerwerbstätigkeit bei der Entwicklung der Lohnarbeit deutlich zu machen, ist es notwendig, einen Schritt zurück in die Epoche vor der Meiji-Zeit zu machen. Der generell von vielen Historikern vertretenen These zufolge führten die Entwicklung des Marktes und das Eindringen der Geldwirtschaft in den Dörfern schon während der Edo-Zeit zur Kommerzialisierung der Landwirtschaft und zugleich zur Auflösung der herkömmlichen sozialen Strukturen. Die reichen Bauern, die Kapital bzw. Land genug besaßen, um sich an dieser Kommerzialisierung zu beteiligen, wurden zu ländlichen Unternehmern, die ärmeren Bauern wurden zu Pächtern und Lohnarbeitern und wanderten schließlich ganz ab. Von daher gesehen wurde die Ausweitung der Nebenerwerbstätigkeiten durch Lohnarbeit immer mit der Auflösung der traditionellen Gesellschaftsstrukturen gleichgesetzt. In mehreren Arbeiten konnte in letzter Zeit jedoch gezeigt werden, daß hinsichtlich dieses Entwicklungsschemas regional große Unterschiede bestanden. So weist Saitō Ōsamu (Saitō 1982) für eine Region der Provinz Kai (heute Präf. Yamanashi) nach, daß dort die Zunahme der Nebenerwerbsmöglichkeiten eher zu einer Stabilisierung der ländlichen Gesellschaft geführt hat. In der von ihm untersuchten Region kam es nach der Öffnung Japans zu einem Aufschwung in der Seidenraupenzucht und Seidenherstellung; als Folge davon war nicht nur die Abwanderung ländlicher Arbeitskräfte wesentlich geringer als in anderen Gegenden Japans zur gleichen Zeit, sondern die in der Landwirtschaft tätige Bevölkerung nahm im Gegenteil sogar noch zu.

Andererseits steht außer Zweifel, daß es, vor allem in West-Japan, sehr wohl Beispiele für die oben beschriebenen Folgen der Kommerzialisierung der Landwirtschaft gibt. Deshalb muß in zukünftigen Untersuchungen der Zusammenhang zwischen Kommerzialisierung, Nebenerwerbstätigkeit und Auflösung der traditionellen wirtschaftlichen und sozialen Strukturen genau untersucht werden. Immerhin könnte hier ein Schlüssel für die unterschiedliche regionale Entwicklung in Japan während der industriellen Revolution liegen.

Für die Ausweitung des Nebenerwerbs in der Meiji-Zeit war die ländliche Industrialisierung von größter Bedeutung. Die frühen Fabriken lagen noch größtenteils (1884 rund 77 %) in ländlichen Gebieten und bezogen ihre Arbeitskräfte aus der unmittelbaren Umgebung. Später verlagerte sich der Schwerpunkt der industriellen Produktion mehr und mehr in die städtischen und semi-urbanen Gebiete; die dort angesiedelten Industrien machten 1892 bereits mehr als die Hälfte aller Fabriken aus (Umemura 1965:281). Durch diese Entwicklung wurden immer größere Teile der Bevölkerung gezwungen, in weit von ihrer Heimat entfernte Industriegebiete abzuwandern. Diese Abwanderung erfolgte in den meisten Fällen zunächst wohl nur für einen begrenzten Zeitraum, ohne daß die Bindungen an die Landwirtschaft ganz aufgegeben wurden. Auf diesem Umstand baut der Wirtschaftshistoriker Ōkōchi Kazuo seine Theorie über die besondere Form des Übergangs der ländlichen Bevölkerung zur Industriearbeit auf, die unter der Bezeichnung "*dekasegi*-These" eine große Breitenwirkung erlangte. Im Rahmen dieser, bereits 1952 aufgestellten Theorie betonte Ōkōchi die Besonderheit der japanischen Lohnarbeit innerhalb der Entwicklung des japanischen Kapitalismus.

> "Die bäuerliche Wirtschaft, die notgedrungen in die Warenproduktion einbezogen wurde, ohne daß zuvor eine Landflucht stattgefunden hatte, fand, unter dem Druck der Armut und der Überbevölkerung, einen Ausweg, zum einen in der Einnahme von Bargeld durch die sich im ganzen Lande ausbreitenden Nebenerwerbswirtschaft, zum anderen durch das Aussenden von *dekasegi*-Arbeitskräften in verschiedener Art und Weise ... Folglich gilt für die japanische Lohnarbeit, daß Frauen und Männer aus der Landwirtschaft abwanderten, für eine bestimmte Zeit als Lohnarbeiter lebten und danach wieder in die Landwirtschaft zurückkehrten. Deshalb erschienen die japanischen Lohnarbeiter auf dem Arbeitsmarkt als Menschen, die mit einem Bein noch in der Landwirtschaft standen. Die Dauersiedlung und Verwurzelung im Industriegebiet war in Japan sehr selten. Eine solche Arbeiterbevölkerung, die zwar im Industriegebiet wohnte und sich dort als Arbeiterfamilie reproduzierte, in deren Leben aber die dortigen Arbeitsbedingungen, Löhne und Unterkünfte nur einen Teilbereich ihrer Existenz bildeten, konnte nicht zu einer stabilen Gesellschaft werden. Zwischen Dorf

und Industriegebiet ließ sich nicht nur ein großer Strom von hin- und herziehenden Menschen beobachten, sondern, was wichtig war, es bestanden auch starke geistige Wechselbeziehungen. Ein Proletariat, daß nur von den täglichen Löhnen ... ohne einen Pfennig zusätzlichen Einkommens lebte und im Notfall keinen Ort kannte, an den es fliehen konnte, ... existierte (in Japan) nicht. Man brach nicht alle Brücken hinter sich ab und verließ sich nur auf den Lohn. Im japanischen Fall gab die Möglichkeit der Rückkehr in die Heimat und in die Landwirtschaft und die direkte und indirekte Abhängigkeit davon dem Leben der Arbeiter einen besonderen Anstrich. Diese durch die *dekasegi*-Arbeit hervorgerufene Besonderheit brachte die speziell japanische Form der Lohnarbeit, mit den für Japan charakteristischen Arbeitsbedingungen und den niedrigen Löhnen, mit der Herausbildung des Arbeitsmarktes und der Form der Gewerkschaften und anderer Arbeitsorganisationen, sowie das für die japanischen Arbeiter so charakteristische Bewußtsein und Ethos hervor; darüberhinaus auch das Arbeiterproblem der letzten 80 Jahre nach der Meiji-Restauration" (Ōkōchi 1970:9-10).

In diesem Zusammenhang wollte Ōkōchi den Begriff '*dekasegi*-Arbeit', der heute weitgehend mit der kurzzeitigen Abwanderung von landwirtschaftlichen Bevölkerungsteilen in die Industrie assoziiert wird, in einem wesentlich weiteren Sinn verstanden wissen. Für ihn bedeutete der *dekasegi*-Typ der Arbeit, daß diejenigen, die das Reservoir der Lohnarbeit bildeten, als Gesamtheit mit der landwirtschaftlichen Familienwirtschaft verbunden blieben (Ōkōchi 1970:4).

Aus der Tatsache, daß Lohnarbeit für viele Nebenerwerb war und die Bindung an die Landwirtschaft nicht abriß, leitet Ōkōchi die Besonderheiten der japanischen Entwicklung ab:

1) die Existenz eines relativ niedrigen Lohnniveaus;
2) den allmählichen Übergang von der Landwirtschaft zur Industriearbeit, durch den die Entwurzelung einer in die industriellen Zentren abgewanderten Bevölkerung größtenteils vermieden werden konnte;
3) die Verhinderung einer Identifizierung der Arbeitskräfte mit ihren neuen Arbeits- und Lebensbedingungen und die dadurch bedingte mangelnde Bereitschaft, sich als Arbeiterschaft zu organisieren.

Ōkōchi's These hat ihren Niederschlag auch in der Demographie gefunden. Dort wird im Falle Japans oft von einer Sonderform der Binnenwanderung gesprochen, nämlich der sogenannten circular migration (Kreiswanderung). Dieser Terminus soll die Unterschiede zwischen den Bevölkerungsbewegungen in Europa während der Industrialisierung und denen in Japan während der Meiji- und Taishō-Periode zum Ausdruck bringen.

Während in Europa ein steter Zustrom von Arbeitern vom Land in die Städte floß, bei dem die Zuwanderer in der Stadt durchweg seßhaft wurden und die Verbindungen zum Land abbrachen, blieben in Japan diese Verbindungen zum Land bestehen. Die meisten Personen wanderten, nach dieser Theorie, nur vorübergehend in die Städte und kehrten nach Ablauf einer bestimmten Frist wieder aufs Land zurück (Wilkinson 1965:59-60).

Kritiker dieser Theorien greifen vor allem an, daß in ihnen zweifellos vorhandene Formen des Übergangs von der Landwirtschaft zur Industriearbeit zu sehr verallgemeinert werden. Ōkōchi's These und die Theorie der "Kreiswanderung" beschreiben in erster Linie die Situation bei den weiblichen Textilarbeiterinnen, und vielleicht noch zum Teil bei den ungelernten männlichen (und weiblichen Arbeitskräften). Dabei wird übersehen, daß es in Japan durchaus auch die Abwanderung ohne Rückkehr, wie wir sie aus der europäischen Geschichte kennen, gab. Die Tatsache, daß auch nach der Abwanderung die Beziehung zu der im Dorf zurückbleibenden Familie enger sein konnte als es in Europa der Fall war, darf nicht darüber hinwegtäuschen, daß die meisten Abwanderer im Dorf keine wirtschaftliche Grundlage mehr hatten und bei einer dauernden Rückkehr der Familie zur Last gefallen wären. Die Abwanderung auf Dauer, der zweite Weg des Übergangs aus der Landwirtschaft in die industrielle Lohnarbeit, wird von den meisten japanischen Historikern nur am Rande gestreift. So begnügt sich Umemura (1965:280) mit der Feststellung, daß dieser Weg bei weitem der problematischere sei, ohne näher auf die Probleme und ihre Lösungen einzugehen. Ein Grund dafür ist sicher auch die Tatsache, daß solche Abwanderer in den Quellen viel schwerer zu erfassen sind als die *dekasegi*-Arbeiter, die immer wieder in den Dokumenten ihrer Heimatbehörden erscheinen. Auch vollzog sich die Abwanderung auf Dauer vielfach allmählich, indem der Betreffende zunächst als *dekasegi*-Arbeiter fortging und nach einiger Zeit dann im Bergbaurevier oder im Industriegebiet blieb.

Doch zeigt das rasche Wachstum der Bevölkerung in den Städten und Industriezentren, daß diese Abwanderung auf Dauer doch eine wesentlich größere Rolle gespielt haben muß, als allgemein angenommen wird. Durch die Ausweitung der Nebenerwerbswirtschaft und die *dekasegi*-Arbeit allein läßt sich die mit der Industrialisierung Japans Hand in Hand gehende Urbanisierung nicht ausreichend erklären. Dieser Ansicht ist auch der amerikanische Wirtschaftshistoriker Taira Koji, der schreibt:

"Nach der strikten Definition kehrt ein *dekasegi*-Arbeiter nach einigen Monaten oder Jahren der Arbeit in anderen Gegenden wieder zurück, um seine normale Beschäftigung wieder aufzunehmen; oder er ist von seinem Heim aus zeitweise auf dem Arbeitsmarkt aktiv. Aber angesichts des stetigen Fortschritts der Urbanisierung und der beträchtlichen geographischen Bevölkerungsbewegungen können die *dekasegi*-Arbeitskräfte allein nicht die ganze Masse der Lohnarbeiterschaft ausgemacht haben. Die zweiten oder dritten Söhne der Bauern verließen in den meisten Fällen das Land für immer ... Viele von diesen jungen Leuten wurden zu Lohnarbeitern, und das bedeutete oft den ersten Schritt zum Leben in der Stadt" (Taira 1970:4).

Zwischen 1903 und 1918 wuchs die Bevölkerung in den städtischen Ballungsgebieten, die zugleich industrielle Zentren waren, um mehrere Millionen: im Großraum Tōkyō von 2,5 Mio auf 3,7 Mio, in Ōsaka von 1,5 Mio auf 2,8 Mio (Taeuber 1958:48), noch bemerkenswerter aber war die Gründung neuer Städte wie z.B. Yawata in Nord-Kyūshū, das sich aufgrund der dort 1901 in Betrieb genommenen Stahlwerke in zwei Jahrzehnten von einem Fischerdorf mit ca. 2.000 Einwohnern zu einer Stadt mit über 30.000 Einwohnern entwickelte und zum Kern der Industrieregion Nord-Kyūshū wurde.

Dieses rasche Wachstum setzte sich auch in den 20er- und 30er Jahren weiter fort. 1920 lebten mehr als 10 Mio Menschen in Städten (18,1 % der Bevölkerung), 1930 waren es bereits 15,4 Mio (24,6 %).

Da das Stadtrecht in Japan erst bei einer Größe von 30.000 Einwohnern verliehen wurde, sind kleinere Städte und Gemeinden in diesen Zahlen nicht mit eingeschlossen. Bezieht man alle Orte mit mehr als 10.000 Einwohnern in die Berechnung mit ein, so machten ihre Bewohner 1920 schon 31,9 % und 1930 40,6 % der Bevölkerung aus (Taeuber 1958:71). Wie bereits geschildert wurde, war die japanische Landwirtschaft nicht in der Lage, der rasch wachsenden Bevölkerung eine Lebensgrundlage zu bieten, so daß die Mehrheit der jungen Arbeitskräfte in den nichtlandwirtschaftlichen Bereichen Arbeit suchen mußte. Das rasche Wachstum der Städte und Industriezentren zeigt, daß für viele, wenn nicht sogar für die meisten Arbeitskräfte die Abkehr von der Landwirtschaft endgültig war, selbst wenn sie, da sich dieser Prozeß in kurzer Zeit (in ein bis zwei Generationen) vollzog, den Kontakt zur Familie auf dem Land nicht verloren.

Im Gegensatz zum *dekasegi*-Phänomen, über das es auch in der Vorkriegszeit bereits verschiedene Untersuchungen gab, ist über die Abwanderung auf Dauer kaum etwas bekannt. Erfolgte sie schrittweise, zunächst in nahe gelegene Zentren und dann in die weiter entfernten Industriegebiete? Brachte sie für die Abwandernden den zweifellos erhofften Aufstieg? Wie verhielten sich die zweite und die dritte Generation? - Zu all diesen Fragen gibt es kaum allgemeine statistische Angaben, zumindest nicht für die Zeit vor 1930. Sie sind deshalb nur aufgrund einzelner Beispiele zu beantworten, über die - in Glücksfällen - Material vorhanden ist. Denkbar wären auch Befragungen im Sinne der Oral History, wobei heute jedoch die Zahl der Informanten über diese frühe Zeit bereits sehr klein sein dürfte.

4.2.3. Arbeitsmarkt und Anwerbung

Für die bisher geschilderte Entwicklung der Lohnarbeit und den Übergang von der Landwirtschaft in die Industrie waren das Vorhandensein einer ländlichen Überschußbevölkerung und die staatliche Garantie von freier Berufswahl und Freizügigkeit wichtige Voraussetzungen. Sie allein reichten aber nicht aus, um den für die Industrialisierung so wichtigen Transfer von Arbeitskräften in Gang zu setzen.

Ältere Untersuchungen begnügen sich oft damit, die bloße Existenz einer durch Heimindustrie und Eigenwirtschaft an den Profitgedanken gewöhnten ländlichen Überschußbevölkerung bereits als hinreichend für die Deckung der industriellen Nachfrage anzusehen (z.B. Watanabe 1938:79). Jüngere Historiker, wie z.B. Watanabe Tōru sehen hingegen ein Hauptproblem in der mangelnden Mobilität der japanischen Arbeitskräfte während der frühen Phase der Industrialisierung, aufgrund derer die Abwanderung aus der Landwirtschaft wesentlich langsamer erfolgte, als es für die Industrialisierung wünschenswert erschienen wäre. Insofern konnte, nach Watanabe Tōru, die japanische Industrie am Anfang keineswegs auf ein "unbegrenztes Reservoir an Arbeitskräften" zurückgreifen (Watanabe 1968:98, 100).

Watanabe Tōru unterscheidet dabei zwischen den gelernten Arbeitern und den ungelernten Kräften. Für gelernte Arbeiter (Facharbeiter, wohl auch Ingenieure) bildete sich seiner Meinung nach relativ rasch ein Arbeitsmarkt heraus, der ganz Japan umfaßte. Durch den Mangel an Arbeitskräften, die in den neuen, vom Ausland importierten Techniken und Produktionsweisen geschult waren, hatte sich die Nachfrage über das ganze Land ausgebreitet. Die Arbeitskräfte selbst nutzten die starke Nachfrage aus und wechselten häufig die Arbeitsplätze, wenn ihnen die Bedingungen an anderen Orten günstiger erschienen.

Dieser Arbeitsmarkt war somit gekennzeichnet von einer großen Nachfrage und einem geringen Angebot, was zu Konkurrenzdenken und großer Mobilität der Arbeitskräfte führte (Watanabe 1968:109).

Im Gegensatz dazu entwickelte sich der Arbeitsmarkt für ungelernte Arbeitskräfte nur langsam und unter großen Schwierigkeiten, weil diesen die Mobilität (und das heißt hier auch: das Reaktionsvermögen auf Anreize aus dem industriellen Sektor) und die für die Industriearbeit nötige Disziplin fehlten. Diese Mängel führten häufig zum Gebrauch von betrügerischen Mitteln und Zwangsmaßnahmen bei der Beschaffung und Bewahrung der Arbeitskraft (Watanabe 1968:120, 121).

Schwierigkeiten lagen also in der Mobilisierung dieser ungelernten Arbeitskräfte, die zwar theoretisch auf Lohnarbeit angewiesen waren, in der Praxis jedoch durch Unwissenheit und mangelnde Kommunikationsmöglichkeiten und Verkehrsverbindungen daran gehindert wurden, in die Industriegebiete abzuwandern.

Zur Ausschöpfung der von der Industrie so dringend benötigten Arbeitskräftereserven war daher eine intensive Anwerbung in den ländlichen Gebieten nötig. Erst als sich die Industrie immer weiter ausbreitete und Industriearbeit zu einem allgemein bekannten Phänomen wurde, begannen die Arbeitskräfte von sich aus, d. h. auch ohne direkte Anwerbung, in die Industriegebiete und Städte zu strömen; doch reichte ihre Zahl bei weitem nicht aus, weshalb die Anwerbung der Arbeitskräfte bis in die 20er Jahre hinein eine bedeutende Rolle spielte.

Die Anwerbung von Arbeitskräften kann auf verschiedene Art und Weise erfolgen: durch Arbeitsvermittlung privater oder öffentlicher Stellen, durch Annoncen in Zeitschriften, durch Anschläge vor den Werkstoren oder durch die Aussendung von Werbern. In Japan war die aktive Werbung durch eigens ausgesandte Werber - oft auch Firmenangestellte - in allen industriellen Bereichen das wichtigste Mittel, um Arbeitskräfte aus dem landwirtschaftlichen Sektor für die Arbeit in Bergbau und Industrie zu mobilisieren. Nur in kleinen Fabriken, die oft in ländlichen Gegenden angesiedelt waren, genügte meistens die Werbung durch Anschläge vor den Fabriktoren (*monzen boshū*) oder an Straßenkreuzungen, sowie durch öffentliche Ausrufer (Watanabe 1938:146).
Bei größerem Arbeitskräftebedarf waren die Unternehmer fast ausschließlich auf die Tüchtigkeit ihrer Werber angewiesen. Das galt vor allem für den Bergbau, wo die oft weit abgelegenen Bergwerke selten ein ausreichendes Arbeitskräftereservoir in der Umgebung

vorfanden und für die großen Textilbetriebe. Je größer der Einzugsbereich für Arbeitskräfte wurde, desto mehr wuchs auch die Bedeutung der aktiven Werbung für den jeweiligen Betrieb.

Der Großteil der Anwerbekampagnen richtete sich auf die weiblichen Arbeitskräfte für den ständig wachsenden Bedarf der Textilindustrie. Yoshisaka Shunzō, Direktor für die Überwachung von Fabriken im Büro für Soziale Angelegenheiten im Innenministerium, schildert drastisch die Jagd nach diesen Arbeitskräften im Jahre 1925:

> "... es heißt, daß ein Bezirk in sieben Jahren für die Anwerbung 'ausgeschöpft' sei ... Es ist wahr, daß sich die Anwerbezonen weiter und weiter von den industriellen Zentren fortbewegen; in West-Japan sind sie von Tottori und Shimane nach Yamaguchi und Hiroshima übergewechselt, dann nach Kagawa und Tokushima, weiter nach Saga, Kumamoto, Miyazaki und Kagoshima, und schließlich erstreckten sie sich bis nach Okinawa und Korea. In Ost-Japan hat sich die Anwerbung von Ibaragi, Tochigi und Fukushima nach Akita, Yamagata und Aomori ausgebreitet ... Jahr für Jahr dringen die Anwerbezonen in weiter entfernte Gebiete vor ... Es wird gesagt, daß, wenn ein Mann eine Tochter hat - er kann noch so abgelegen wohnen - ihn jeden Tag fünf bis sechs Werber besuchen. Sie kommen nicht nur zu ihm nach Hause, sondern auch aufs Feld, wenn er dort arbeitet. Einige Leute wurden so weit getrieben, an ihre Türen Schilder mit der Aufschrift 'In diesem Haus ist keine Tochter für Fabriksarbeit' zu heften, um die aufdringlichen Werber abzuschrecken" (Yoshisaka 1925:488).

Die hier beschriebene Aufdringlichkeit der Werber beschränkte sich natürlich nicht nur auf den Bereich der Textilindustrie, doch wurde sie hier besonders deutlich, weil die Zielgruppe, junge, unverheiratete Mädchen, relativ klein war (z.B. im Vergleich zum Bergbau, wo Männer und Frauen von 16 bis 40 Jahren gesucht wurden). Da aus der näheren Umgebung der nun bereits meist in städtischen Gebieten liegenden Fabriken wegen des niedrigen Lohnniveaus und der schlechten Arbeitsbedingungen Arbeitskräfte nur schwer zu bekommen waren, wurden die Anwerbezonen immer weiter in die abgelegenen, ländlichen Regionen ausgedehnt, wo noch unerfahrene und billige Arbeitskräfte zu finden waren. Die von Yoshisaka geschilderte Ausweitung läßt sich auch an den zwischen 1896 und 1910 in Kraft gesetzten Werbeerlässen der verschiedenen Präfekturen nachvollziehen, mit denen die Regierung die schlimmsten Auswüchse bei den Werbekampagnen verhindern wollte. In ihnen wurden den Werbern bezüglich der Zahl, des Alters und der Registrierung der von ihnen angeworbenen bestimmte Auflagen gemacht, die sich aber immer wieder umgehen ließen (zu den Anwerbe-Erlässen s. Watanabe 1938:170-172).

4.3. Untersuchung zur Agrarverfassung und Mobilität von ländlichen Arbeitskräften in Hiroshima in der Zwischenkriegszeit: Eine Fallstudie

Regine Mathias-Pauer

Ausgangspunkt der Untersuchung war das Dorf Ōbayashi, etwa 20 km nordöstlich der Stadt Hiroshima in einer Bergregion gelegen. Ōbayashi wurde aufgrund mehrerer Kriterien ausgewählt. Da es einerseits bereits verschiedene Studien über die Abwanderung ländlicher Arbeitskräfte in Ost-Japan gibt und andererseits immer wieder auf den Gegensatz zwischen Ost- und West-Japan verwiesen wird, sollte das Untersuchungsgebiet in West-Japan liegen. Unter den verschiedenen Regionen West-Japans bot sich die Präfektur Hiroshima besonders an:

- Hiroshima war in der Vorkriegszeit zwar kein typisches Abwanderungsgebiet, sondern nahm in dieser Hinsicht eher eine mittlere Stellung unter den japanischen Präfekturen ein, aber es war sowohl für die im Kansai-Gebiet konzentrierte Textilindustrie als auch für die Bergbau- und Industriegebiete Nord-Kyūshū's ein überaus wichtiges Arbeitskräftereservoir.
- Außerdem hatten sich in der Präfektur selbst eigene industrielle Zentren in den Städten Hiroshima und Kure (Marinestützpunkt, Werften) entwickelt, so daß auch eine Nahwanderung existierte.

Auf Ōbayashi fiel die Wahl vor allem aus zwei, sehr entscheidenden Gründen:

- Wegen der historischen Kontinuität: Ōbayashi war während der gesamten Vorkriegszeit eine selbständige Verwaltungseinheit und wurde nicht, wie die meisten seiner Nachbardörfer, in immer neue Verwaltungseinheiten einbezogen.
- Wegen der Quellenlage: die Verwaltungsunterlagen dieses Dorfes sind vollständig erhalten, inclusive der für eine solche Untersuchung unbedingt notwendigen Wanderungsregister.

Im folgenden möchte ich die angegebenen Kriterien noch etwas näher erläutern.

4.3.1. Hiroshima als Abwanderungsgebiet und Arbeitskräftereservoir

Die Präfektur Hiroshima ist in Japan heute weniger als Reservoir für den inländischen Arbeitsmarkt bekannt, sondern vor allem als *imin-ken*, als Präfektur, aus der viele Menschen nach Übersee auswanderten.

Die erste große Auswandererwelle nach der Öffnung des Landes bestand vorwiegend aus landwirtschaftlichen Arbeitskräften, die zwischen 1885 und 1894 aufgrund eines zwischenstaatlichen Vertrages mit Hawaii in die dortigen Zuckerrohr-Plantagen gingen. Von den rund 30.000 Auswanderern, die in diesen zehn Jahren Japan verließen, stammten rund 11.000, also mehr als ein Drittel, aus Hiroshima (Gotō 1978:195). Nach 1894, als die Anwerbung nicht mehr staatlicherseits, sondern durch private Vermittlungsagenturen erfolgte und viele Auswanderer auch aus eigenem Antrieb oder auf Empfehlung von Verwandten und Bekannten in die Fremde zogen, waren die Herkunftsorte der Auswanderer viel breiter gestreut, und Hiroshima verlor seine dominierende Stellung in diesem Bereich. Neben Hawaii und den USA waren Kanada, später die südamerikanischen Staaten Brasilien und Peru und in den 20er- und 30er Jahren schließlich die Kolonien, China und die Mandschurei die beliebtesten Auswanderungsziele.

Trotz der großen Bedeutung, die die überseeische Auswanderung in dieser Präfektur hatte, war die weniger spektakuläre Binnenwanderung für die Arbeit suchende Bevölkerung weitaus wichtiger. Das zeigt ein Vergleich des Anteils der beiden Gruppen an der in den Haushaltsregistern der Präfektur registrierten Gesamtbevölkerung.

Tabelle 25: Anteil der Abwanderer an der registrierten Bevölkerung in Hiroshima (in %) (nach Gotō 1978:196-97)

Jahr	Auswanderer nach Übersee; in (%) incl. Kolonien	Abwanderer in andere Bezirke, Städte, Präfekturen
1895	0,91	3,94
1900	1,71 (1,78)	5,93
1905	2,20 (2,28)	7,58
1910	2,07 (2,41)	9,98
1915	2,55 (3,44)	12,17
1920	3,24 (4,75)	16,59

Mit den zunehmenden Abwandererzahlen gewann vor allem die interpräfekturale Abwanderung (d.h. die Abwanderung in andere Präfekturen) an Bedeutung, während die Nahwanderung eher stagnierte (Gotō 1978:196-97).

Interessant ist auch ein Hinweis Gotō's, daß die Auswanderer nach Hawaii zum größten Teil aus Gebieten am Unterlauf des Ōta-Flusses und im Westen der Hiroshima-Bay stammten, also aus Gegenden, in denen früher der Baumwollanbau floriert hatte, während die Herkunftsorte der übrigen Abwanderer über die ganze Präfektur verstreut waren (Gotō 1978:196-97).

Hauptziele der Abwanderer nach Orten innerhalb Japans waren das Bergbau-Revier in Nord-Kyūshū und die Textilindustrie im Kansai-Gebiet. Der Bergbau zog besonders in den Jahren von 1890 bis zum Ende des Ersten Weltkrieges viele Abwanderer an, verlor aber durch die in den 20er Jahren einsetzende Rezession und die damit verbundene drastische Reduzierung der Arbeitsplätze als Abwanderungsziel an Bedeutung. Dennoch zeigt eine Untersuchung über die Heimatorte der Bergleute aus dem Jahre 1928, daß Hiroshima, nach Fukuoka, Kumamoto und Ōita, woher der überwiegende Teil der Bergleute stammte, noch immer das wichtigste Arbeitskräftereservoir für das Revier war (Fukuoka chihō shokugyō shōkai jimukyoku 1928:6).

Auch die Textilindustrie nutzte Hiroshima schon vor der Jahrhundertwende als Anwerbegebiet für ihre Arbeitskräfte, wie eine Übersicht über die Werbegebiete der großen Firmen aus dem Jahre 1897 deutlich macht. Ihr zufolge gaben damals vor allem die Textilfabriken in der Nachbarpräfektur Okayama, aber auch schon solche in Ōsaka und Tōkyō Hiroshima als Werbegebiet an (Kajinishi 1964:199). Später, während des Ersten Weltkrieges und in den 20er Jahren, nahm der Einfluß der Firmen im Kansai-Gebiet dann ständig zu, so daß sie schließlich den größten Teil der Abwanderer im Textilbereich, aber auch in anderen Branchen auf sich zogen. Dies geht aus einer offiziellen Untersuchung hervor, in der die Situation der *dekasegi*-Arbeitskräfte in allen Präfekturen 1924/25 umfassend dargelegt wurde. Da diese Untersuchung nicht nur - gleichsam in einer Momentaufnahme - den damaligen Stand der Zu- und Abwanderung von Arbeitskräften in Hiroshima wiedergibt, sondern darüberhinaus durch den Vergleich mit anderen Präfekturen auch eine Einordnung des Abwanderungsgebietes Hiroshima in den gesamtjapanischen Zusammenhang ermöglicht, seien die wichtigsten Ergebnisse kurz angeführt.

Für 1924 weist die Statistik 17.859 aus Hiroshima abgewanderte *dekasegi*-Arbeitskräfte aus, von denen knapp 6.000, also rund ein

Drittel, Frauen und Mädchen waren. Der Anteil der weiblichen Arbeitskräfte liegt damit unter dem Gesamtdurchschnitt der Untersuchung von 42 %, was darauf hindeutet, daß die (meist weiblichen) Abwanderer in die Textilindustrie nicht d i e hervorragende Rolle spielten wie in manchen anderen Präfekturen. Nach der Gesamtzahl seiner abgewanderten *dekasegi*-Arbeitskräfte nimmt Hiroshima auf der nationalen Skala einen mittleren Rang ein hinter jenen extremen Abwanderungsgebieten, aus denen zwischen 20.000 und 40.000 (im Falle Niigata's 155.000) Arbeitskräfte in andere Präfekturen gingen. (Zu jenen extremen Abwanderungsgebieten gehörten auch die beiden Hiroshima unmittelbar benachbarten Präfekturen Shimane und Okayama, sowie Kagawa und Tokushima in Shikoku. Aus ihnen kamen ihrerseits viele Zuwanderer nach Hiroshima, wie weiter unten noch gezeigt werden wird).

Bei den Zielen der Abwanderer aus Hiroshima rangierte Ōsaka an erster Stelle, gefolgt von Hyōgo, Fukuoka und Yamaguchi. Diese vier Präfekturen zogen mehr als die Hälfte (55,8 %) der Abwanderer an, wobei in Ōsaka und Hyōgo die Textilindustrie, in Fukuoka und Yamaguchi andere Industrien und der Bergbau die meisten Arbeitskräfte aufnahmen (Chūō shokugyō shōkai jimukyoku 1927:16/17 und Tab. 1).

Ein Teil der oben genannten Abwanderung wurde durch die ca. 10.500 Zuwanderer wieder ausgeglichen, die in den Werften und Fabriken der Städte Hiroshima und Kure, aber auch im Baugewerbe und im Fischfang Arbeit fanden. Sie stammten zumeist aus den Nachbarpräfekturen in der Chūgoku- und Shikoku-Region, aber auch aus Ōita und aus Okinawa (Chūō shokugyō shōkai jimukyoku 1927:50). Die Industrien und das Baugewerbe, die diese Leute in die Präfektur zogen, boten selbstverständlich auch Arbeitsmöglichkeiten für die Menschen aus Hiroshima selbst, so daß neben der *dekasegi*-Abwanderung in andere Präfekturen auch eine Nahwanderung in die Städte und industriellen Zentren der eigenen Präfektur stattfand. Die wachsende Zahl von Arbeitsplätzen in diesen Zentren hat zweifellos mit dazu beigetragen, die Zahl der Abwanderer auf dem oben beschriebenen mittleren Niveau zu halten..

Zusammenfassend läßt sich sagen, daß Hiroshima trotz der auffällig hohen Auswanderung nach Übersee vor der Jahrhundertwende und einer beträchtlichen Abwanderung in andere Präfekturen kein extremes Abwanderungsgebiet war. Trotz der steigenden Abwanderung der ländlichen Überschußbevölkerung in die industriellen Ballungszentren von Nord-

Kyūshū und Ōsaka/Hyōgo vermochte der industrielle Aufschwung in der Präfektur selbst in zunehmendem Maße einen Teil der potentiellen Abwanderer aufzufangen und gleichzeitig sogar noch Arbeitskräfte aus den benachbarten Präfekturen anzuziehen. Somit war Hiroshima innerhalb der Chūgoku/Shikoku-Region ein gewisses Zuwanderungszentrum, aber gleichzeitig auf überregionaler Ebene ein wichtiges Arbeitskräftereservoir für die weiter entfernten industriellen Ballungsgebiete. Aus dieser Doppelfunktion erklärt sich auch die relative Ausgeglichenheit seiner Wanderungsbilanz im Vergleich zu anderen Gebieten.

4.3.2. Ōbayashi: historische Kontinuität und Quellenlage

Ōbayashi (Ōbayashi-*mura*: in der Vorkriegszeit Asa-*gun*, heute Hiroshima-*shi*) war in der Vorkriegszeit ein relativ großes Dorf mit einer registrierten Bevölkerung von rund 400 Haushalten mit über 2.000 Menschen. Als einziges Dorf in der Region nordöstlich der Stadt Hiroshima ging Ōbayashi aus den verschiedenen Verwaltungsreformen und Gemeindeneuordnungen der Jahre 1871 bis 1889 unverändert hervor und behielt seine verwaltungsmäßige Selbständigkeit bis zur Eingemeindung in den Bezirk Kabe (Kabe-*chō*) 1955. Seit 1972 gehört es verwaltungsmäßig zur Stadt Hiroshima. Die Gründe für diese Entwicklung sind nicht klar, doch dürften die Größe des Dorfes und seine Abgeschiedenheit in den Bergen eine gewisse Rolle gespielt haben.

Eine derartige, in Japan auf Dorfebene selten anzutreffende verwaltungsmäßige Kontinuität ist für die Untersuchung von demographischen Veränderungen und Migration, aber auch von wirtschaftlichem und sozialem Wandel eine äußerst wichtige Voraussetzung. Sie ist sicher auch ein Grund für das Überleben der zahlreichen Dokumente und Verwaltungsunterlagen, die nach der Eingemeindung an die Stadt Hiroshima kamen und seit 1978 im dortigen Stadtarchiv aufbewahrt werden. Während bei Eingemeindungen der Vor- und unmittelbaren Nachkriegszeit die Unterlagen der betroffenen Dörfer oft vernichtet wurden, blieben die Ōbayashi-Dokumente zunächst einmal noch längere Zeit im Dorf. Als sie dann Anfang der 70er Jahre ausgelagert wurden, gerieten sie bereits in den Sog einer wachsenden Begeisterung für die Lokalgeschichte, durch die in vielen Städten und Gemeinden Japans eine große Bereitschaft zur Bewahrung solcher Quellen entstanden war.

Aufgrund dieser Entwicklung findet sich im Ōbayashi-Material manches, was in anderen Dörfern längst verlorengegangen ist. Dazu gehören auch die Wanderungsregister (*iri-de kiryū todoke sho* aus den Jahren 1904-1935 (zitiert als Ōbayashi-mura: 390, 392, 396, 399). Anders als die bloßen Wanderungsstatistiken enthalten die Wanderungsregister Informationen über Datum und Ziel der Abwanderung, über die Dauer des Aufenthalts im Zielgebiet, aber auch über Geschlecht und Alter des Abwandernden, seinen Familienstatus und seinen Beruf. Sie ermöglichen es daher, die Wanderungsbewegungen einzelner Personen über drei Jahrzehnte hin zu verfolgen und geben Aufschluß über die soziale Zusammensetzung der Abwanderer.

In Verbindung mit anderen Unterlagen läßt sich, zumindest für einen Teil der Abwanderer, auch ihre wirtschaftliche Situation rekonstruieren. Leider erwies sich die ursprünglich vorgesehene Auswertung von *koseki*-Familienregistern in der Praxis als nicht durchführbar, da die neuen rechtlichen Verfügungen zu einem strikten Schutz der Privatsphäre die Einsicht dieser Dokumente nur noch mit spezieller Ausnahmegenehmigung des Justizministeriums erlauben. Die Erlangung einer solchen Ausnahmegenehmigung ist ein äußerst langwieriger Prozeß, der in der kurzen, auf die vorlesungsfreien Sommermonate beschränkten Feldforschungszeit nicht zu Ende zu bringen war. Damit blieb die Rekonstruktion der Familienverhältnisse der Abwanderer auf die Angaben in den Wanderungsregistern beschränkt, ohne die Möglichkeit, bei Unvollständigkeit der Angaben oder in Zweifelsfällen eine Überprüfung vorzunehmen. Auch eine Weiterverfolgung des Lebensweges der zeitweisen (*dekasegi-)*Abwanderer nach ihrer Rückkehr ins Dorf (Heirat, weitere Mobilität etc.) wurde praktisch unmöglich gemacht.

Trotz dieser Einschränkungen erwies sich aber das Ōbayashi-Material insgesamt als überaus ergiebig für eine ganze Reihe von Fragestellungen, von denen in der Folge nur einige der wichtigsten mit ersten Ergebnissen näher ausgeführt werden sollen.

4.3.3. Analyse ausgewählter Probleme

Die Untersuchung in Ōbayashi sollte nicht zu einer Gesamtdarstellung dieses Dorfes und seiner historischen Entwicklung im Sinne einer traditionellen Dorfmonographie führen. Es ging vielmehr darum, die wirtschaftlichen und sozialen Veränderungen während der Industrialisierung aufzuzeigen und zugleich die Beziehungen des Dorfes nach außen, die

Abwanderung von Teilen seiner Bevölkerung und die Einflüsse der regionalen und überregionalen Entwicklung auf das Geschehen zu dokumentieren. Auf diese Art sollte ein konkretes Bild von der Interaktion zwischen Dorf und Industriegebiet vor allem im Hinblick auf den Transfer von Arbeitskräften und seine Auswirkungen entstehen, das eine Überprüfung der vielfach hypothetisch formulierten Thesen vom Übergang der ländlichen Bevölkerung in die Industrie ermöglichen würde. Vor diesem Hintergrund wäre dann auch die Frage gewisser, typisch japanischer Besonderheiten etwa im Vergleich zur europäischen Entwicklung zu klären.

Nicht für alle diese Punkte liegen bereits die endgültigen Ergebnisse vor, da die Auswertung des zumeist handschriftlichen Materials überaus zeitaufwendig war. Allein die (handschriftlichen) Wanderungsregister umfaßten knapp 3.000 Seiten. Weitgehend ausgearbeitet wurden bisher die Themenkreise "Wirtschaftliche Entwicklung Ōbayashi's" und "Abwanderung in weit entfernte Industriegebiete", wobei zu letzterem auch die Analyse der industriellen Entwicklung im Zielgebiet der Abwanderung gehörte. Unvollständig ist dagegen noch die Darstellung auf der rein regionalen Ebene (Nahwanderung, Vergleich mit der Situation in Nachbardörfern etc.), da die hierfür notwendigen Daten nur zum Teil in den präfekturalen Statistiken enthalten sind und überwiegend in lokalen oder privaten Archiven ausfindig gemacht werden mußten, ein Vorgang, der bei der Kürze der Zeit und ohne den Einsatz japanischer Hilfskräfte nur sehr begrenzt durchzuführen war.

Im folgenden soll nun nach einem kurzen Überblick über die wirtschaftliche Situation des Dorfes anhand von zwei beispielhaften Abwanderungsgruppen gezeigt werden, wie weit mit Hilfe des Ōbayashi-Materials speziell das Problem des Übergangs von der Landwirtschaft zur Industriearbeit konkretisiert werden kann.

4.3.3.1. Die wirtschaftliche Situation

Einen ersten umfassenden Überblick über die allgemeine Situation in Ōbayashi bietet ein Bericht, der 1913 im Dorf selbst zusammengestellt wurde. Aus ihm geht hervor, daß in Ōbayashi damals auf einer Gesamtfläche von 1.157 ha rund 1800 Personen in 368 Haushalten lebten. Die Lebensweise der Menschen war einfach. Ōbayashi wird als ein rein landwirtschaftliches Dorf beschrieben, ohne Möglichkeiten zu Nebenerwerbstätigkeiten. Hauptanbauprodukte waren Reis und Trockenfeldgetreide. Da das Dorfgebiet auch viele bergige Regionen einschloß, lagen viele Felder relativ hoch und auf abschüssigen Hängen. Die Bewässerung war durch zwei Flüsse gewährleistet. Die Verkehrslage war wegen der durch das Dorf verlaufenden Verbindungsstraße zwischen dem San'in- und dem Sanyō-Gebiet günstig (Ōbayashi-mura:578).

Der Bericht enthält auch eine Aufschlüsselung des im Dorf erzielten Einkommens, die in Tab. 26 wiedergegeben wird.

Die Aufstellung zeigt die große Bedeutung der landwirtschaftlichen Produktion, die mit nahezu zwei Dritteln am Einkommen des Dorfes beteiligt war. Allein die Erträge aus dem Reisanbau machten fast 50 % aus. Hingegen fiel die Viehzucht praktisch überhaupt nicht ins Gewicht, und auch der Forstwirtschaft und der gewerblichen Produktion kam nur eine relativ geringe Bedeutung zu. Letztere diente wohl in erster Linie der Deckung des Eigenbedarfs im Dorf. Wichtiger scheinen hingegen damals bereits Handel und Lohnarbeit für das Einkommen gewesen zu sein, wobei vor allem der Anteil aus Lohnarbeit außerhalb des Dorfes (7,3 %) ins Auge fällt. Das relativ hohe Einkommen aus *dekasegi*-Arbeit läßt darauf schließen, daß entweder die Möglichkeit für Nebenerwerbstätigkeiten im Dorf wirklich verhältnismäßig gering war, wie ja auch in dem oben zitierten Bericht behauptet wurde, oder aber zumindest das Einkommen aus solchen Tätigkeiten sehr niedrig war.

Die dominierende Stellung des Reisanbaus war keineswegs traditionell begründet, sondern ging auf Entwicklungen zurück, die in ähnlicher Weise in vielen Teilen Japans in den 1890er Jahren begonnen hatten. Seit jenen Jahren verdrängte nämlich der Reis mehr und mehr die frühere Vielfalt der teils als Ergänzung der bäuerlichen Nahrung, teils zur Vermarktung angebauter Produkte (Bohnen, Wurzelzeug, Gemüse, Baumwolle etc.). (Erst in jenen Jahren entstand die in unseren Augen so "typisch japanische" Landwirtschaft mit Reisbau und Seidenraupenzucht (Yamazaki; zitiert nach Saitō 1982:21). Reis galt als hochwertiges Zahlungsmittel für die Landpacht und war, angesichts des wachsenden Bedarfs vor allem der städtischen Bevölkerung, relativ leicht zu vermarkten (Hiroshima-shi 1976:669/70).

Im Falle von Ōbayashi diente der Reis allerdings weniger der Vermarktung, sondern wurde größtenteils im Dorf selbst gegessen oder verarbeitet. Das galt auch für die meisten der anderen, auch gewerblich hergestellten Produkte, doch sei hier als Beispiel nur der Reis angeführt.

Tabelle 26: Aufschlüsselung des Gesamteinkommens im Dorf 1913 (nach Ōbayashi-mura 578)

Einkommen aus:	Wert (Yen):	Anteil am Wert (%):
Landw. Produktion	58.270,16 1)	64,6
(darunter Reisanbau	44.434,00	49,2)
Viehzucht	133,80	0,1
Wald- u. Forstwirt.	2.643,50	2,9
Gewerbl. Produktion	2.910,00	3,2
Handel	4.203,70	4,7
Lohnarbeit	4.236,00	4,7) 12,0
dekasegi-Arbeit 2)	6.580,00	7,3)
andere 3)	11.293,00	12,5
Gesamt	90.270,16	100,0

1) Berechnung erfolgte durch Umrechnung der produzierten Menge zum damals gültigen Marktpreis

2) d. h. auswärtige Lohnarbeit

3) Angabe enthält das Einkommen aus: Düngemittelproduktion; öffentlichem Dienst und freien Berufen; andere.

In jenem oben zitierten Bericht (Ōbayashi-mura:578) finden sich dazu folgende Angaben:

1913 betrug die Anbaufläche (Naßreisfelder)	133 *chō* 5 *tan* (131 ha)
darauf wurden geerntet:	2221 *koku* 7 *to*
davon wurden im Dorf konsumiert:	1802 *koku* 1 *to* 5 *shō*
Überschuß:	419 *koku* 5 *to* 5 *shō*

Ein knappes Fünftel der geernteten Menge blieb also für den Verkauf übrig, pro Haushalt nicht viel mehr als 1 *koku*. Das war offensichtlich zu wenig, denn in dem Bericht wird - unter Hinweis auf die mit dem Fortschritt wachsenden Ansprüche und die Bevölkerungszunahme - eine Steigerung der Erträge durch bessere Düngung und Sortenauswahl empfohlen. Aber wohl wegen der schwierigen Anbaubedingungen in der bergigen Region blieben die durchschnittlichen Erträge (1.5-1.8 *koku* pro *tan* zwischen 1912 und 1920) auch in den folgenden Jahren unter dem Bezirksdurchschnitt (Ōbayashi-mura:578).

Die verschiedenen Angaben lassen sich dahingehend zusammenfassen, daß Ōbayashi im Jahre 1913 noch weitgehend auf dem Niveau der Subsistenzwirtschaft stand. Im Gegensatz zu vielen seiner Nachbardörfer war Ōbayashi offensichtlich, trotz der günstigen Verkehrslage, noch nicht in den Sog der nahegelegenen Stadt Hiroshima geraten, sondern hatte seinen landwirtschaftlichen Charakter bewahrt.

Das änderte sich erst in den 20er Jahren. Leider gibt es aus dieser Zeit keinen ähnlich detaillierten Bericht wie den von 1913. Ein gewisser Überblick über die Veränderungen zwischen 1920 und 1930 ergibt sich aus den Angaben in Tabelle 27, in der der Anteil einzelner Produktionsbereiche am (errechneten) Gesamteinkommen dargestellt wird.

Die durch den Kriegs- und Nachkriegsboom in die Höhe getriebenen Reispreise sanken 1921/22 stark ab. Dieser Zusammenbruch des Reismarktes wirkte sich zum Teil auch in Ōbayashi aus, und das, obwohl nur, wie oben gezeigt worden war, geringe Überschüsse erzielt und vermarktet wurden. Aber offensichtlich waren diese geringen Einkommen aus dem Verkauf der Reisüberschüsse für das Einkommen des Dorfes so wichtig gewesen, daß der Wegfall dieses Einkommensteiles durch ein anderes Einkommen kompensiert werden mußte.

Tabelle 27: Anteil einzelner Produktionsbereiche am (errechneten) Gesamteinkommen in Ōbayashi 1919-23, 1928-30

(Angaben zusammengestellt nach Kabe-chō: Dai ni-kai gensei chōsa-bo)

Jahr	Landwirtschaft (Yen)	Viehzucht (Yen)	Forstwirtschaft (Yen)	gewerbliche Produktion (Yen)	Gesamt (Yen)
1919	110 048	400	2 030	7 883	120 361
1920	144 164	400	1 800	7 041	153 405
1921	90 171	859	8 883	7 308	107 221
1922	19 026	630	7 741	8 000	35 379
1923	76 283	2 729	6 622	13 479	99 113
1928	79 762	1 834	17 557	19 207	118 362
1929	72 316	1 681	12 416	22 281	128 689
1930	74 232	1 610	9 367	22 895	108 104

Wir sehen in der Tabelle deutlich das rapide Absinken des (errechneten) Gesamteinkommens aus der Landwirtschaft mit einem Tiefpunkt im Jahre 1922. Die Situation besserte sich zwar anschließend, das Einkommen stagnierte aber offensichtlich auf einem im Vergleich zu früher niedrigerem Niveau. Zu einem Ausgleich des Einkommensausfalles aus der Landwirtschaft scheint dann zunächst die Forstwirtschaft herangezogen worden zu sein. Die Vermarktung von Holz war allerdings nur den größeren, nämlich Wald besitzenden Bauern möglich. Nur wenig später, als sich an der Reispreissituation nichts änderte, griff man offensichtlich auf den Viehbestand zurück und erzielte daraus ein zusätzliches Einkommen (z.B. starker Anstieg von 1922 auf 1923).

Aus den Zahlen von 1928 bis 1930 wird deutlich, daß sich landwirtschaftliche Situation offensichtlich stabilisiert hatte. Die Einkommen aus Landwirtschaft und Viehzucht blieben ziemlich gleich, während sich die Einkommen aus der Forstwirtschaft und der gewerblichen Produktion bedeutend erhöhten. Diese beiden Bereiche wurden nun zu den Stützen des Einkommens (Anteil der gewerblichen Produktion am Einkommen zwischen 16 % und 21 %).

In diesen Jahren wurde die Dorfautarkie zwar aufgebrochen, aber nicht so, daß die Industrie als Ursache dafür anzusprechen wäre; auslösender Faktor war vielmehr die gesamtwirtschaftliche Situation und der damit zusammenhängende Zusammenbruch des Reismarktes. Der rapide Verfall der Reispreise, der Wegfall selbst kleiner zusätzlicher Einkommen (die für das am Rand der Subsistenzwirtschaft lebende Dorf offensichtlich sehr nötig waren), führte dazu, daß man verstärkt in andere Bereiche auswich. Während eine Kompensation des Einkommens durch Viehzucht und Forstwirtschaft aber nur wenigen Bauern möglich war, scheint für die meisten die Vermarktung von Produkten, die in Heimarbeit hergestellt wurden, eine wichtige Möglichkeit zur Aufbesserung ihres Einkommens gewesen zu sein. Es ist deshalb interessant, sich den Bereich der gewerblichen Produktion einmal etwas näher anzusehen, um zu klären, welche Produkte hergestellt wurden und ob ein Zusammenhang zu der sich verschlechternden Wirtschaftssituation am Beginn der 20er Jahre herzustellen ist (Tab. 28).

Die Angaben in Tabelle 28 lassen deutlich erkennen, daß in den Jahren 1922/23, also kurz nach dem Zusammenbruch des Reismarktes, einerseits mit der Produktion bestimmter Erzeugnisse begonnen, andererseits aber auch die Erzeugung verschiedener, traditionell im Dorf bereits hergestellten Produkte ausgeweitet wurde.

Tabelle 28: Die Ausweitung der gewerblichen Produktion zwischen 1919-1930

(zusammengestellt nach Angaben in Kabe-chō: Dai ni-kai gensei chōsa-bo)

Einkommen aus (Angaben in Yen)										
Jahr	Steine	Baumbus-waren	japanische Schirme	Stroher-zeugnisse	Tatami-Matten	Tee	miso	shōyū	Rund-u. Kantholz	Bau-holz
1919	500	176	-	2660	-	190	360	2640	210	-
1920	300	176	-	2760	-	190	360	2640	210	-
1921	-	20	-	3000	-	298	360	2910	270	-
1922	450	70	-	5298	-	288	360	4500	956	230
1923	75	70	240	5419	50	280	360	5400	693	240
1924	-	70	240	5419	50	280	360	5400	690	240
1925	150	565	240	7703	50	280	360	6125	1050	170
1926	180	775	210	7510	80	83	-	6125	1030	-
1927	170	1741	55	5055	300	75	-	12500	877	-
1928	160	2013	250	5439	500	70	-	11940	833	-
1929	1250	3175	300	5780	500	335	-	12600	1163	-
1930	1052	2034	163	5110	476	314	-	14100	872	2210

Zu den neuen Produkten gehörten japanische Schirme und *tatami*-Matten, aber auch Bauholz und Holzspäne, die in diesen Jahren erstmals verkauft wurden. Zu einer Ausweitung der Produktion kam es vor allem bei den Bambuswaren, Stroherzeugnissen (Strohmatten, Strohseilen etc.) und bei *shōyū* (Sojasauce), das ein besonders marktgängiges Produkt war. Der deutliche Produktionsanstieg bei den Stroherzeugnissen und bei Sojasauce begann 1922/23 und steht somit eindeutig im Zusammenhang mit der Entwicklung der Reispreise.

Im Jahre 1930 haben wir dann ein relativ breites Spektrum von Erzeugnissen vor uns, die - und das ist wichtig - größtenteils in bäuerlicher Neben- und Heimarbeit hergestellt wurden und zwar, wie die wachsende Menge zeigt, ganz offensichtlich für die Vermarktung.

Wahrscheinlich kam in dieser wirtschaftlich so schwierigen Zeit auch der *dekasegi*-Arbeit eine große Bedeutung zu, doch geben die verschiedenen Dorfstatistiken darüber keinen Aufschluß. Lediglich mit Hilfe der Wanderungsregister wäre hier eine genauere Aussage möglich.

4.3.3.2. Die Textilarbeiterinnen, ein Beispiel für *dekasegi*-Abwanderung

Unter den verschiedenen Abwanderern aus Ōbayashi bildeten die Textilarbeiterinnen die größe und einheitlichste Gruppe. Von den 74 Personen, bei denen als Abwanderungsziel der Name einer Textilfirma expressis verbis genannt wurde, waren 64 Frauen und Mädchen und 10 junge Männer. Das Alter der Abwanderer (Tabelle 29) lag zwischen 9 und 30 Jahren, wobei ein relativ hoher Anteil von sehr jungen Mädchen ins Auge fällt. Mehr als ein Drittel von ihnen waren erst 14 Jahre oder sogar noch jünger, als sie das erste Mal ihr Dorf verließen.

Tabelle 29: Alter bei der ersten Abwanderung
(zusammengestellt nach Ōbayashi-mura:390, 392, 396, 399)

Alter	Anzahl der Abwanderer	kumulierte Häufigkeit
unter 12	3	4,8
12 - 14	20	37,1
15 - 16	15	61,3
17 - 20	18	90,3
21 - 25	2	93,5
über 25	4	100,0

Anzahl der Erhebungseinheiten: 62 *
* Die Zahl enthält nur weibliche Abwanderer; in zwei Fällen fehlten die entsprechenden Angaben.

In der relativ großen Zahl der sehr jungen weiblichen Abwanderer stimmt das Beispiel der Ōbayashi-Gruppe mit den vielen Berichten über Kinderarbeit in den Baumwollspinnereien überein. Dabei ist allerdings auffällig, daß Mädchen unter 12 Jahren nur in der ersten Abwanderergruppe, die zwischen 1909 und 1911 das Dorf verließ, zu finden sind. Später sind die jüngsten Abwanderer mindestens 12 Jahre alt. Das ist zweifellos auf den Einfluß des 1911 verabschiedeten und 1916 in Kraft getretenen Fabrikgesetzes zurückzuführen, in dem die Arbeit von Kindern unter 12 Jahren verboten wurde. Fraglich bleibt allerdings, ob man sich wirklich an das Gesetz hielt oder das Alter der Kinder den gesetzlichen Bestimmungen "anpaßte".

Die männlichen Arbeitskräfte, die aufgrund ihrer geringen Zahl in die obige Tabelle nicht mit einbezogen wurden, waren im Durchschnitt bei der ersten Abwanderung vier Jahre älter als die Frauen und Mädchen. Dies beruht wohl nicht zuletzt darauf, daß männliche Arbeitskräfte in den Textilfabriken oft für Arbeiten eingesetzt wurden, die für Kinder, Jugendliche und Frauen zu schwer oder ungeeignet waren.

Obwohl der Familienstatus bei Frauen nicht dieselbe Bedeutung hat wie bei Männern, vor allem im Hinblick auf die Erbfolge, soll ein kurzer Überblick über die Stellung der Abwanderer in ihren Familien die Beschreibung ihrer persönlichen Situation vervollständigen. Wie angesichts des großen Anteils an jungen Mädchen nicht anders zu erwarten, waren die meisten weiblichen Abwanderer Töchter (älteste Tochter 15 Fälle; zweite, dritte Tochter etc. 28 Fälle), gefolgt von jüngeren Schwestern der Haushaltsvorstände (9 Fälle). Der Rest der Gruppe bestand aus unehelichen Kindern (4), älteren Schwestern und Ehefrauen (je 2) und Nichten (2) (in drei Fällen liegen keine Angaben vor). In dieser Zusammensetzung aus vorwiegend jungen, unverheirateten Frauen und Mädchen spiegelt die Gruppe ziemlich genau die Nachfragestruktur auf dem Arbeitsmarkt für Arbeitskräfte in der Textilindustrie wieder. Sie kann deshalb als typisch für diese Art der Abwanderung angesehen werden.

Unter den männlichen Abwanderern fehlten in drei Fällen Angaben zum Familienstatus, so daß die Zahl für substantielle Aussagen zu klein ist, aber unter den verbleibenden Fällen waren jüngere Söhne am häufigsten vertreten.

In vielen Fällen war die Abwanderung nicht auf ein Familienmitglied beschränkt. Zwar gab es wegen der Arbeitskräftestruktur in der Textilindustrie nicht - wie z.B. im Falle des Bergbaues - die Abwanderung ganzer Familien, doch kam es häufig vor, daß mehrere Geschwister zusammen oder nacheinander in den Textilfabriken arbeiteten. Die 74 Abwanderer aus Ōbayashi stammten aus insgesamt 54 Familien, von denen 15 (27 %) im Laufe des Untersuchungszeitraumes zwei oder noch mehr Kinder in die Fabriken geschickt haben. Zu den extremsten Fällen gehört das Beispiel einer Familie, in der sechs Kinder das Dorf verließen, um außerhalb zu arbeiten: der zweite Sohn ging in die Bergwerke Nord-Kyūshū's, die älteste, die zweite und die dritte Tochter sowie ein jüngerer Sohn waren über einen längeren Zeitraum hinweg in den Textilfabriken im Kansai-Gebiet tätig, und ein anderer jüngerer Sohn fand ebenfalls Beschäftigung in der Präfektur Hyōgo.

Die meisten Frauen und Mädchen aus Ōbayashi wanderten in dem untersuchten Zeitraum nur einmal in die Fabriken ab (87,5 %). Von denen, die mehrmals dort eine Anstellung suchten, wechselten fast alle beim zweiten und dritten Mal die Firma.

Die Länge des Aufenthaltes in den Fabriken war sehr unterschiedlich und reichte von 18 Tagen bis hin zu 11 Jahren. Angesichts einer derartig breiten Streuung sagt der Durchschnittswert von 2,5 Jahren nur wenig aus. Interessanter ist die anteilige Aufschlüsselung der Beschäftigungsdauer (Tab. 30), vor allem, wenn man sie mit den Aussagen verschiedener zeitgenössischer Untersuchungen vergleicht.

Tabelle 30: Dauer des Aufenthalts der Arbeiterinnen aus Ōbayashi in den Fabriken (zusammengestellt nach Ōbayashi-mura: 390, 392, 396, 399).

Aufenthaltsdauer	Anzahl der Fälle *	%
bis zu 12 Monaten	28	45,2
13 bis 36 Monate	15	24,2
37 bis 60 Monate	8	12,9
über 61 Monate	11	17,7
Gesamt	62	100,0

* Wiederholte Abwanderungen derselben Person wurden als verschiedene Fälle behandelt.

Nach den Angaben, die Hosoi Wakizō in seinem berühmten 1925 erstmals erschienenen dokumentarischen Buch *Jokō ai shi* (Die bedrückende Geschichte der Arbeiterinnen in den Textilfabriken) macht, waren die üblichen Einstellungszeiten zwei Jahre, drei Jahre und drei Jahre und drei Monate (Hosoi 1973:90). Andere zeitgenössische Untersuchungen nennen eine durchschnittliche Beschäftigungszeit von 2,7 Jahren. Doch wird auch deutlich, daß der Anteil derjenigen, die länger als fünf Jahre in den Fabriken blieben, sehr gering war (bei der Baumwollspinnerei Fuji lag dieser Anteil bei weniger als 10 %; zitiert nach Kajinishi 1964:433; dort auch fig. IV-6).

In der durchschnittlichen Beschäftigungszeit unterscheidet sich die Gruppe der Ōbayashi-Arbeiterinnen kaum von den allgemeinen Angaben. Auffällig ist hingegen die relativ große Zahl der sehr kurzfristigen Abwanderer, die lediglich bis zu einem Jahr in der Fabrik tätig waren (45,2 %), und auch die der sehr lange dort Beschäftigten (17,7 %).

Zumindest für das erstere Phänomen gibt es eine relativ einfache Erklärung. In Tafel 5, die die Aufenthaltsdauer noch einmal im Streuungsdiagramm wiedergibt, wird im Jahre 1920 eine Häufung der sehr kurzfristigen Aufenthalte deutlich. Das steht eindeutig im Zusammenhang mit einer plötzlichen Rezession, die die Textilindustrie nach dem Zusammenbruch des kurzen Nachkriegsbooms im März 1920 erfaßte.

Die Gründe für die relativ lange Zeit, die manche der Arbeiterinnen in den Fabriken blieben, lassen sich hingegen schwerer feststellen. Versuche, die Länge des Aufenthalts mit dem Einkommen oder der Familienstruktur / -größe in Verbindung zu bringen, ergaben bisher keine eindeutigen Relationen. Z. T. waren sicher sehr persönliche, individuelle Gründe im Spiel. Allerdings zeigt das Streuungsdiagramm, daß die längeren Aufenthalte in den 20er-Jahren immer häufiger wurden. Das ist zweifellos auch auf die bereits geschilderten wirtschaftlichen Umstände (Sinken der Reispreise und damit des Einkommens; Anstieg der Nebenerwerbstätigkeiten) zurückzuführen.

Wirtschaftliche Veränderungen, sowohl im industriellen Bereich wie auch im Dorf, beeinflußten offensichtlich das Verhalten der *dekasegi*-Arbeitskräfte in sehr direkter Weise. Das galt nicht nur für Rezessionen, sondern auch für Zeiten eines konjunkturellen Aufschwungs. So ist die relativ hohe Zahl der Abwanderer in den Jahren 1919/20 (vgl. Tafel 6) eindeutig eine Folge des Booms in der Textilindustrie nach dem Ersten Weltkrieg. Damals stieg die Gesamtzahl der in den Seiden- und Baumwoll-

Tafel 5: Aufenthaltsdauer in den Fabriken (Streuungsdiagramm)
(nach Ōbayashi-mura 390, 392, 396, 399)

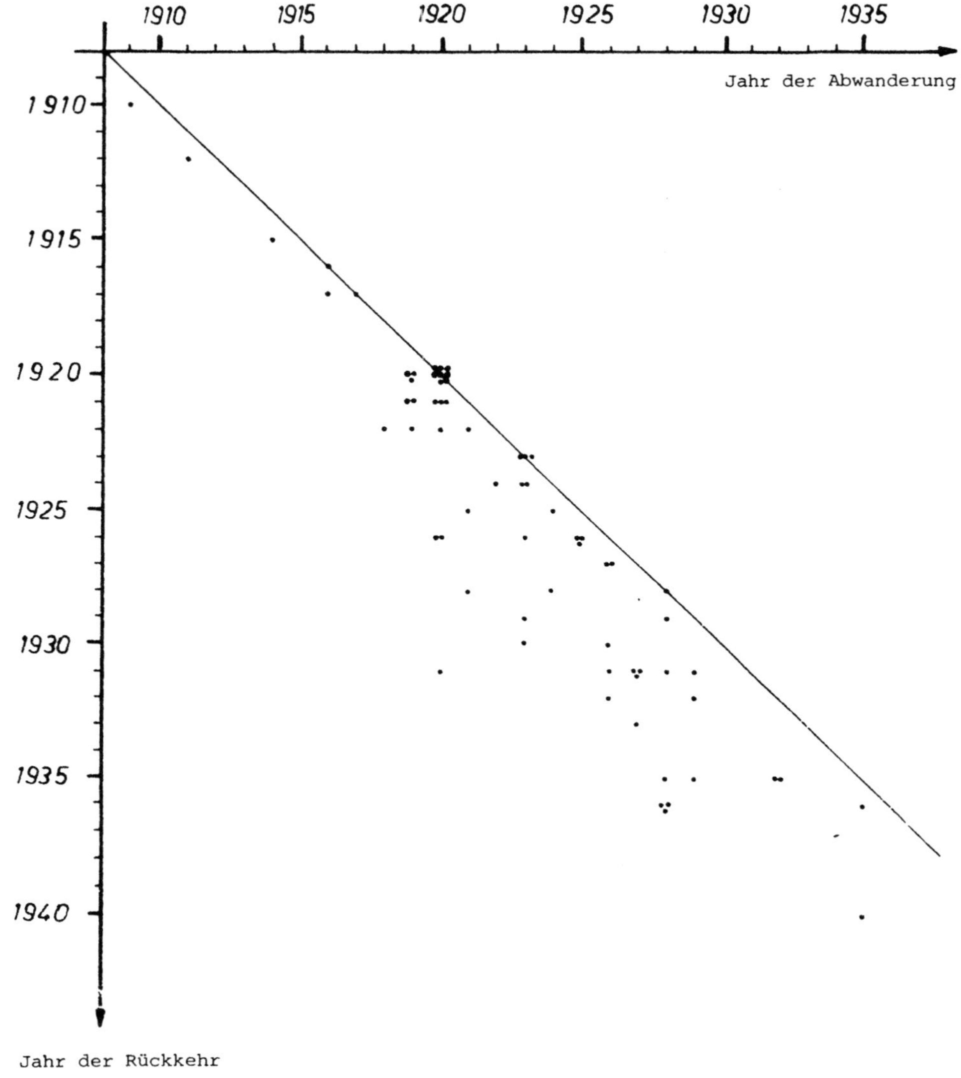

<u>Tafel 6:</u> Die Abwanderung in die Textilfabriken 1905-1935
(nach Ōbayashi-mura 390, 392, 396, 399)

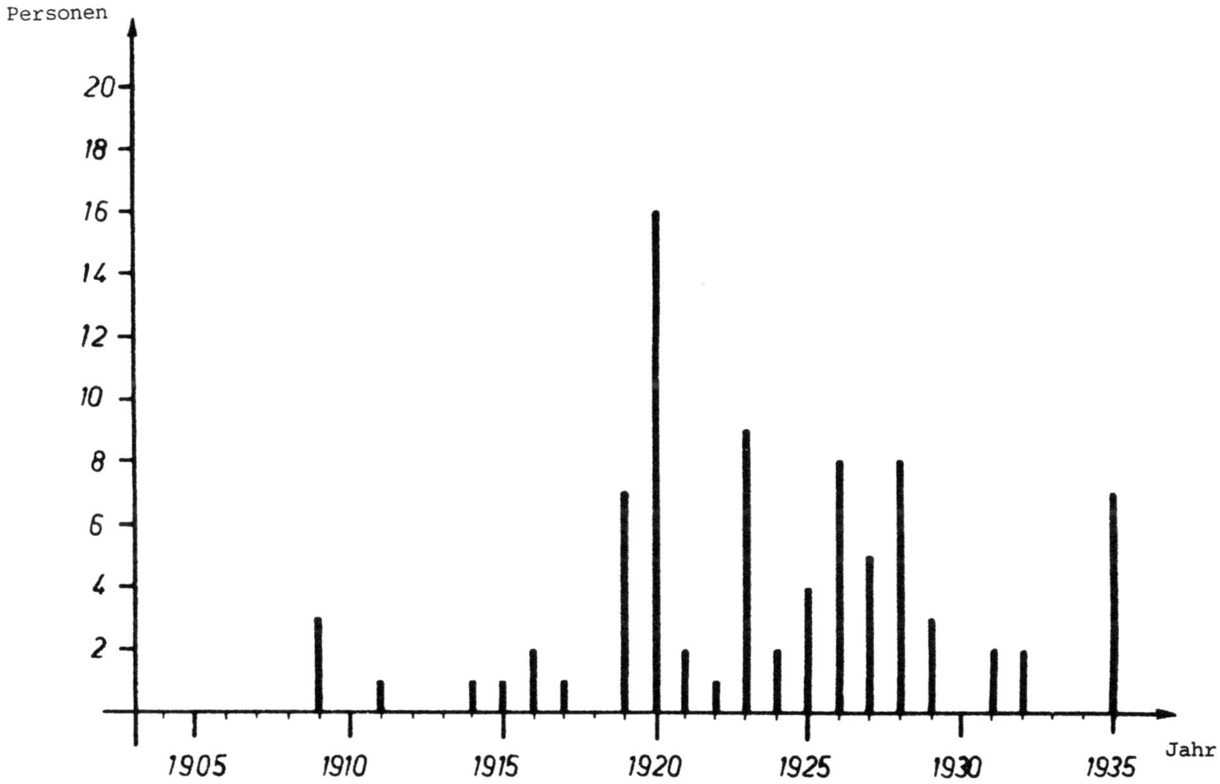

spinnereien beschäftigten Arbeitskräfte von 121.000 (1918) auf 143.000 (1920) (Kajinishi 1964:366, Tab. IV-7).

In die dafür notwendige Mobilisierung von Arbeitskräftereserven war offensichtlich auch Ōbayashi miteinbezogen worden. Ähnliches gilt auch für die Abwanderungswellen in den Jahren 1923 und 1926 bis 1928 (vgl. Schaubild 3). Die Mobilisierung dieser Arbeitskräfte beruhte weitgehend auf der Rekrutierung durch Anwerber, denen somit eine Schlüsselrolle in den Beziehungen zwischen Dorf und Industrie zukam. Nach Hosoi (1973:47) haben sich nur etwa 20 % der weiblichen Arbeitskräfte in den Baumwollspinnereien aus eigener Initiative dort beworben, mehr als 80 % wurden durch spezielle Werber oder Angestellte der jeweiligen Firma direkt angeworben (bei den Männern war das Verhältnis genau umgekehrt). Auf die Auswüchse bei solchen Werbekampagnen wurde bereits in Kapitel 4.2.3. hingewiesen.

Auch im Fall der Abwanderer aus Ōbayashi läßt sich der Einfluß von Anwerbung und/oder Mund zu Mund-Propaganda zumindest indirekt nachweisen, da in den jeweiligen Abwanderungswellen ein Großteil der Abwanderer dasselbe Ziel hatte, also offensichtlich durch eine bestimmte Firma geworben war.

Insgesamt lassen sich in den Wanderungsregistern die Namen von 13 Firmen finden, die für eine oder mehrere ihrer Fabriken Arbeitskräfte aus Ōbayashi holten. Bei den meisten handelte es sich um Baumwollspinnereien, aber auch Wollwebereien und Seidenfabriken waren darunter. Zwei dieser Firmen scheinen in Ōbayashi besonders intensiv geworben zu haben: Die Firma Tōyō bōseki mit Fabriken in Ōsaka und Himeji und die Firma Kanegafuchi bōseki mit Fabriken in Kyōto; beide gehören zu den größten Textilfirmen der damaligen Zeit. Ihre Fabriken waren in 54 der insgesamt 85 Abwanderungsfällen, in denen eine Firma namentlich genannt wird (Mehrfachabwanderungen derselben Person werden dabei als verschiedene Fälle gezählt), das Ziel der Arbeitskräfte aus Ōbayashi.

Die Nahwanderung in Textilfabriken in Hiroshima oder Okayama spielt nach 1916 praktisch keine Rolle mehr.

Ein Problem, das in den meisten Untersuchungen über die *dekasegi*-Abwanderung nur sehr pauschal abgehandelt wird, ist die Frage nach der wirtschaftlichen Situation der Abwanderer in ihrem Dorf. Es wird zwar allgemein angenommen, daß es die Ärmsten unter den Bauern waren, meistens die Pächter mit geringem oder gar keinem Grundbesitz, die ihre Töchter in die Fabriken "verkaufen" mußten, doch bleiben solche Annahmen ohne konkrete Belege vielfach vage. Die für die konkreten Belege notwendigen Angaben über Grundbesitz, Einkommen etc. in den einzelnen Familien sind spärlich und fehlen für die Unterschichten fast ganz, da die Armen weder in den Grundbüchern noch in den (für das Zensuswahlrecht angelegten) Steuerregistern aufscheinen. Im Ōbayashi-Material findet sich jedoch eine Quelle, die diese Lücke zumindest zum Teil schließt: ein Register aus dem Jahre 1922, in dem die Einkommen, aber auch die Kosten der einzelnen Haushalte aufgeschlüsselt werden (*Shotoku kingaku todoke;* zitiert aus Ōbayashi-mura:2254). Die Angaben beziehen sich auf das Jahr 1921 und sind insofern kaum durch die 1922 beginnende landwirtschaftliche Krise beeinträchtigt.

Auf der Grundlage dieses Registers und der anderen Grundbücher und Pachtregister wird im folgenden versucht, den wirtschaftlichen Hintergrund der Abwanderer zu rekonstruieren. Die allgemeine Wirtschaftslage des Dorfes ist bereits beschrieben worden, doch müssen an dieser Stelle einige Angaben zu den Grundbesitzverhältnissen ergänzt werden. Dabei fällt zunächst der relativ hohe Anteil an verpachtetem Land auf: 1912 wurden mehr als 60 % der Naßreisfelder in Pacht bewirtschaftet. In den folgenden Jahren ging die Pachtrate zwar allmählich zurück, doch waren auch 1923 noch mehr als die Hälfte der Reisfelder Pachtland.

Trotz dieses hohen Anteils war die Zahl der Großgrundbesitzer in Ōbayashi sehr klein; vorherrschend waren die mittleren und kleineren Grundbesitzer. Das zeigt eine Aufstellung, die auf einem von insgesamt drei Grundbüchern beruht und daher stichprobenartigen Charakter hat. Für das Jahr 1915 wird darin für den Besitz an Naßreisfeldern folgender Stand ausgewiesen: Grundbesitz in der Größenordnung von 1 ha bis 2 ha hatten nur sechs der insgesamt 127 eingetragenen Bauern. 17 weitere besaßen 0,3 ha bis 1 ha. Die Felder der übrigen 104 Bauern waren nicht größer als 3 ar (Hiroshima-shi 1976:663 Tab. 5-24). Echten Großgrundbesitz, der auch in nationalem Maßstab als solcher gelten konnte, gab es in Ōbayashi nur im Hinblick auf Waldland (*yama).*

Die Besitzstruktur im Dorf läßt sich zumindest für das Jahr 1921 aus Angaben in dem oben erwähnten Einkommensregister rekonstruieren, wobei zusätzlich noch nach der Haupteinkommensquelle der Haushalte unterschieden werden kann. Die in Tabelle 31 a zusammengefaßten Ergebnisse zeigen, daß die Zahl der reinen Pächter kleiner war (17 %), als nach dem großen Anteil des Pachtlandes zu vermuten stand. Vorherrschend war in Ōbayashi der Bauer, der zu seinen eigenen Fel-

Tabelle 31 a: Aufschlüsselung der Grundbesitzverhältnisse in ganz Ōbayashi 1921 nach der hauptsächlichen Einkommensquelle * (Ōbayashi-mura 2245)

Haupt-Einkommen aus	Eigentümer	Eigentümer mit Zupacht	Pächter	andere	ohne Angaben	insgesamt
nicht-landwirtschaftl. Tätigkeit	32	46	33	21	8	109
Landwirtschaft	54	97	24	--	16	192
insgesamt	86	143	57	21	24	331
(%)	(26)	(43.2)	(17.2)	(6.3)	(7.3)	(100)

* aus der über 50% des Einkommens stammen

Tabelle 31 b: Aufschlüsselung der Grundbesitzverhältnisse der Abwanderer 1921 nach der hauptsächlichen Einkommensquelle (Ōbayashi-mura 2245)

Haupt-Einkommen aus	Eigentümer	Eigentümer mit Zupacht	Pächter	andere	ohne Angaben	insgesamt
nicht-landwirtschaftl. Tätigkeit	--	6	8	3	--	17
Landwirtschaft	1	12	3	--	--	16
insgesamt	1	18	11	3	--	33
(%)	(3)	(54.5)	(33.3)	(9)		(100)

dern noch etwas dazugepachtet hatte, weil - wie ja gezeigt worden ist - der Grundbesitz meist sehr klein war. Etwa ein Viertel der Bauern in Ōbayashi war Eigentümer des gesamten, von ihnen bewirtschafteten Bodens.

Überraschend ist der relativ große Anteil an Haushalten, deren Einkommen vorwiegend (d. h. zu mehr als 50 %) aus nicht-landwirtschaftlicher Tätigkeit stammte: 1921 immerhin bereits jeder dritte Haushalt, Bei den reinen Pächtern war es sogar die Mehrzahl; z.T. lag das sicherlich daran, daß die gepachteten Felder als Grundlage für den Lebensunterhalt der Familie völlig unzureichend waren. Aber auch bei den Eigentümer-Betrieben gab es verhältnismäßig viele mit überwiegend nicht-landwirtschaftlichem Einkommen. Bei diesen Haushalten waren nicht nur Handel, Gewerbe oder Lohnarbeit die Einkommensquellen, sondern in einigen Fällen auch Pachtzahlungen oder Kapitalzinsen.

Am geringsten war die Bedeutung des nicht-landwirtschaftlichen Einkommens für die Gruppe der Eigentümer-Betriebe mit Zupacht. Hier wurde offensichtlich die Vergrößerung der Anbaufläche durch Zupacht zur Einkommensverbesserung genutzt.

Nach den Angaben im Einkommensregister waren die wichtigsten Quellen für nicht-landwirtschaftliches Einkommen die traditionellen ländlichen Gewerbe (vgl. Kapitel 4.3.3.1) sowie Arbeitsmöglichkeiten im Handel und im Transportwesen (Ōbayashi-mura 2254).

Die folgende Analyse beschreibt die Stellung der Abwanderer-Familien innerhalb der dargestellten Wirtschaftsstruktur. Unter den 332 Haushalten, die im Einkommensregister angeführt sind, konnten 33 der insgesamt 53 Haushalte, aus denen Abwanderer in die Textilindustrie gingen, ausfindig gemacht werden. Im Falle der restlichen 20 Familien konnten bisher wegen der mangelhaften Angaben noch keine eindeutigen Beziehungen zwischen den Abwanderern und den im Register erfaßten, eventuell in Frage kommenden Familien hergestellt werden.

Ein Vergleich der Angaben in den Tabellen 31 a und 31 b läßt vor allem zwei Punkte deutlich werden, in den sich die Familien der Abwanderer von der Gesamtbevölkerung in Ōbayashi unterscheiden:

1. Abgesehen von einer Ausnahme gab es unter ihnen keinen Eigentümer, aber fast doppelt so viele reine Pächter wie im Dorfdurchschnitt.

2. Der Anteil der Familien, die ihren Lebensunterhalt in erster Linie durch nicht-landwirtschaftliches Einkommen bestritten,

war wesentlich höher als im Gesamtdurchschnitt (51,5 % gegenüber 32,9 %).

In dieser Hinsicht scheinen sich die Angaben über die Abwanderer-Familien in Ōbayashi weitgehend mit den allgemeinen Aussagen über die Herkunft der Textilarbeiterinnen aus den armen Pächterfamilien zu decken.

Auch beim Vergleich der durchschnittlichen Einkommen der Abwandererfamilien mit denen der Gesamtbevölkerung (Tabelle 32) zeigt sich ein markanter Unterschied: Mit durchschnittlich 196 Yen lag das (Jahres-) Einkommen der Abwanderer-Familien erheblich unter dem Gesamtdurchschnitt des Dorfes von 250 Yen. Dabei fehlten völlig die höheren Einkommen über 500 Yen.

Somit wird eindeutig klar, daß die Familien, deren Töchter und Söhne in die Textilindustrie abwanderten, zu den unteren Einkommensgruppen im Dorf gehörten und daß unter ihnen überdurchschnittlich viele reine Pächterfamilien waren. Doch die Angaben im Einkommensregister (Ōbayashi-mura 2254) erlauben noch eine weitere Differenzierung, die diese Aussagen in einem etwas anderen Licht erscheinen lassen. Es zeigt sich nämlich, daß unter den Pächterfamilien auch einige mit einem relativ hohen Einkommen waren. Bei ihnen handelte es sich um Familien, die ihren Lebensunterhalt weitgehend aus nicht-landwirtschaftlichen Tätigkeiten, Handel, Gewerbe oder Lohnarbeit bestritten, nebenbei aber, zur Ergänzung ihres Einkommens, ein Stück Land gepachtet hatten. Diese Familien, die in der Statistik ebenfalls als "reine" Pächter erscheinen, dürfen im Grunde genommen überhaupt nicht als "Bauern" gezählt werden. Sie gehören zum Teil zumindest zu anderen nicht-landwirtschaftlichen Berufsgruppen und sind bereits der unteren Mittelschicht im Dorf zuzurechnen. Die Betrachtung der landwirtschaftlichen Statistik allein vermittelt hier ein falsches Bild. Erst die ergänzende Betrachtung der Einkommensregister gibt näheren Aufschluß darüber, daß nicht nur die Ärmsten im Dorf, die tatsächlich als "reine Pächter" ausschließlich von der Landwirtschaft lebten, auf das zusätzliche Einkommen der abgewanderten Kinder angewiesen waren, sondern auch Handwerker und Händler diese Nebenverdienstmöglichkeiten ausnutzten. In ihrem Fall dürfte es nicht so sehr die Not, als vielmehr ein anderes Beruf- und Arbeitsverständnis gewesen sein, das sie Arbeit nicht in der Landwirtschaft, sondern in der Industrie suchen ließ. Ein wichtiges Ergebnis dieser Untersuchung liegt also darin, daß gezeigt werden konnte, daß die Textilarbeiterinnen aus Ōbayashi

Tabelle 32: Vergleich des Einkommens der Abwanderer-Familien mit denen der Gesamtbevölkerung des Dorfes (1921) (nach Ōbayashi-mura 2254)

Einkommen (Yen)	alle Haushalte	Anteil (%)	Abwanderer-Haushalte	Anteil (%)
1 - 50	20	6,0	1	3,0
51 - 100	53	16,0	3	9,1
101 - 200	97	29,2	15	45,4
201 - 300	71	21,4	9	27,3
301 - 500	59	17,8	5	15,2
501 - 1000	28	8,4	-	-
over 1000	4	1,2	-	-
total	332	100,0	33	100,0
range (Yen)	24 - 1739		24 - 489	
Durchschnitt (")	250,06		196,84	

aus einer wesentlich breiteren Schicht der Bevölkerung kamen, als oft angenommen wird.

Das könnte u.a. auch darin begründet sein, daß Ōbayashi insgesamt ein sehr armes Dorf war. Ein Vergleich mit dem nationalen Standardeinkommen landwirtschaftlicher Haushalte scheint dies zu bestätigen. Die nationalen Statistiken weisen für 1921/22 durchschnittliche Einkommen von 1057 Yen, bzw. 831 Yen aus (Institute of developing economies 1969:218-219). Diese Angaben beruhen allerdings auf einer nicht unnachweislich bis zum Ende des Untersuchungszeitraums, oft sogar darüberhinaus, an ihrem neuen Wohnort.

Ein Problem bei der Erfassung dieser Abwanderer sind die oft unvollständigen Angaben in den Wanderungsregistern. Im Gegensatz zur Gruppe der Textilarbeiterinnen, wo die Arbeitgeber Großbetriebe waren, die sich streng an die Meldebestimmungen halten mußten, blieb die Meldung in vielen anderen Fällen dem Abwanderer selbst oder seinem Hauswirt überlassen und wurde häufig verspätet oder nur unzureichend gemacht.

Eine Ausnahme bilden da nur die Abwanderer in den Bergbau, in deren Fall sich die Arbeitgeber ebenfalls mehr an die Meldepflicht gebunden fühlten. Deshalb werden diese Abwanderer im folgenden für eine andere Art der Abwanderung, des Übergangs vom Dorf in die Industrie als Beispiel herangezogen.

4.3.3.3. Die Abwanderer in den Bergbau - Beispiele für länger- und langfristige Abwanderung

Die Abwanderer in die Bergwerke, die hier als zweite Gruppe vorgestellt werden sollen, unterscheiden sich von den Textilarbeiterinnen schon durch ihre sehr inhomogene Gruppenstruktur. Da es sich vielfach um Familien handelt, lassen sich weder bezüglich des Alters noch des Geschlechts oder des Familienstatus der Abwanderer eindeutige Aussagen machen. Auch das Wanderungsverhalten ist sehr unterschiedlich und umfaßt alle Formen von der *dekasegi*-Abwanderung bis zur Abwanderung auf Dauer. Eine ähnliche Analyse wie bei den Textilarbeiterinnen erweist sich angesichts dieser Vielfalt als unzureichend. Eine Möglichkeit, dem sehr detaillierten Material besser gerecht zu werden, bot die Erstellung von "Lebensläufen", in denen die Abwanderung, ihr Verlauf, ein eventueller Arbeitsplatz und Berufswechsel jeweils individuell dargestellt werden können. Das erschien auch deshalb sinnvoll, weil konkrete Angaben zur länger- und langfristigen Abwanderung bisher kaum veröffentlicht worden sind.

Den "Lebensläufen" vorangestellt sind einige allgemeine Angaben, die eine Einordung des Materials in den Gesamtzusammenhang ermöglichen sollen.

Es ist schwer, den genauen Umfang der Personengruppe zu bestimmen, die in die Bergbau-Reviere abwanderte. In etwa 30 Fällen ist die Beschäftigung in einem namentlich genannten Bergwerk eindeutig zu belegen. Da in mehreren dieser Fälle die Familien mitgenommen wurden, kommen zu diesen 30 Personen noch einmal rund 50 Angehörige, die bedingt repräsentativen Stichprobe und erscheinen vielen Wissenschaftlern sehr überhöht. Viele Dörfer existierten zu jener Zeit noch nahe dem Subsistenzniveau und dürften sich in der Einkommensstruktur nicht allzu sehr von Ōbayashi unterschieden haben. Insofern kann Ōbayashi als repräsentativ zumindest für die Dörfer gelten, die noch nicht, wie viele im Kansai-Gebiet oder in der Umgebung Tōkyō's, in den Sog einer Großstadt oder eines industriellen Ballungszentrums geraten waren. Und das waren die meisten der Dörfer, aus denen die Arbeitskräfte in der Textilindustrie stammten.

Zusammenfassend ergibt sich für die Abwanderer in die Textilindustrie folgendes Bild:

Sie entsprechen sowohl vom Alter, Geschlecht und Familienstatus her wie auch in ihrem Wanderungsverhalten weitgehend den bisher bekannt gewordenen Beispielen. Unterschiede bestehen nur hinsichtlich der Aufenthaltsdauer in den Fabriken und in bezug auf die Herkunft der Arbeiterinnen, die ein weitaus breiteres Spektrum aufweist, als bisher angenommen, und auch nicht zu den bäuerlichen Haushalten gehörende Handwerker- und Händlerfamilien miteinschließt.

Aufgrund ihres Wanderungsverhaltens sind diese Arbeitskräfte aus Ōbayashi eindeutig als *dekasegi* einzustufen: ihre Abwanderung ist zeitlich befristet; sie erlangen durch ihre Arbeit keine wirtschaftliche Unabhängigkeit, sondern tragen zum Familieneinkommen bei; und fast alle kehren nach Ablauf der Arbeitsverträge ins Dorf zurück. Für sie ist die Arbeit in den Fabriken nur eine Zwischenstation auf dem Weg zur Heirat und Familiengründung. Ob und wie weit ihr späterer Lebensweg durch die Fabrikerfahrung beeinflußt wurde, läßt sich nicht sagen, da weder persönliche Aussagen vorliegen noch die Angaben in den *koseki*-Familienregistern einsehbar waren.

So erscheint in ihrem Fall die Interaktion zwischen Dorf und Industriegebiet eher als "Einbahnstraße", auf der die Fabriken zwar mit Arbeitskräften versorgt werden, Anstöße für Entwicklungen innerhalb des Dorfes aber gering bleiben, wenn man von einer gewissen finanziellen Verbesserung einmal absieht.

Aber die Textilarbeiterinnen sind nur eine unter vielen Abwanderergruppen. Menschen aus Ōbayashi gingen in die großen städtischen Ballungszentren von Tōkyō, Ōsaka und Kita-Kyūshū; sie fanden Arbeit in der Industrie, im Bergbau und im Dienstleistungsgewerbe. Sie gingen fort, um höhere Schulen zu besuchen oder wurden als Beamte versetzt. Viele von ihnen wanderten mit ihrer ganzen Familie ab. Einige blieben z. T. auch mitarbeiteten, hinzu. Darüberhinaus gibt es ca. zehn weitere Fälle, in denen höchstwahrscheinlich eine Abwanderung in ein Bergwerk erfolgte; in ihnen wird entweder als Ziel der Abwanderung zwar kein Firmenname, aber doch eine Bergbaustadt genannt oder zumindest ein Antrag auf Aufnahme in ein Bergwerk gestellt, ohne daß die tatsächlich erfolgte Anstellung nachzuweisen wäre. Zu erwähnen sind auch noch solche Abwanderer, die erst nach 1935, also nach dem Ende des untersuchten Zeitraums, in die Bergwerke gingen, in den Registern aber noch genannt werden.

Alles in allem umfaßte die Gruppe inclusive der Angehörigen also wenigstens 80, wahrscheinlich aber über 100 Personen und ist von daher rein quantitativ eine der größten unter den Abwanderern aus Ōbayashi.

Für die weitere Untersuchung wurden nur die eindeutigen Fälle herangezogen.

Die meisten Abwanderer zogen nach Nord-Kyūshū, wo sich mit den Revieren von Chikuhō, Nagasaki und Karatsu das wichtigste Zentrum des Kohlebergbaus in Japan befand. Nur wenige gingen in das Hiroshima unmittelbar benachbarte kleinere Revier von Ube (heute Stadt Ube, Präfektur Yamaguchi), in Einzelfällen auch nach Hokkaidō und in andere (Erz)-Bergwerke.

Während des industriellen Aufschwungs seit den 1890er Jahren und besonders im Ersten Weltkrieg war die Nachfrage nach Kohle ständig größer geworden. Allein zwischen 1893 und 1913 stieg der Kohleverbrauch im ganzen Land von 2 Mio Tonnen auf 15 Mio Tonnen (Lockwood 1954:22), von denen über 10 Mio im Chikuhō-Revier, dem "japanischen Ruhrgebiet", gefördert wurden. 1919 erreichte die Fördermenge mit 31 Mio Tonnen in ganz Japan und 22 Mio Tonnen in Chikuhō einen absoluten Höchststand (Chikuhō sekitan nenpyō 1973:298). Da diese enorme Ausweitung der Förderung nur in sehr geringem Maße durch eine Mechanisierung und weitgehend durch die Vergrößerung der Belegschaften erreicht wurde, entstand in diesem Revier ein ständig steigender Bedarf an Arbeitskräften, der nur durch intensive Anwerbekampagnen in weiten Teilen Südwest-Japans gedeckt werden konnte. Hiroshima spielte dabei, wie bereits bei der Darstellung der Abwanderung (Kapitel 4.3.1) gezeigt worden ist, eine besonders wichtige Rolle als Arbeitskräftereservoir. Im Zuge dieser Entwicklung wurde offensichtlich auch Ōbayashi in die Werbekampagnen miteinbezogen, ohne daß sich ein genauer Zeitpunkt dafür angeben ließe. Die Wanderungsregister enthalten lediglich Hinweise dafür, daß bereits vor der Jahrhundertwende Abwanderer nach Nord-Kyūshū gegangen waren. Der Großteil der Abwanderungen in den Bergbau erfolgte in der ersten Hälfte des Untersuchungszeitraums bis zum Ende des Ersten Weltkrieges und fällt damit genau in die stärkste Expansionsphase in diesem Wirtschaftsbereich. Ob und wie weit die Abwanderer aus Ōbayashi von der nach 1919 einsetzenden Rezession im Bergbau betroffen wurden, soll anhand der "Lebensläufe" im einzelnen untersucht werden.

Daß gerade der Bergbau so viele Familien anzog und ihnen die Voraussetzung für eine neue Lebensgrundlage bot (oder zu bieten schien), beruhte auf einer speziellen Form der Arbeitsorganisation in vielen Bergwerken: in ihnen wurde die aus zwei bis sechs Leuten bestehenden Arbeitsteams vorwiegend aus Familienmitgliedern, Verwandten oder Freunden zusammengestellt, weshalb die Mitarbeit möglichst vieler Familienangehöriger erwünscht war. Wegen der meist relativ niedrigen Löhne waren viele Familien auch auf den Verdienst mehrerer Familienmitglieder angewiesen, um ihren Lebensunterhalt überhaupt fristen zu können. Daneben gab es natürlich immer die - meist ledigen - Arbeitskräfte, die sich nur zeitweise im Bergbau verdingten, um damit Maßnahmen zu Verbesserungen oder Neuanschaffungen in ihrem heimatlichen Hof finanzieren zu können. In Ōbayashi scheint jedoch, soweit es aus den Unterlagen ersichtlich wird, die länger- oder langfristige Abwanderung bei den Bergleuten überwogen zu haben. Das wurde auch bei der Zahl der im folgenden angeführten "Lebensläufe" berücksichtigt.

a) <u>Beispiele für die kurzfristige Abwanderung</u>

1) I., Enkel bzw. jüngerer Bruder des Haushaltsvorstandes, geht mit 19 Jahren von April 1915 bis Januar 1916 in das Bergwerk Takahama (Präfektur Nagasaki). Ein knappes Jahr später arbeitet er von Februar bis Juni 1917 in dem zur selben Firma gehörenden, berühmt-berüchtigten Bergwerk Takashima (ebenfalls Präfektur Nagasaki), wohin er 1918 noch einmal, von März bis September, abwandert.
   I. ist ein typisches Beispiel für *dekasegi*-Abwanderung: er arbeitet nur saisonweise im Bergwerk und kehrt zwischendurch immer wieder nach Hause zurück. Abwanderungen nach 1918 sind nicht belegt, wobei offen bleibt, ob der Grund dafür in der Rezession liegt oder in einer stärkeren Bindung an das Dorf durch Heirat und Familiengründung.

2) F., selbst Haushaltsvorstand, arbeitet von Dezember 1928 bis August 1929 in einer Zeche in Ube. Er ist damals 30 Jahre alt und geht allein. Das Einkommensregister von 1922 weist aus, daß F. damals ein Gesamteinkommen von 100 Yen hatte, von denen er 65 Yen durch Transportarbeiten, 35 Yen durch die Bewirtschaftung von 3 *tan* gepachteten Feldern verdiente.

   Das Beispiel von F. zeigt, daß auch im Falle des Haushaltsvorstandes selbst eine kurzfristige Abwanderung zur Verbesserung von unzureichendem Einkommen möglich war.

b) Beispiele für die mittelfristige Abwanderung

3) F., eine Schwester von Nr. 2, gehört zum Haushalt des Ō. Mit ihm zusammen wandert sie 1915, mit 31 Jahren, in die Zeche Takae-Satō (Bezirk Onga, Präfektur Fukuoka) ab. Im April 1917 wechselt sie, wiederum mit Ō. in die Mitsubishi-Zeche Kanada (Bezirk Tagawa, Präfektur Fukuoka). Von dort kehrt sie den Unterlagen zufolge im März 1923, also nach rund acht Jahren im Revier, wieder nach Ōbayashi zurück.

4) Ō. ist der älteste Sohn seiner Familie und 31 Jahre alt, als er 1915, zusammen mit Nr. 3, in die Zeche Takae-Satō III geht. Im April 1917 geht er - wie in Nr. 3 beschrieben - nach Kanada, kehrte aber 1922 wieder nach Takae-Satō zurück. Über eine Rückkehr nach Ōbayashi 1923 gibt es keine Angaben. Im Einkommensregister von 1922 wird sein Einkommen mit 183 Yen angegeben, davon stammten 87 Yen aus der Bewirtschaftung von gepachteten 5 *tan*, der Rest aus "Lohnarbeit", womit offensichtlich die Tätigkeit im Bergbau gemeint war, und dem Verkauf von Strohwaren.

5) U., 1860 geboren, selbst Haushaltsvorstand, wird im Wanderungsregister als Bergmann geführt. Er ging 1912 nach Fukiya (Bezirk Kawakami, Präfektur Okayama), wo ..... Bergbau betrieben wurde. Seine Frau, ebenfalls "Bergmann", folgte ihm 1915 dorthin nach. Im März 1918 ziehen die beiden innerhalb Fukiya's um, wobei offensichtlich inzwischen ein Verwandter noch bei ihnen lebt. Im September desselben Jahres kehren alle drei nach Ōbayashi zurück. Offensichtlich hatte der Aufenthalt im Bergwerk U. zu keinem großen Reichtum verholfen, denn 1922 beträgt sein Einkommen laut Register 102 Yen; 60 Yen erwirtschaftet er auf seinen Feldern (1,5 *tan*), rund 35 Yen bringt ihm das Flechten von Strohmatten ein; der Rest stammt vom Verkauf von Trockenfeldfrüchten.

c) Beispiele für die langfristige Abwanderung

6) Als die Mutter von H. 1909 in ein Bergwerk im Bezirk Onga geht, nimmt sie ihren siebenjährigen Sohn mit. 1915 wird der Wechsel in die Zeche Okuma II gemeldet. 1922 taucht der Sohn H. plötzlich in Tōkyō auf, bei einem Mann, der als sein Vater bezeichnet wird und offensichtlich ein Beamter oder Staatsangestellter war. (Es könnte allerdings auch H. selbst mit der Bezeichnung "Beamter" gemeint sein). 1925 meldet sich H. aus Tōkyō ab und kehrt nach Kyūshū zurück, wo er in der Zeche Takamatsu (Bezirk Onga) eine Anstellung findet. Da er nun selbst als Haushaltsvorstand bezeichnet wird, ist sein Vater offensichtlich inzwischen gestorben.

1936 wird indirekt sein Tod gemeldet, da es heißt, daß die Mutter des verstorbenen Haushaltsvorstands (H.) in den Bezirk Kamo (Präfektur Hiroshima) umzieht.

In diesem Fall wird zwar Ōbayashi noch als Heimatort genannt, doch kehren Mutter und Sohn offensichtlich nicht mehr dorthin zurück. Ob der nur im Zusammenhang mit dem kurzfristigen Aufenthalt in Tōkyō erwähnte Vater der leibliche Vater von H. war oder ihn nur adoptiert hatte, läßt sich den Wanderungsregistern nicht entnehmen. Sein Tod scheint H. jedenfalls gezwungen zu haben, wiederum in Kyūshū, im Bergbau, Arbeit zu suchen.

7) Der Vater der Familie H., selbst Haushaltsvorstand, wandert im Januar 1923, im Alter von 42 Jahren nach Kita-Hata in der Präfektur Saga, ein Dorf, in dem sich drei Zechen befanden. Sein 20jähriger Sohn verläßt ein Jahr später das Dorf, um in der Papierfabrik Ōji, in Ōsaka, zu arbeiten. Doch im Juni meldet das Register die Übersiedelung des Sohnes nach Saga, zum Vater,und gibt seinen Beruf mit "Bergmann" an. 1926, nach knapp zwei Jahren, scheint der Sohn dann nach Ōsaka zu Ōji zurückgekehrt zu sein. Danach verliert sich seine Spur, doch ist anzunehmen, daß er in Ōsaka blieb, da er 1942, diesmal mit Frau und zwei Kindern, als in Ōsaka lebend registriert ist. Sein Vater scheint ebenfalls nicht nach Ōbayashi zurückgekehrt zu sein. Er blieb im Revier und machte im Alter (als er über 50 war) in Saga einen kleinen Laden auf. Das geht zumindest aus der letzten Eintragung von 1934 hervor.

8) H. ist der zweite Sohn des Haushaltsvorstands. 1915 geht er, 23 Jahre alt, als Bergmann nach Nagasaki in das Dorf Matsushima. Dort arbeitet er von Februar bis November und kehrt danach wieder nach Ōbayashi zurück. 1918 wandert er erneut nach Kyūshū ab, diesmal nach Shinta im Bezirk Kurate (Präfektur Fukuoka), wo sich die Onoura Zechen befanden. 1922 wird nach Ōbayashi gemeldet, daß er dort nicht mehr wohnt. Ob er um diese Zeit wieder zu Hause war oder in einer anderen Zeche gearbeitet hat, läßt sich nicht feststellen. Den Angaben im Register zufolge taucht er 1936, aus dem Bezirk Munakata (Präfektur Fukuoka) kommend, in der Zeche Iwasaki auf, nun begleitet von Frau und sechs Kindern. Die letzte Eintragung aus dem Jahr 1938 besagt, daß sich die Familie immer noch dort befindet.

Über den Zeitraum zwischen 1922 und 1936 gibt es im Wanderungsregister keine Angaben. In einem anderen Aktenband fand sich allerdings ein Antrag auf eine Abschrift von H.'s Familienregister, der 1925 von der Zeche Shinnyū (Präfektur Fukuoka) gestellt wurde. Demnach müßte sich H. zumindest dort beworben haben, wurde aber vielleicht wegen der schlechten Wirtschaftslage im Bergbau nicht eingestellt.

H. stammt aus jener Familie, aus der insgesamt sechs Kinder aus Ōbayashi abwandern (vgl. Kapitel 4.3.3.2.). Auffällig ist, daß die übrigen Geschwister, zwei Brüder und drei Schwestern, alle ins Kansai-Gebiet, in die Textilindustrie oder andere Fabriken gehen. Zumindest ein Bruder scheint im Kansai-Gebiet geblieben zu sein, da er noch 1942 dort gemeldet war. Der zweite Bruder wandert zwischen 1928 und 1940 dreimal hintereinander für eineinhalb, drei und fünf Jahre in die Textilfabrik ab, und kehrt zwischenzeitlich immer nur ein bis zwei Monate nach zu Hause zurück.

Auch die Schwestern bleiben relativ lange in den Fabriken. Die älteste verläßt das Dorf 1916 mit 18 Jahren und bleibt eineinhalb Jahre, kommt dann zurück, wandert aber 1919 noch einmal - kurzzeitig - ab. Die zweite Tochter ist erst 13, als sie 1916 ebenfalls in eine Textilfabrik arbeiten geht. Sie kehrt erst nach sechs Jahren zurück. Die jüngste Tochter geht mit 12 Jahren zunächst einmal für 18 Monate mit der Ältesten zusammen in die Fabrik. Fünf Jahre später, 1927, wandert sie noch einmal ab und kehrt bis 1935 offensichtlich nicht mehr nach Hause zurück.

Familie H. gehört zu jenen Familien in Ōbayashi, die nicht mehr primär von der Landwirtschaft leben. Im Einkommensregister von 1922 wird das Einkommen des Haushaltsvorstands mit 207 Yen angegeben, von denen nur 14 Yen auf dem 1,4 *tan* großen gepachteten Feld erwirtschaftet worden waren. Der Rest stammt aus verschiedenen, leider nicht näher aufgeschlüsselten Tätigkeiten.

9) Der Haushaltsvorstand der Familie H. ist 1915 eine 61jährige Frau, deren Beruf mit "Bergmann" angegeben wird. Sie wandert in diesem Jahr mit ihrem (unehelichen) Sohn, dessen Frau und vier Enkeln in die Zeche Takae Satō III im Bezirk Onga (Präfektur Fukuoka), wohin ja auch andere Abwanderer aus Ōbayashi gegangen waren. Im Januar 1916, genau nach einem Jahr, beendet sie ihren Aufenthalt dort. Von März 1917 bis März 1920 ist H. mit ihrer Familie in der Zeche Takae Satō I gemeldet, danach, ab Juni 1920, im Bergwerk Koyanose (Bezirk Kurate, Präfektur Fukuoka). Für die Zeit zwischen 1920 und 1933 finden sich im Wanderungsregister keine Angaben, auch keine Abmeldung. 1933 ist registriert, daß ein Enkel von H. inzwischen Haushaltsvorstand geworden ist und mit Vater, Mutter, drei Geschwistern und seiner Großmutter in einem Bergwerk im Bezirk Kaho (Präfektur Fukuoka) lebt. Im April desselben Jahres zieht die ganze Familie in die Zeche Shinnyū. 1935 hielt sich der inzwischen 22jährige Haushaltsvorstand mit seinem Bruder in einem anderen Dorf in Fukuoka auf, 1942 wird sein Aufenthaltsort mit Kasuya angegeben. Die letzte Eintragung stammt aus der Nachkriegszeit und besagt, daß H. 1952 mit seiner Frau, fünf Kindern und zwei von seinen Geschwistern in Yamada (Bezirk Kaho, Präfektur Fukuoka) lebt und dort in der Zeche Kamiyamada als Bergmann tätig ist.

In diesem Fall besteht kein Zweifel daran, daß die Familie das Dorf für immer verlassen hat. Mit den Kindern des Enkels von H. wächst bereits die vierte Generation außerhalb von Ōbayashi auf, auch wenn das Familienregister weiterhin im Dorf geführt wird.

10) Der Haushaltsvorstand von Familie N. geht 1915 im Alter von 20 Jahren in das Bergwerk Shinnyū, 1917 holt er entweder seine Familie nach oder heiratet dort. Seine Frau arbeitet auch im Bergwerk, 1922 hält sich die Familie in der Zeche Mitsui-Tagawa (Bezirk Tagawa, Präfektur Fukuoka) auf, 1923 im Revier von Ube (Yamaguchi), 1924 wieder in einem Bergwerk in Tagawa. 1927 lebt die Familie im Bergwerk Koyanose. Da scheint der Mann gestorben zu sein, denn 1928 geht seine Frau allein mit dem Sohn, der jetzt als Haushaltsvorstand bezeichnet wird, in die Bergbaustadt Iizuka (Präfektur Fukuoka). 1945 lebt der Sohn

noch immer im Revier, inzwischen selbst verheiratet und Vater eines Sohnes.

Auch hier läßt sich also die abgewanderte Familie bis in die dritte Generation verfolgen; und es wird ganz deutlich, daß sie bis zum Ende des Zweiten Weltkrieges nicht mehr nach Ōbayashi zurückkehrte.

Die hier exemplarisch angeführten zehn Lebensläufe lassen die verschiedenen Formen der Abwanderung in den Bergbau deutlich werden. Auf die im Gegensatz zu den Textilarbeiterinnen sehr inhomogene Struktur der Gruppe ist bereits am Beginn dieses Kapitels hingewiesen worden. Ein weiterer Unterschied besteht darin, daß die Mobilität der Bergleute im Revier relativ groß ist, und sie nicht nur häufig die Zeche wechseln, sondern auch zeitweise in anderen Berufen tätig sind. Den meisten von ihnen ist gemeinsam, daß die erste Abwanderung im Jahre 1915 erfolgte. Offensichtlich hatten in jenem Jahr Werber aus den Revieren von Nord-Kyūshū das Dorf besucht. Die Auswirkungen der Kohlenkrise am Beginn der 20er Jahre lassen sich nur in wenigen Fällen erkennen, am ehesten noch bei den kurz- und mittelfristig Abgewanderten. Bei den Abwanderern auf Dauer fehlen zwar oft Angaben aus den 20er Jahren, doch bedeutet das nicht unbedingt, daß sie während dieser Zeit wieder in Ōbayashi lebten.

Im Gegenteil, der in vielen Fällen für die 30er Jahre wieder nachweisbare Aufenthalt im Revier und die Tatsache, daß die Arbeit im Bergbau oft auch in der zweiten und dritten Generation fortgesetzt wurde, lassen eher den Schluß zu, daß die Abwanderer in Ōbayashi keine Lebensgrundlage mehr hatten. Dafür spricht auch, daß sie oder ihre Familien nur zu einem sehr geringen Teil in dem Einkommensregister von 1922 angeführt werden. Viele von ihnen ließen zwar, wie es in Japan üblich ist, ihr Familienregister noch im Dorf führen, ihren eigentlichen Lebensbereich aber hatten sie längst in das Bergbaurevier verlegt.

4.4. Zusammenfassung

Im Mittelpunkt der vorangegangenen Erörterung stand das Problem der Abwanderung von Teilen der ländlichen Bevölkerung in die neu entstandenen industriellen Zentren Japans während der ersten Jahrzehnte unseres Jahrhunderts. Das Entstehen einer Industriearbeiterschaft wurde zunächst für ganz Japan anhand der Verschiebungen in der Beschäftigungsstruktur der drei Wirtschaftssektoren nachgewiesen, wobei deutlich wurde, daß bis zum Ende des Ersten Weltkriegs ein großer Teil der Arbeitskräfte in Industrie und Dienstleistungsgewerbe aus der Landwirtschaft kam. Ergänzt wurden diese statistischen Ausführungen durch eine kurze Schilderung der konkreten Entwicklungen während einzelner Phasen.

Im zweiten Teil ging es darum, auf welche Art und Weise die ländliche Bevölkerung den Übergang in die Industriearbeit vollzog. Die zusammenfassende Darstellung einiger wichtiger Theorien zu dieser Frage zeigte, daß vielfach von einer "speziell japanischen Form" des Überganges gesprochen wird, in der die *dekasegi*-Abwanderung, also die zeitlich befristete Abwanderung weiterhin in der Landwirtschaft verwurzelter Arbeitskräfte, eine wichtige Rolle spielt. Diese Besonderheit wird als Erklärung für verschiedene Phänomene (kein "vogelfreies Proletariat", niedrige Löhne, schwach ausgeprägtes Klassenbewußtsein der Arbeiter(innen) etc.) herangezogen, steht jedoch im Widerspruch zum raschen Bevölkerungswachstum in den urbanen und semiurbanen Industriegebieten, das ohne eine auf Dauer angelegte Abwanderung nicht zu erklären wäre.

Vor dem Hintergrund dieser Problematik war es das Ziel der eigentlichen Untersuchung, die Beziehungen zwischen Dorf und Industriegebiet und die Abwanderung von Arbeitskräften aus der Landwirtschaft einmal anhand eines konkreten Falles zu erfassen.

Die Analyse der Wanderungsstatistiken aus dem Dorf Ōbayashi (Präfektur Hiroshima) hat ergeben, daß die kurzzeitige *dekasegi*-Abwanderung keineswegs die wichtigste Form der Abwanderung war, sondern nur eine unter vielen Stufen eines oft fließenden Übergangs, der weitgehend von der Nachfragesituation in den einzelnen Industriebranchen bestimmt wurde. Im Textilbereich, wo vor allem junge Frauen und Mädchen eingestellt wurden, folgte die Abwanderung dem typischen *dekasegi*-Muster, wenngleich die Aufenthaltsdauer z.T. länger war als üblich. Unter den Bergleuten, wo von den Arbeitgebern verstärkt auch Familien geworben wurden, fanden sich weniger *dekasegi*-Abwanderer, hingegen relativ viele Abwanderer, die sich auf Dauer im Industriegebiet niederließen. Der Verzicht auf eine rein quantitative statistische Auswertung der Angaben zu den Bergleuten und der Versuch, stattdessen individuelle Fälle in Form von Lebensläufen zu rekonstruieren, ermöglichte die Verfolgung einzelner Abwanderer-Familien bis in die zweite und dritte Generation. Damit konnte die bisher zwar oft angenommene, aber kaum je belegte Abwanderung auf Dauer konkret nachgewiesen werden.

Der Anstoß zur Abwanderung kam offensichtlich in den meisten Fällen durch den "pull-effect" der industriellen Entwicklung und nur in geringerem Maße durch die Situation im Dorf selbst. Die deutlich erkennbaren Abwanderungsphasen, ab 1915 in die Bergwerke, ab 1918 in die Textilindustrie im Kansai-Gebiet, lassen sich ohne weiteres mit Perioden eines konjunkturellen Aufschwungs in der jeweiligen Branche in Beziehung bringen. Eine Erklärung für die so prompte Reaktion der Dorfbewohner auf industrielle Entwicklungen liegt in der Tatsache, daß die Arbeitskräfte von einzelnen Firmen oder Fabriken angeworben wurden, also nicht von sich aus in die industriellen Zentren abwanderten und sich dort eine Arbeit suchten. Als Werber konnten auch Verwandte oder Freunde fungieren, die bereits im Industriegebiet lebten.

Weniger eindeutig lassen sich die Beziehungen zwischen Dorf und Industriegebiet in Zeiten einer wirtschaftlichen Rezession nachweisen. Bei den Textilarbeiterinnen kam es zwar 1920 zu einer auffälligen Rückwanderung, als die Spinnereien in eine Krise gerieten, doch bei den Bergleuten ist Ähnliches für die frühen 20er Jahre nicht feststellbar. Sie blieben auch in schlechten Zeiten so lange wie möglich im Revier.

Wenn auch den letzten, konkreten Anstoß zur Abwanderung die Werbung der Industrie gab, so stand doch bei vielen Abwanderern hinter ihrem Entschluß die wirtschaftliche Notwendigkeit, sich außerhalb des Dorfes ein (zusätzliches) Einkommen zu verschaffen. Eine Modernisierung im Dorf ließ auf sich warten. Zwar wurden in den 1920er Jahren wegen der Reispreis-Krise die gewerbliche Produktion und der Handel ausgeweitet, doch beschränkte sich diese Expansion auf traditionelle Bereiche. Zusätzliche Erwerbsmöglichkeiten im Dorf waren also begrenzt.

Eine Einkommensanalyse der Familien der Textilarbeiterinnen zeigte, daß sie zwar aus einkommensschwachen Familien stammten, daß sich aber darunter nicht nur Bauern- und Pächterfamilien befanden, sondern auch Handwerker und Händler. An diesem Beispiel wurde deutlich, daß der statistische Begriff "Pächter" in Zukunft nicht unbesehen übernommen werden darf, da darunter sehr verschiedenartige Pachtverhältnisse subsumiert worden sind.

Eine geplante ähnliche Einkommensanalyse für die Bergleute scheiterte daran, daß viele dieser Familien 1922 nicht mehr im Einkommensregister geführt wurden. Das deutet darauf hin, daß sie weder Grund- noch Pachtbesitz im Dorf hatten, und somit auch keine wirtschaftliche Bindung an das Dorf mehr bestand.

Zwischen den beiden genauer dargestellten Beispielen: einerseits die *dekasegi*-Abwanderer in die Baumwollspinnereien, andererseits die langfristigen Abwanderer in den Bergbau mit ihren Familien, liegen viele Abstufungen der Abwanderung, die mit Beispielen aus Ōbayashi belegt werden können. Eine solche Analyse ist ungeheuer arbeits- und zeitaufwendig, und eine vollständige Auswertung des Materials dauert voraussichtlich noch Jahre. Dennoch haben die bisherigen Ergebnisse gezeigt, daß eine solche Analyse eine ganze Reihe von neuen Erkenntnissen über die Abwanderung und die Verflechtung von Dorf und Industriegebiet liefern kann, und von daher muß zumindest der Versuch gemacht werden, ein möglichst vollständiges Beispiel zu erarbeiten.

Literatur

A) Unveröffentlichtes Material aus dem Gemeindeamt des Dorfes Ōbayashi (heute Kabe-chō, Hiroshima-shi)

Asa-gun, ŌBAYASHI-MURA yakuba:

390, 392, 396, 399 *Iri-de kiryū todokesho oyobi kankei shorui tsuzuri* (Wanderungsregister und damit in Zusammenhang stehendes Material der Jahre 1904-1935)

Asa-gun ŌBAYASHI-MURA yakuba:

2254 *Taishō jūichinen-do shotoku kingaku todoke* (Einkommensregister des Jahres 1922)

Asa-gun ŌBAYASHI-MURA yakuba:

578 *Shihōkoku Meiji 44-Taishō 10* (Untersuchungen, Berichte 1911-1921)

B) Gedruckte Quellen, Bücher und Zeitschriftenartikel

CHIKUHŌ SEKITAN kōgyō shi NENPYŌ hensan iinkai (Hg.)

1973 *Chikuhō sekitan kōgyō shi nenpyō* (Chronologische Tabellen zur Geschichte des Kohlenbergbaus in Chikuhō). Fukuoka

CHŪŌ SHOKUGYŌ SHŌKAI JIMUKYOKU (Hg.)

1927 *Dekasegi-mono chōsa* (Untersuchung über *dekasegi*-Arbeiter). Tōkyō

FUKUOKA CHIHŌ SHOKUGYŌ JIMUKYOKU (Hg.)

1928 *Chikuhō tankō rōdōsha shusshinchi chōsa* (Untersuchung über die Herkunft der Bergleute in Chikuhō), Rōdō chōsa Bd. 6. Fukuoka

GOTŌ Yōichi

1978 *Hiroshima-ken no rekishi* (Geschichte der Präfektur Hiroshima). Tōkyō

HIROSHIMA-SHI yakusho (Hg.)

1976 *Kabe-chō shi* (Geschichte des Bezirks Kabe). Hiroshima

HOSOI Wakizō

1973 *Jokō ai shi* (Die bedrückende Geschichte der Textilarbeiterinnen). Tōkyō (Iwanami bunkō, Nachdruck der ersten Auflage von 1925)

INSTITUTE FOR DEVELOPING ECONOMIES (Hg.)

1969 *One hundred years of agricultural statistics in Japan.* Tōkyō

KAJINISHI Mitsuhaya

1964 *Gendai Nihon sangyō hattatsu shi XI, sen-i (jō)* (Die Entwicklungsgeschichte der modernen japanischen Industrie XI, Textilindustrie, erster Teil. Tōkyō

KOMIYAMA Takuji

1941 *Nihon chū-shō-kōgyō kenkyū* (Studien zur japanischen Mittel- und Kleinindustrie). Tōkyō

ŌKŌCHI Kazuo

1970 *Reimei-ki no Nihon rōdō-undō* (Die japanische Arbeiterbewegung in ihrer Frühzeit). Tōkyō (1952[1])

SAITŌ Osamu
1982 Rural part-time economic activities: trends and interactions (unveröffentlichtes Manuskript)

SMITH, Thomas C.
1965 *Political change and industrial development in Japan: Government enterprise, 1868-1880*. Stanford (1955[1])

SUMIYA Mikio, KOBAYASHI Kenichi und HYŌDO Tsutomu
1973 *Nihon shihonshugi to rōdō mondai* (Der japanische Kapitalismus und das Arbeiterproblem). Tōkyō (1967[1])

TAEUBER, Irene
1958 *The Population of Japan*. Princeton

TAIRA Koji
1970 *Economic development and the labor market in Japan*. New York - London

UMEMURA Mataji
1973 *Sangyō betsu koyō no hendō 1880-1940* (Veränderungen in der Beschäftigungsstruktur in verschiedenen Wirtschaftsbereichen 1880-1940), in: *Keizai Kenkyū* XXIV/2:107-111. Tōkyō

1961 *Chingin, koyō, nōgyō* (Löhne, Beschäftigung, Landwirtschaft). Tōkyō

1965 "Agriculture and labor supply in Japan in the Meiji-era", in: *Developing Economies III*/2:269-285

WATANABE Shinichi
1938 *Nihon nōson jinkō ron* (Zur ländlichen Bevölkerung in Japan). Tōkyō

WATANABE Tōru
1968 Meiji zenki no rōdō shijō keisei o megutte (Über die Herausbildung eines Arbeitsmarktes in der frühen Meiji-Periode), in: Meiji shiryō kenkyū renraku kai (Hg.): *Meiji zenki no rōdō mondai*: 96-136. Tōkyō (1960[1])

WILKINSON, Thomas O.
1965 *The urbanization of Japanese labor 1868-1955*. Amherst

YOSHISAKA Shunzō
1925 "Labor recruiting in Japan and its control", in: *International Labour Review XII*: 484-499

NACHWORT

Im speziellen Teil dieser Studie wurden verschiedene Aspekte der wirtschaftlichen Entwicklung in Regionen Japans behandelt, die in der allgemeinen wirtschaftlichen Entwicklung des Landes seit 1850 keine herausragende Rolle spielen. In diesem Zusammenhang erscheint es uns wichtig, am Schluß noch einmal darauf hinzuweisen, daß der rasche wirtschaftliche Aufstieg Japans in den letzten hundert Jahren von nur wenigen Regionen getragen wird. Die Mehrzahl der Präfekturen nimmt in der Formativperiode des modernen Japan eher die Stelle von Nachzüglern ein. Zwar konnten sich, wie gezeigt wurde, auch diese Regionen dem Einfluß der Meiji-Regierung und ihrer Wirtschaftspolitik nicht entziehen; im Vordergrund standen für sie aber immer die lokalen Interessen. Hiroshima, Shimane und Tottori spielen im Verlauf der Meiji-Restauration von 1868 praktisch keine Rolle. Auch kommen aus diesen Regionen keine Politiker, die die Geschicke des Landes in den nächsten Jahrzehnten ausschlaggebend beeinflussen. Wirtschaftlich bleiben diese Präfekturen noch stark der Tradition verbunden. Es sind Regionen, in denen in diesen Jahrzehnten von 1850 bis 1930 "eigentlich nichts passierte". Trotzdem dürfen sie von der Forschung nicht ignoriert werden, wie dies bisher weitgehend der Fall war, sondern müssen als die andere Seite der japanischen Wirtschaftsentwicklung ebenso in die Betrachtung einbezogen werden wie die "modernen" Regionen. Diese andere Seite der japanischen Modernisierung einmal in groben Zügen aufzuzeigen, war mit ein Anliegen dieser Studie.

Ein zweiter wichtiger Punkt unserer Überlegungen - die sich, wie im Vorwort ausgeführt, stark auf einen im Falle Japans bislang noch kaum verwirklichten Ansatz der Sozial- und Wirtschaftsgeschichte konzentrierten - war die großräumige Betrachtung der Entwicklung des Gewerbes. Ohne eine solche würden Einzelerscheinungen zu starkes Gewicht erhalten. Wir hoffen dagegen gezeigt haben zu können, wie Einflüsse der gesamt-japanischen Wirtschaftspolitik ebenso eine Rolle spielen wie Entscheidungen auf lokaler Ebene. In unserem konkreten Fallbeispiel der Chūgoku-Region führt dies dazu, daß sich der Raum nicht aus der allgemeinen Entwicklung ausklammern kann, eine rasche Entwicklung jedoch verhindert wird. Nur durch Beachtung der Interdependenz der beiden Ebenen (makro-level/mikro-level) wie auch der gewachsenen Strukturen lassen sich das Wesen der Modernisierung Japans und die dabei auftretende Veränderung in Wirtschafts- und Sozialstruktur konkreter erfassen.

Die geplante künftige Ausarbeitung des gesammelten Materials zu dem im Vorwort genannten Problemkreis 2 soll zusätzlich Erkenntnisse über ideologische Fragen, wiederum auf regionaler Ebene, erbringen. Damit hoffen wir auch dem in der "Einleitung I" angesprochenen Ziel, einem neuen Ansatz zu einer Japanologie als japanischer Kulturwissenschaft, einen weiteren Schritt näherkommen zu können.

GPSR Compliance

The European Union's (EU) General Product Safety Regulation (GPSR) is a set of rules that requires consumer products to be safe and our obligations to ensure this.

If you have any concerns about our products, you can contact us on ProductSafety@springernature.com

In case Publisher is established outside the EU, the EU authorized representative is:

Springer Nature Customer Service Center GmbH
Europaplatz 3
69115 Heidelberg, Germany

Batch number: 10809636

Printed by Printforce, the Netherlands